Barbara Innecken

Weil ich euch beide liebe

Systemische Pädagogik für Eltern,
Erzieher und Lehrer

Kösel

Hinweis

Alle in diesem Buch vorgestellten Anleitungen stammen aus der Praxis der Autorin. Sie haben sich als wirksames pädagogisches Vorgehen bewährt, stellen aber keinen Ersatz für eine notwendige therapeutische Betreuung dar. Die Anwendung der Anleitungen erfolgt in eigener Verantwortung. Die Autorin und der Verlag stellen weder Diagnosen, noch geben sie Therapieempfehlungen.

Copyright © 2007 Kösel-Verlag, München,
in der Verlagsgruppe Random House GmbH
Umschlag: Kaselow Design, München
Umschlagmotiv: »Kiss«, © Karen Stocker, Seattle
Foto (Seite 32): Roland Gerth, Thal
Illustrationen (Seite 29 und 57): Monica May, München
Grafiken: Christa Pfletschinger, München
Satz und Layout: Greiner & Reichel, Köln
Druck und Bindung: Kösel, Krugzell
Printed in Germany
ISBN 978-3-466-30740-1

*Gedruckt auf umweltfreundlich hergestelltem Bilderdruckpapier
(säurefrei und chlorfrei gebleicht)*

www.koesel.de

Inhalt

9 Vorwort

11 Geleitwort

13 Einleitung

17 Was heißt hier »systemisch«?

18 Eingebundenheit und Eigenständigkeit

20 Der systemisch-konstruktivistische Ansatz

23 Der systemisch-phänomenologische Ansatz

27 Das Neuro-Imaginative Gestalten (NIG)

30 Systemische Pädagogik

33 Wir gehören zusammen – das Kind und seine Familie

33 Der Strom des Lebens – Grundordnungen in Familien
   Bindung 34
   Ursprungsordnung 35
   Ausgleich von Geben und Nehmen 36

38 Weil ich euch beide liebe – das Kind und seine Eltern
   Die Bindung an Vater und Mutter 39
   Getrennt lebende Eltern 43

Patchworkfamilien 48
Fallbeispiel: Gute, mittlere und schlechte Zeiten 49

55 Gemeinsam sind wir stark – das Kind und seine Geschwister
Grundordnungen in der Geschwisterreihe 56
Die Tischordnung 64
Fallbeispiel: Der Schutzengel 66

73 Was Eltern stärkt – auch sie haben Vater und Mutter
Autoritäten? 73
»Rückendeckung« – die eigenen Eltern hinter sich wissen 75
Freiheit und Grenzen 79
Fallbeispiel: Die Verneigung 81
Praktische Übung (NIG): Die Eltern hinter sich spüren 85

90 Für euch tu ich alles – das Kind und sein Familiensystem
Die Liebe des Kindes zu allen Familienmitgliedern 91
Was können Eltern tun? 96
Fallbeispiel: Die andere Welt 98

103 Der Schritt nach draußen – das Kind und die öffentliche Erziehung

105 Ich komme nicht allein zu dir – die Eltern sind immer dabei
Der Brückenschlag zwischen Eltern und Pädagogen 107
Praktische Übung (NIG): Der Pädagoge, das Kind und seine Eltern 109
Erfahrungen mit der NIG-Übung 112

116 Wenn Engagement allein nicht reicht – das Kind und sein Familiensystem
Schwierige Kinder? 117
Die Grenzen des Helfens – Helfen im Einklang 119
Praktische Übung (NIG): Der Pädagoge, das Kind und sein Familiensystem 122
Fallbeispiel: Die vier Geschwister 125
Fallbeispiel: Das Ziel 128

132 Gemeinsam sind wir stark – das Kind in der Gemeinschaft
  Recht auf Zugehörigkeit 133
  Rangordnung 136
  Fallbeispiel: »Alle gehören dazu« 137

142 Wir wirken zusammen – die Gemeinschaft der Kollegen
  Gleich-wertige Kollegen 142
  Anerkennen, was ist: Rangordnungen 146
  Praktische Übung (NIG): Die Gemeinschaft der Kollegen 148

153 Was Pädagogen stärkt – auch sie haben Vater und Mutter
  Kraftquellen? Der Pädagoge und seine eigenen Eltern 153
  Praktische Übung (NIG): Der Pädagoge und seine Eltern –
  das Kind und seine Eltern 155
  Fallbeispiel: Der Vater steht dazwischen 159

163 Systemisches Handeln – Beispiele für die Praxis

164 »Kraftbilder« – Ressourcenorientierung
  Kraftbilder sind Kraftquellen 164
  Praktische Übung (NIG): »Kraftbilder« 166
  Beispiel aus der Praxis: Arbeit mit Kindern einer 1. Klasse
  zum Thema »Angst« 170

173 »Mein Wunschbild« – Zielorientierung
  Die Kraft der Wünsche und Ziele 173
  Das angemessene Ziel 174
  Praktische Übung (NIG): »Mein Wunschbild« 176
  Beispiel aus der Praxis: Religionsunterricht 6. Klasse 183

186 »Das will ich können!« – Lösungsorientierung
  Lösungen statt Probleme 187
  Praktische Übung (NIG): »Das will ich können!« 188
  Beispiel aus der Praxis: Tobias will lesen lernen 193

198 »Durch die Augen des anderen schauen« –
ein Beitrag zur Konfliktbewältigung
Perspektivenwechsel oder: Die Änderung der Sicht 198
Praktische Übung (NIG): »Durch die Augen des anderen schauen« 199
Beispiel aus der Praxis: Elternabend zum Thema »Wut« 203
Beispiel aus der Praxis: »Die Zauberwurzel« – Unterrichtseinheit mit einer 3. Klasse 208

211 Ein paar Worte zum Schluss …

212 Anhang
Danksagung 212
Anmerkungen 213
Adressen 216
Literatur 218

Vorwort

Kinder stellen uns in ihrem Verhalten täglich vor Rätsel, die wir weder als Eltern verstehen noch als Pädagogen angemessen begleiten oder als Therapeuten lösen können. Von Aufmerksamkeitsstörungen bis Legasthenie, von Aggressionen bis zum Mangel an Selbstwertgefühl: Wir können diese Phänomene benennen, doch sie verunsichern uns und selten reagieren wir angemessen.
In diesem Buch führt Barbara Innecken ihre Leserinnen und Leser in die Welt vielfältiger systemischer Sichtweisen ein, die neue Erkenntnisse und Lösungen selbst in aussichtslos erscheinenden Fällen ins Blickfeld rücken. Im praktischen Teil stellt sie uns ihre Arbeitsweise des »NIG« (Neuro-Imaginatives Gestalten) vor, das mit Recht eine systemische Pädagogik genannt werden kann. Während Kinder ermutigt werden, über ihre »Schwierigkeiten« zu sprechen, werden Verhaltensweisen oder Ängste, die Ärger machen und längst überwunden sein sollten, zu wertvollen Wegweisern.
Die Autorin schafft durch ihre Behutsamkeit im Stil und in der Darstellung eine ruhige Atmosphäre. Die Lösungen, die sich Kinder unter der Anleitung der Therapeutin selbst erarbeiten, sind so überzeugend wie anrührend. Der Leser bekommt ein Gefühl dafür, wie sehr die Methode des NIG die ursprüngliche Körperwahrnehmung, das bildlich komplexe Denken von Kindern und ihre Fantasie anregen. Alles, was – bei Rechtshändern – die linke Hand malt, ist von Interesse und wird wertgeschätzt – sie ist ja wirklich nicht geschult und so oft in einem Kinderleben die »Falsche«. Hier wird die Starrheit des »Richtigen«, das in Schule und Erziehung eine so große Rolle spielt, auf wunderbare Weise überschritten. Die Kinder sind eingeladen, körperlich-spielerisch über »das andere« nachzudenken, das aus ihnen herauskommt, das jetzt nicht mehr falsch ist, sondern Bedeutung hat. Dabei formuliert die Autorin als wesentlichste systemische Grundeinsicht, was Kinder kompromisslos in allen Variationen leben: die unumstößliche Bindungsliebe zu ihren Eltern.

Verschlungen und geheimnisvoll sind die symbolischen Wege, auf denen Kinder wandern, um diese Liebe zu leben, bis dahin, wo sie sich selbst in ihrer Lebendigkeit beschneiden, Gesundheit und schulisches Fortkommen opfern. Immer wieder fühlt sich die Leserin, der Leser auch im eigenen Kindsein verstanden, beginnt sich selbst zu verstehen und reflektiert die eigene Elternschaft.

Das Buch ist gut gegliedert. Auf Kapitel über Erkenntnisse der systemischen Sicht folgen Erfahrungsberichte und meditative Anleitungen zur selbstständigen Arbeit mit dem NIG. Am Schluss hat die Leserin, der Leser selbst an sich gearbeitet, in die gestalterische Form des NIG hineingefunden und einen übersichtlichen und leicht verstehbaren Lehrgang in systemischen Sichtweisen absolviert.

Ich danke Dir, Barbara, dass Du Dir die Mühe gemacht hast, dieses Buch zu schreiben und uns an Deiner reichen praktischen Erfahrung in der Arbeit mit Eltern und Kindern teilhaben lässt.

Ich wünsche allen Eltern, Lehrern und Therapeuten Freude beim Lesen, Experimentieren und Umsetzen der vielen Anregungen im eigenen pädagogischen Alltag.

Marianne Franke-Gricksch

Geleitwort

Vor einigen Jahren habe ich mit Barbara Innecken zusammen das Buch *Im Bilde sein. Vom kreativen Umgang mit Aufstellungen in Einzeltherapie, Beratung, Gruppen und Selbsthilfe* über die Methode des Neuro-Imaginativen Gestaltens (NIG) geschrieben. Barbara Innecken hat diese in der Einzeltherapie mit Erwachsenen entwickelte Methode dann vermehrt auch in ihrer Arbeit mit Eltern, Kindern, Lehrern und anderen pädagogisch Tätigen angewandt. Nun legt sie eine plastische und durchdachte Zusammenfassung ihrer Erfahrungen vor und zeigt, wie erfolgreich sie damit arbeitet. Mich freut dies vor allem, weil ich glaube, dass die Weiterentwicklung der Pädagogik in unserer Zeit zu einem sehr wichtigen Tätigkeitsfeld geworden ist.
Dass diese Methode Kinder besonders anspricht, ist nicht verwunderlich. Denn sie vermittelt einen Umgang mit inneren Bildern, der dem noch vor allem bildhaften Denken und der Körpernähe von Kindern entgegenkommt und außerdem spielerische Elemente enthält.
Es gibt jedoch noch einen anderen Grund, warum diese Methode den Erfordernissen der Pädagogik unserer Zeit entspricht: Sie berücksichtigt sowohl die individuelle Entwicklung eines Kindes als auch seine Einbindung in die Familie. In der antiautoritären Erziehung, die in den 60er- und 70er-Jahren Eltern und Lehrer vor neue Herausforderungen stellte, stand die Ablösung des jungen Menschen von seiner Familie im Vordergrund. Heute, im Zeitalter einer allgemeinen Verunsicherung durch die Globalisierung, wird die Einbindung in die familiären Beziehungszusammenhänge wieder wichtig.
Wie das NIG sowohl die Notwendigkeit der individuellen Entwicklung als auch die Tatsache der Familienzugehörigkeit gleichermaßen berücksichtigt, hat Barbara Innecken im vorliegenden Buch eindrucksvoll und gut verständlich dargestellt. Darüber hinaus halte ich die Art, wie sie die Erfahrungen und Erkenntnisse ande-

rer im pädagogischen Feld tätiger systemischer Beraterinnen – wie Marianne Franke-Gricksch und Ingrid Dykstra – in ihre Darstellung einbezieht, für gut gelungen. Dies ist besonders wertvoll für alle, die sich eingehender über systemische Vorgehensweisen in der Pädagogik informieren wollen.

Ich wünsche dem Buch Leserinnen und Leser, die die in ihm enthaltenen Anregungen aufnehmen und anwenden und sich zu kreativen Weiterentwicklungen anregen lassen.

Dr. Eva Madelung

Einleitung

Liebe Leserin und lieber Leser, als dieses Buch seinen Weg zu Ihnen fand, fühlten Sie sich vielleicht spontan von einem Detail angesprochen: War es das Titelbild mit dem zufrieden lächelnden Kind, eingerahmt von Vater und Mutter? War es der Titel *Weil ich euch beide liebe?* Oder war es der Untertitel »Systemische Pädagogik für Eltern, Erzieher und Lehrer«?
Vielleicht gehören Sie zu den Menschen, die mit dem Begriff »systemisch« in Zusammenhang mit Pädagogik und Erziehung bestimmte Inhalte verbinden, vielleicht fragen Sie sich aber auch: Was ist eigentlich mit »systemischer Pädagogik« gemeint? Dieser Frage möchte das Buch nachgehen: mit Erkenntnissen aus verschiedenen systemischen Ansätzen, mit vielen Beispielen aus der Praxis, mit Anregungen für praktische Übungen, die Sie für sich selber, mit den Kindern, der Familie oder den Kollegen erproben können. Bevor wir damit beginnen, möchte ich gerne erzählen, wie ich selber dazu gekommen bin, Kinder auf ihrem Weg systemisch zu begleiten.
In meinen beiden pädagogischen Studiengängen habe ich eine Menge über den Werdegang des Individuums »Kind« erfahren: Als werdende Grundschullehrerin machte ich mit den verschiedenen Theorien, wie Lernen und Entwicklung im kindlichen Alter vonstattengehen, Bekanntschaft. Auch darüber, wie ich bestimmte Lerninhalte methodisch und didaktisch aufbereiten kann in Stundenbildern, in der Erstellung von Wochen-, Monats- und Jahresplänen, habe ich viel gelernt. Später, beim Studium der Sonderpädagogik, kamen dann noch spezielle Kenntnisse über Wahrnehmungs- und Lernstörungen hinzu. Für all diese Dinge bin ich sehr dankbar – denn wie hätte ich sonst all die Jahre als Lehrerin meinen Unterricht halten können?
Es gab aber auch etwas, über das in meinem Studium nur sehr wenig oder gar nicht gesprochen wurde: die Tatsache, dass Unterrichten und Lernen in sozialen

Zusammenhängen erfolgt. Das Beziehungsgeflecht der am Lernprozess beteiligten Menschen kam in meinem Studium kaum vor: Lehrer und Schüler, die Schüler mit ihren Eltern und Familien, die Klassengemeinschaft, das Kollegium, die Schulleitung, die Schulbürokratie. Als junge, begeisterte Lehrerin mochte ich meine Schüler sehr gerne und sie mich wohl auch, aber ich erlebte den Schulalltag trotzdem oft als belastend. Einerseits wollte ich meinem Auftrag, die Kinder zu unterrichten, gerne nachkommen, andererseits sah ich mich mit einer Fülle von Beziehungserfahrungen konfrontiert, auf die ich nur wenig vorbereitet war: Elternabende und -gespräche, der Umgang mit »schwierigen« Kindern, der Kontakt zu Kollegen, dem Seminarleiter, dem Rektor, dem Schulrat ... Ich hatte beste Absichten und wohl auch einige gute pädagogische Fähigkeiten und fühlte mich doch so manches Mal rat- und hilflos.

Erst später lernte ich, dass in der Interaktion zwischen Menschen ein großes, nicht immer sichtbares Beziehungsgeflecht eine Rolle spielt. Ich war in das Beziehungsgeflecht, das System »Schule« eingetreten, ohne die Ordnungen und Strukturen zu kennen, die in Familien und Organisationen wie zum Beispiel der Schule wirken. Erst zu einem späteren Zeitpunkt bekam ich in meinen systemischen Aus- und Weiterbildungen die große Chance, diese oft im Verborgenen wirkenden Ordnungen kennenzulernen. Heute macht es mir sehr große Freude, Kolleginnen und Kollegen aus dem pädagogischen Bereich systemisch zu begleiten und mit ihnen Lösungen für Probleme zu finden, die sie in ihrem Schul- und Erziehungsalltag haben. Mitten hinein in meine Tätigkeit als Lehrerin bekam ich aber zunächst einmal meine eigenen drei Kinder. Mein Mann und ich waren überglücklich und glaubten, wenn wir ihnen all unsere Fürsorge und Liebe inklusive der notwendigen Grenzen geben und die vermeintlichen »Fehler« unserer Eltern vermeiden würden, dann müssten unsere Kinder doch einfach glücklich werden. Im Laufe der Jahre, die uns und unsere Kinder reich beschenkten, kamen wir jedoch auch immer wieder an unsere Grenzen: Wir erlebten manche Schwierigkeiten mit unseren Kindern, die wir nicht einordnen konnten und deren Hintergrund wir nicht verstanden. Auch in unserer Beziehung als Partner waren wir guten Willens – trotzdem schlugen manchmal die Wellen über uns zusammen und wir fragten uns, wie das geschehen konnte.

In dieser Zeit begann ich eine Reihe von Aus- und Weiterbildungen, zunächst in der Angewandten Kinesiologie, in denen ich Wissen nicht nur wie bisher gewohnt aus Büchern und Vorlesungen erwarb, sondern auch durch Selbsterfahrung und Selbsterprobung. Hier begann ich zu begreifen, dass Pädagogik nicht nur etwas ist, was ich den Kindern »angedeihen« lasse, sondern dass sie bei mir als »Erziehende« ganz persönlich beginnt. So machte ich zunächst die Beobachtung, dass meine kinesiologische Ausbildung, mit der ich meinen eigenen Kindern und den Kindern in der Schule weiterhelfen wollte, erst einmal mir selber half, klarer und stabiler zu werden – und das hatte bereits eine positive Wirkung auf meine Familie und mein Berufsfeld!

In meiner sich anschließenden Ausbildung im Familienstellen und anderen systemischen Methoden wurde mir dann immer deutlicher, in welchem Umfang ich als Mutter und Lehrerin in ein großes Beziehungsgeflecht eingebettet bin. In meiner eigenen Familie wurde mir beispielsweise bewusst, dass mein Mann und ich uns nicht nur als Einzelpersonen begegnen, sondern dass jeder von uns überraschend stark die Werte und Vorstellungen seiner Familie, aus der er kommt, in die Ehe und die Kindererziehung mitbringt. Es bedeutet für uns eine große Erleichterung, auftretende Konflikte zwischen uns auf diesem Hintergrund zu sehen und zu lösen – und diese Veränderung ist für die Kinder sofort spürbar! Je mehr wir als Eltern in Einklang mit uns und unseren Herkunftsfamilien sind, desto unbelasteter fühlen sich unsere Kinder. So manches Problem mit den Kindern, das uns Sorgen oder Kopfzerbrechen bereitet, können wir auf diese Weise lösen. Natürlich ist das immer wieder »Arbeit« – regelmäßige Gespräche miteinander führen, sich ab und an eine systemische Beratung einholen, eine Familienaufstellung machen –, aber diese Form der systemischen Begleitung unserer Kinder hat sich für uns alle immer wieder gelohnt.

Kinder systemisch begleiten – diese Erfahrung darf ich seit 1994 auch in meiner eigenen Praxis für Sprach- und Psychotherapie machen. Zu meinem »systemischen Repertoire« haben sich noch weitere lösungsorientierte Sichtweisen und Methoden gesellt und so findet meine systemische Begleitung von Kindern heute auf ganz verschiedenen Ebenen statt: Arbeit mit dem Kind selber, Elternberatung, therapeutische Unterstützung von Vater oder Mutter, Familienaufstellungen, »Arbeitskreis systemische Pädagogik«, Supervision für Lehrer und Erzieher und natürlich dieses Buch …

Ich habe das Buch in vier große Kapitel gegliedert. Im ersten Kapitel »Was heißt hier ›systemisch‹?« geht es um Grundannahmen und Methoden der verschiedenen systemischen Richtungen und um die Frage, was es heißen kann, Kinder systemisch zu begleiten. Das zweite Kapitel »Wir gehören zusammen – das Kind und seine Familie« beschäftigt sich in vielen praktischen Beispielen mit den Bindungen des Kindes an seine Familie. Im dritten Kapitel »Der Schritt nach draußen – das Kind und die öffentliche Erziehung« begleiten wir das Kind und seine Beziehungen in den Kindergarten, die Schule oder andere pädagogische Einrichtungen. Obwohl sich dieser Teil zuallererst an im pädagogischen Bereich Tätige wendet, können auch Eltern hiervon profitieren, da, wie wir noch sehen werden, die familiäre und die öffentliche Erziehung untrennbar miteinander verbunden sind. Im vierten Kapitel »Systemisches Handeln – Beispiele für die Praxis« stelle ich Ihnen zum Abschluss praktische Übungen vor, mit denen Sie Kinder und Jugendliche, aber auch sich selber als Eltern oder Pädagogen auf kreative Weise systemisch begleiten können.

Dieses Buch möchte Ihnen, liebe Eltern und im pädagogischen Bereich Tätige, ein Handbuch bei der Begleitung der Ihnen anvertrauten Kinder sein. Es möchte Ihnen einige der Ordnungen, die in Beziehungen in der Familie und in der öffentlichen Erziehung wirken, mit Worten und vielen Bildern sichtbar machen. Es möchte Ihnen Mut machen, auf Ihre Familie und Ihren Arbeitsplatz einmal »mit anderen Augen«, sozusagen mit dem »systemischen Blick« zu schauen. Es möchte Sie auch ermutigen, das Gelesene praktisch zu erproben, selbst zu erfahren und sich bei Bedarf Unterstützung zu holen. Für mich wäre es eine große Freude, wenn Sie im einen oder anderen Fall die Erfahrung machen könnten, dass systemisches Denken, Fühlen und Handeln den pädagogischen Alltag entlasten, die berufliche Kompetenz erweitern und vor allem die Beziehungen zu uns selber, zu unseren Familien, unserem Arbeitsplatz und damit auch zu den uns anvertrauten Kindern liebevoller und friedlicher gestalten können.

Was heißt hier »systemisch«?

Mit dieser etwas flapsig klingenden Frage starten wir in das erste Kapitel dieses Buches – es geht hier um die Entwicklungsgeschichte systemischen Gedankenguts und systemischer Methoden, um verschiedene systemische Ansätze und um die Menschen, die diese vorangetrieben haben.

Das griechische Wort »systema« bedeutet »Zusammenstellung«, in einem System sind also Dinge, Elemente oder Menschen, die zueinandergehören, »zusammengestellt«. In der allgemeinen Systemtheorie wird seit Mitte des 20. Jahrhunderts versucht, so unterschiedliche Systeme wie beispielsweise den menschlichen Körper, Flugzeuge, Biotope oder unsere Sprache zu verstehen und zu lenken. Die Begriffe der Systemtheorie werden in verschiedenen wissenschaftlichen Disziplinen angewendet, so in der Informatik, der Elektrotechnik, der Chemie oder der Philosophie. Die Systemtheorie lässt sich aber auch auf das Gebiet der sozialen Systeme anwenden, zum Beispiel auf die Soziologie, die Psychologie und die Pädagogik. Zu den Wegbereitern dieses Anwendungsbereiches gehören unter anderem die chilenischen Neurobiologen Humberto Maturana und Francisco Varela, der deutsche Soziologe Niklas Luhmann und der österreichische Physiker und Philosoph Heinz von Foerster. Aus dem riesigen Feld der sozialen Systeme suchen wir uns hier in diesem Buch diejenigen Systeme heraus, in denen Erziehung und Pädagogik stattfinden: die Familien, Kindertagesstätten, Schulen und andere pädagogische Einrichtungen.

Die Systemtheorie ist eine relativ junge Wissenschaft und so gibt es eine Fülle von unterschiedlichen Systembegriffen, die sich teilweise ergänzen, teilweise miteinander konkurrieren. Auch im Bereich der sozialen Systeme, zum Beispiel in der systemischen Psychotherapie und der systemischen Pädagogik, gibt es in Fachkreisen unterschiedliche Auffassungen zum Begriff »systemisch«[1]. Wie immer, wenn eine neue Idee in lebendigem Wachstum entsteht, gibt es verschiedene Strömungen, die sich in der Abgrenzung voneinander, aber auch im Austausch miteinander entwickeln. Im Wesentlichen geht es hier um zwei verschiedene systemische Ansätze, den *systemisch-konstruktivistischen* und den *systemisch-phänomenologischen*. Beide stelle ich im Folgenden in einem kurzen Überblick vor.

Zu Beginn dieses Kapitels stand die Frage »Was heißt hier systemisch?«. Hier, in diesem Buch, heißt systemisch, dass beide Ansätze ihren Platz haben. Wie wir sehen werden, wirken sie auf verschiedenen Ebenen und können sich gegenseitig ergänzen und befruchten. Mit dem Neuro-Imaginativen Gestalten (NIG) stelle ich Ihnen darüber hinaus eine systemische Methode vor, in der beide Ansätze vertreten sind – eine Methode, die es ermöglicht, Kinder kreativ und mit dem »weiten systemischen Blick« auf ihrem Weg zu begleiten.

Eingebundenheit und Eigenständigkeit

Die Entwicklung des Kindes geschieht in Bindungen und in Beziehungen und damit in Systemen. Ein Kind kann nicht ohne Beziehungen, ohne Zugehörigkeit zu einem System aufwachsen. Sein Vater und seine Mutter sind das erste System, zu dem es gehört und von dem es immer ein Teil bleibt, sein ganzes Leben lang. Auch seine Geschwister gehören beispielsweise in dieses System – wir nennen es die Herkunftsfamilie des Kindes. Je nach individuellem Lebenslauf kann das Kind aber auch in einem anderen, neu dazugekommenen System aufwachsen: Das kann eine Adoptivfamilie sein, eine neu gegründete Patchworkfamilie, ein Kinderheim. In jedem Fall aber kommen wechselnde soziale Systeme hinzu: Krabbelgruppe, Krippe, Kindergarten, Schule, Kirche, Freundeskreis, Verein … All diese Gemeinschaften beeinflussen die Entwicklung des Kindes, das Kind steht in vielfältiger und wechselseitiger Beziehung zu ihnen. Auf die besondere Bedeutung der Herkunftsfamilie hierbei werde ich später noch ausführlich eingehen: Auch wenn das Kind in späteren Jahren das Elternhaus verlässt und beispielsweise eine eigene Familie gründet, so bleibt es doch immer ein Teil seines Herkunftssystems. Damit ein Kind sich gut entwickeln kann, braucht es die Sicherheit von Bindungen. An erster Stelle steht dabei die Bindung an die leiblichen Eltern und an die erweiterte Herkunftsfamilie, an zweiter Stelle stehen die Beziehungen zu neu dazugekommenen Gemeinschaften. Das Kind fühlt sich in der Bindung sicher und möchte dazugehören. Die Angst, es könnte diese Zugehörigkeit verlieren, spielt für das Kind immer wieder eine wichtige Rolle.

Gleichzeitig zu diesem Wunsch nach Bindung hat das Kind aber auch den Wunsch, seine eigene Persönlichkeit zu entfalten, seine eigenen Fähigkeiten zu entwickeln, auf seine Weise einzigartig zu sein. Schon das dreijährige Kind ist voller Stolz, wenn es zu seinen Eltern sagen kann: »Das kann ich schon!« Es möchte in seinem Bestreben, eine eigenständige, autonome Person zu werden, anerkannt und unterstützt werden. Man könnte sagen, dass diese beiden paradox anmutenden Wünsche in einem »Spannungsfeld« zueinander stehen, in dem die Entwicklung des Kindes geschieht. Mir gefällt die Bezeichnung »Wirkfeld« in diesem Zusammenhang besser, denn in diesem Begriff ist die Wechselwirkung des Wunsches nach Bindung einerseits und nach Eigenständigkeit andererseits gut ausgedrückt.[2]

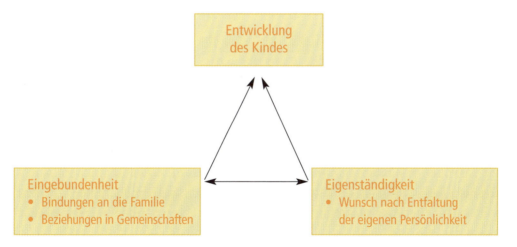

Hat das Kind in seiner Familie einen anerkannten und sicheren Platz, so kann es seinen eigenen Wert spüren und entfaltet mit Neugier und Freude seine individuelle Persönlichkeit. Muss es aber um die Zugehörigkeit zu seiner Familie kämpfen oder um sie fürchten, so sind seine Kräfte daran gebunden und seine persönliche Entwicklung verzögert sich oder stagniert. Eine gut entwickelte Eigenständigkeit bewirkt im Gegenzug, dass das Kind beispielsweise später als Jugendlicher die Bindung zu seiner Herkunftsfamilie bewahren kann und sie nicht abschneiden muss, wenn es seine eigenen Wege gehen möchte.

Oben habe ich von zwei systemischen Ansätzen gesprochen, die sich ergänzen und befruchten können. Im Zusammenhang mit der Entwicklung des Kindes lässt sich das verdeutlichen: In der systemisch-phänomenologischen Sichtweise steht der Aspekt der Bindung und der Zugehörigkeit zu einem System im Vordergrund. Hierzu gehören die bereits erwähnten Ordnungen, die in Familien und sozialen Systemen wirken. In der systemisch-konstruktivistischen Sichtweise wird eher die Entfaltung der eigenen Persönlichkeit im Kontext der Familie und von Gemeinschaften betont, hierzu gehören Themen wie Selbstverantwortung, Selbstorganisation, Ressourcen-, Lösungs- und Zielorientierung. In dem in diesem Buch vorgestellten Neuro-Imaginativen Gestalten finden wir beide Aspekte, die Eingebundenheit und das Streben nach Eigenständigkeit, berücksichtigt. Im Folgenden möchte ich diese verschiedenen systemischen Ansätze, ihre Gründer und wichtigen Vertreter kurz vorstellen.

Der systemisch-konstruktivistische Ansatz

Ausgehend von der allgemeinen Systemtheorie wurden seit den 60er-Jahren des 20. Jahrhunderts in den USA systemische Konzepte entwickelt, die sich mit sozialen Systemen, vor allem im Rahmen der Familientherapie, beschäftigten. Führend wirkten hier der Anthropologe und Kybernetiker Gregory Bateson und seine Mitarbeiter am Palo Alto Institut sowie der Kommunikationswissenschaftler und Psychotherapeut Paul Watzlawick und seine Mitarbeiter am Mental Research Institut in Kalifornien. Diese Wissenschaftler leisteten bedeutende Beiträge zur Entstehung des systemisch-konstruktivistischen Ansatzes. Eine zentrale These des Konstruktivismus lautet, dass der Mensch als wahrnehmendes Wesen sich seine Wirklichkeit

»konstruiert« oder »erfindet«. Die Konstruktivisten gehen also davon aus, dass es viele subjektive Möglichkeiten gibt, die Welt wahrzunehmen, statt nur eine einzige »objektive« Wirklichkeit. In seinem Bestseller *Anleitung zum Unglücklichsein* gibt Paul Watzlawick viele amüsante Beispiele, wie leicht es ist, sich mit einer negativen Sichtweise auf sein Leben den eigenen Alltag unerträglich zu machen.[3]

In den nachfolgenden 70er- und 80er-Jahren entwickelten sich unter dem Dach des »konstruktivistischen Hauses« eine Reihe psychotherapeutischer Methoden, die sich unter dem Namen »systemische Kurztherapien« zusammenfassen lassen.[4] Hierzu gehören Familienrekonstruktionen nach Virginia Satir, die Mailänder Schule, die Heidelberger Schule, die Kurztherapie nach Steve de Shazer und das Neurolinguistische Programmieren (NLP).

Die Erkenntnisse der Systemtheorien und der systemischen Kurztherapien fließen seit den 90er-Jahren auch in die Pädagogik und Erziehung ein. Frühe Vertreter sind hier Wilhelm Rotthaus[5] und Reinhard Voß, aktuelle Weiterentwicklungen werden in den folgenden Kapiteln dieses Buches immer wieder zu Wort kommen.

Grundannahmen

Nach diesem kleinen Spaziergang durch die Entwicklungsgeschichte des systemisch-konstruktivistischen Ansatzes werfen wir nun noch einen Blick auf einige Grundannahmen, die ihren Platz in der systemischen Pädagogik und Erziehung gefunden haben und die Sie auch in diesem Buch wiederfinden werden.

Eine ganz wichtige systemische Haltung und Grundeinstellung ist das Prinzip der *Allparteilichkeit*. Hierunter wird die Fähigkeit verstanden, allen Mitgliedern eines Systems mit Wertschätzung zu begegnen. Man geht davon aus, dass hinter jedem Verhalten eines Familienmitgliedes, eines Schülers oder eines Kollegen eine positive Absicht steht. Dadurch werden die Verdienste jedes Einzelnen anerkannt. Es geht also darum, allen Mitgliedern eines Systems eine positive Stellung zu geben. Die Einübung dieser hohen Kunst sollte man bereits in jungen Jahren beginnen – ich betrachte es als ein sehr lohnendes Ziel für die systemische Begleitung unserer Kinder! Im letzten Kapitel dieses Buches finden Sie hierzu eine praktische Übung mit dem Titel »›Durch die Augen des anderen schauen‹ – ein Beitrag zur Konfliktbewältigung«.

Der Grundsatz der *Lösungsorientierung* stammt von Milton Erickson, einem der bedeutendsten Therapeuten des 20. Jahrhunderts aus den USA, und wurde von Steve de Shazer und seiner Frau Insoo Kim Berg konsequent weiterentwickelt. In der lösungsorientierten Sichtweise wird das Hauptaugenmerk nicht auf die Probleme und Defizite eines Menschen gerichtet, sondern auf deren Lösung. Es wird davon ausgegangen, dass jedes Problem auch eine Lösung in sich trägt. Begegnen wir als Eltern und Pädagogen Kindern und Jugendlichen mit einer lösungsorientierten Haltung, so spüren sie das sofort und beginnen ihrerseits, Lösungen in den Blick zu nehmen, anstatt sich als »Problemfall« zu empfinden. Im letzten Kapitel dieses Buches finden Sie auch eine praktische Übung zur Lösungsorientierung mit dem Titel »Das will ich können!«.

In engem Zusammenhang mit der Lösungsorientierung steht die *Zielorientierung*, die vor allem im NLP, dem Neurolinguistischen Programmieren, von großer Bedeutung ist. Auf dem Weg vom Problem zur Lösung erweist es sich oft als sehr hilfreich, ein Ziel vor Augen zu haben. In diesem Sinne werden Ziele im NLP als »Attraktoren« bezeichnet, die uns anziehen und aktivieren: Wenn ich weiß, wohin ich will, dann mache ich mich auch auf den Weg. Kinder und Jugendliche werden in ihrer Entwicklung und in ihrem Verhalten in hohem Maße von Zielen und Wünschen geleitet. Sie auf ihrem Weg der angemessenen Zielfindung zu begleiten, ist wiederum ein lohnendes Ziel für Eltern, Erzieherinnen und Lehrer. Eine praktische Übung zur Zielorientierung finden Sie wieder im letzten Kapitel, sie trägt den Titel »Mein Wunschbild«.

Ebenfalls im engen Zusammenhang mit der Lösungsorientierung steht die *Ressourcenorientierung*. Mit Ressourcen sind Stärken und Kraftquellen gemeint, die jeder Mensch hat, auch wenn sie ihm vielleicht nicht immer bewusst sind. De Shazer sah Defizite und Probleme als Ressourcen für Lösungen an. Blicken wir als Pädagogen und Erziehende auf die Ressourcen und die Fähigkeiten eines Kindes statt auf die Defizite und Mängel, dann nehmen wir das Kind völlig anders wahr. Die sogenannten Defizite eines Kindes können unter diesem Blickpunkt eher als Motivation gesehen werden, etwas Neues zu lernen. Eine praktische Übung zur Ressourcenorientierung finden Sie wiederum im letzten Kapitel unter dem Titel »Kraftbilder«.

Der systemisch-phänomenologische Ansatz

Im Buch *Unsichtbare Bindungen* beschrieb der ungarische Psychiater und Familientherapeut Ivan Boszormenyi-Nagy 1973 die Kräfte, die im System »Familie« wirken. Seine Erkenntnisse und die vieler anderer Therapeuten griff der Theologe, Pädagoge und Therapeut Bert Hellinger in den 80er-Jahren auf. Hellinger verdichtete und erweiterte die bisherigen Erkenntnisse in den von ihm entwickelten Familienaufstellungen. Im Gegensatz zum systemisch-konstruktivistischen Ansatz, in dem es um die Konstruktion, also um die »Gestaltung der Wirklichkeit« geht, betont der phänomenologische Ansatz die »Wahrnehmung dessen, was ist«. Im Mittelpunkt dieses Ansatzes steht die Wahrnehmung von Phänomenen, die sich in der Aufstellungsarbeit zeigen.

Der Arzt und Familientherapeut Gunthard Weber machte den systemisch-phänomenologischen Ansatz in den 90er-Jahren in dem von ihm herausgegebenen Buch *Zweierlei Glück* im deutschsprachigen Raum bekannt.[6] Seit dieser Zeit wurde die Methode von vielen Systemtherapeuten weiterentwickelt und findet inzwischen weltweit Beachtung und Anerkennung – vor allem in Deutschland gibt es parallel dazu aber auch zum Teil kontrovers geführte Diskussionen.

Von Bert Hellinger ursprünglich für den Bereich der Familie konzipiert, werden Aufstellungen heute in die Arbeit unterschiedlichster Disziplinen mit einbezogen. Hierzu gehören neben der Psychotherapie auch Anwendungsgebiete wie Pädagogik, Sozialarbeit, Coaching, Unternehmensberatung, Seelsorge oder Mediation – Aufstellungen unterstützen sogar den Entstehungsprozess von Drehbüchern und Romanentwürfen! Neben den Familienaufstellungen werden in den genannten Bereichen auch andere Aufstellungsformen verwendet, die inzwischen von einer Vielzahl namhafter Fachleute entwickelt worden sind. Hierzu zählen Organisationsaufstellungen, zum Beispiel für Firmen, Schulen oder Kindertagesstätten, und Strukturaufstellungen, beispielsweise für Symptome, Ziele oder Ressourcen. Auch in der Arbeit mit Kindern hat die Aufstellungsarbeit ihren Platz gefunden. Jirina Prekop, Ingrid Dykstra und Thomas Schäfer berichten in ihren Veröffentlichungen ausführlich über ihre Erfahrungen im therapeutischen Kontext. Im Bereich der familiären und schulischen Erziehung leistet Marianne Franke-Gricksch

Pionierarbeit. Sie befasst sich sowohl mit dem adäquaten Einsatz von Aufstellungen auf diesem Gebiet als auch damit, wie sich die Erkenntnisse der Aufstellungsarbeit im pädagogischen Alltag einsetzen lassen.[7]

Für diejenigen von Ihnen, denen »Aufstellungen« zwar ein Begriff sind, die aber noch nicht näher damit in Kontakt gekommen sind, möchte ich diese systemische Vorgehensweise kurz näher beschreiben.

Aufstellungen – eine systemisch-phänomenologische Methode

Für eine Aufstellung treffen sich Menschen, denen ein bestimmtes Problem oder Anliegen am Herzen liegt, in einer Gruppe, um mithilfe dieser Gruppe einen Lösungsweg zu finden. Beispielsweise kommen Eltern, die sich aus den unterschiedlichsten Gründen um ihr Kind Sorgen machen, um die Probleme ihres Kindes im familiären Zusammenhang zu betrachten und zu lösen. Aufstellungsgruppen gibt es auch im Bereich der beruflichen Supervision, hierhin kommt beispielsweise eine Erzieherin wegen Spannungen in ihrem Team oder ein Lehrer wegen Disziplinschwierigkeiten mit einem Schüler.

Diese »suchende« Person, wir nennen sie hier der Einfachheit halber den Klienten, sucht nach einem Gespräch mit dem Gruppenleiter aus den in der Gruppe anwesenden Personen Stellvertreter aus. Die Mutter, die sich Sorgen um ihr Kind macht, wird beispielsweise auf Anraten der Gruppenleiterin Stellvertreter für sich, den Vater des Kindes und das Kind auswählen. Die Erzieherin wählt Stellvertreterinnen für sich und ihre Kolleginnen aus, der Lehrer beginnt mit einem Stellvertreter für sich und einem für den Schüler. Diese Stellvertreter positioniert der Klient dann zueinander im Raum, das heißt, er führt sie zu einem Platz, der seinem Gefühl nach stimmig ist. So wird das innere Bild, das der Klient von seiner Familie, einem Team oder einer Beziehung hat, nach außen sichtbar. Sind die Stellvertreter aufgestellt, setzt sich der Klient hin und der Gruppenleiter bittet nun die einzelnen Stellvertreter, mitzuteilen, welche körperlichen Reaktionen oder Gefühle sie wahrnehmen.

An dieser Stelle ereignet sich nun immer wieder ein Phänomen, das viel beschrieben wird, aber letztlich noch nicht schlüssig erklärbar ist: das sogenannte wissende Feld. In einer Art »repräsentierenden Wahrnehmung« äußern die Stellvertreter auf ihrem Platz ganz selbstverständlich Empfindungen, die zu der Person gehören, die sie vertreten, obwohl sie diese Person nie kennengelernt haben und in der Regel auch nichts oder nur wenig von ihr wissen. Ich erlebe es immer wieder, mit welchem Erstaunen Klienten diese Empfindungen der Stellvertreter bestätigen: »Ja, genau so stand mein Opa immer da!« oder: »Das war einer der Lieblingssätze meiner Mutter!«.

Nun kann es sein, dass das Gesamtgefüge des Systems unruhig oder nicht »im Lot« ist, dass sich einer oder mehrere Stellvertreter auf ihrem Platz unwohl oder »nicht richtig« fühlen, zuweilen werden auch sehr heftige Gefühle von Stellvertretern geäußert. Je nach Situation bittet der Aufstellungsleiter dann die Stellvertreter, ihren Bewegungsimpulsen, beispielsweise einem Wunsch nach einem Platzwechsel, nachzugeben. Eine andere Möglichkeit besteht darin, dass der Leiter die Stellvertreter umgruppiert oder aber, dass er offensichtlich fehlende Mitglieder eines Systems dazustellt. Auch kann es wichtig und für das System lösend und stabilisierend sein, an dieser Stelle einen kurzen Satz zu sprechen oder ein Mitglied des Systems mit einer Verneigung zu würdigen. Die Aufstellung kommt zur Ruhe, wenn sich jeder Stellvertreter auf seinem Platz »richtig« und angekommen fühlt.

In unserem Beispiel des Kindes, um das sich die Mutter Sorgen macht, kann diese Ruhe durch das Hineinnehmen und Würdigen einer Tante einkehren, die ein schweres Schicksal hatte und mit der das Kind sehr verbunden ist. Im Beispiel der Erzieherin kann die Lösung in der Anerkennung der Leitung des Teams liegen. Für den Lehrer schließlich könnte die Lösung darin liegen, dass er die Eltern des Kindes mit in den Blick nimmt – im weiteren Verlauf des Buches werden Sie zu diesen Beispielen noch ausführliche Fallbeschreibungen finden. Ist die Dynamik oder der Lösungsweg in einer Aufstellung klar geworden, so stellt sich der Klient manchmal zum Schluss selbst auf den Platz, den bisher sein Stellvertreter eingenommen hat. So kann er das neu geordnete System »am eigenen Leib« spüren und in sich aufnehmen.

Die Erkenntnisse, die Bert Hellinger durch seine Familienaufstellungen gewann, fasste er in vielen Veröffentlichungen zusammen. Eine seiner ersten ist das Buch *Ordnungen der Liebe*[8]. In diesem Buch beschreibt er Grundordnungen, die in allen Familien wirken. Mit dem Begriff »Ordnungen« sind nun aber keine »ewig gültigen

Wahrheiten« zu verstehen, sondern vielmehr »nützliche Muster und Regeln«. So verstanden, beschreiben Ordnungen »bessere und schlechtere Plätze« in Familien und anderen sozialen Systemen und haben das Gedeihen von guten Beziehungen zum Ziel.

Wenn die Mitglieder einer Familie sich im Einklang mit diesen Ordnungen befinden, können sie sich von der Familie gehalten und gefördert fühlen. Häufig geschieht es jedoch, dass Familienmitglieder diesen Ordnungen zuwiderhandeln. Das passiert meist unbewusst, nicht aus bösem Willen, sondern aus »blinder« Liebe. Dann kann es zu Beziehungsstörungen kommen und oft sind es die Kinder, die ausdrücken, dass die Familie nicht im Gleichgewicht ist: Sie fühlen sich nicht angenommen, finden keinen guten Platz in der Familie, werden vielleicht aggressiv, traurig, machen ins Bett oder haben Schulschwierigkeiten.

Nun werden Sie sich als interessierter Leser vielleicht fragen: »Wie soll das gehen, soll ich jetzt wohl wegen jedem Problem in meinem erzieherischen Alltag so eine Gruppe besuchen und eine Aufstellung machen?« Nein – sicherlich nicht! Es gibt Situationen und Konstellationen, in denen wir an unsere Grenzen geraten. In solchen Fällen kann eine Aufstellung in der Gruppe oder auch in Einzelarbeit[9] sehr sinnvoll und äußerst hilfreich sein. In vielen Fällen können wir aber systemische Lösungen für pädagogische Probleme finden, indem wir die Grundordnungen, die in Familien und sozialen Systemen wirksam sind, kennen und beachten.

Hierzu möchte dieses Buch einen Beitrag leisten: In den Hauptkapiteln »Wir gehören zusammen – das Kind und seine Familie« und »Der Schritt nach draußen – das Kind und die öffentliche Erziehung« finden Sie einen Überblick über die Dynamiken, die in Familien und in Einrichtungen der öffentlichen Erziehung wirken. Zur Veranschaulichung finden Sie in diesen Kapiteln überall praktische Übungen und kleine Aufstellungsbeispiele mit Skizzen, die Kinder und Erwachsene gezeichnet haben. Mit den Zeichnungen begeben wir uns auf das Gebiet des Neuro-Imaginativen Gestaltens (NIG). Diese systemische Methode stelle ich im Folgenden kurz vor.

Das Neuro-Imaginative Gestalten (NIG)

Das NIG wurde in den 90er-Jahren von Eva Madelung für den therapeutischen Bereich entwickelt und ist im Buch *Im Bilde sein* von Eva Madelung und mir mit vielen Fallbeispielen und praktischen Übungen beschrieben.[10] Die Bezeichnung »Neuro-Imaginatives Gestalten« deutet auf eine gewisse Nähe zum »Neurolinguistischen Programmieren« (NLP) hin. Allerdings liegt im NIG der Schwerpunkt nicht auf der Sprache wie im NLP, sondern auf dem gestalterischen Ausdruck. Im NIG, das sich in der Praxis sehr bewährt hat, fließen kreatives und systemisches Arbeiten ineinander über: Es ist eine Aufstellungsarbeit mithilfe von Zeichnungen. Die Zeichnungen werden auf dem Boden ausgelegt und man stellt sich anschließend darauf, um sie nicht nur wie gewohnt anzuschauen, sondern sie mit dem ganzen Körper wahrzunehmen und zu erfahren. Ich habe in meiner Arbeit mit Kindern gemerkt, dass Kinder NIG gerne mögen, und habe in der Folgezeit ein Konzept entwickelt, wie man NIG auch in pädagogischen Zusammenhängen einsetzen kann – die Ergebnisse finden Sie in den praktischen Beispielen in diesem Buch.

Sich auf die eigenen Bilder zu stellen, um ihre Qualität mit allen Sinnen zu erspüren, klingt zunächst sehr ungewöhnlich, erweist sich aber beim Ausprobieren als durchaus praktikabel: Es entwickelt sich, ähnlich wie in einer Aufstellung mit Personen, zwischen den ausgelegten Bildern ein »Feld«, das körperlich spürbar ist. Beispielsweise zeichnet ein Kind ein »Jetztbild« von seiner gegenwärtigen Situation und ein »Wunschbild« von seiner erträumten Zukunft und legt diese beiden Bilder im Raum aus. Stellt sich das Kind nun nacheinander auf jedes dieser Blätter, so kann sein Körper auf den Skizzen stehend ganz unterschiedlich reagieren: Vielleicht steht das Kind auf dem »Jetztbild« eher unruhig, ist auf dem Sprung, möchte zu seinem Wunschbild, das ihm aber sehr weit weg vorkommt, vielleicht fühlt es sich auf dem »Jetztbild« aber auch ganz ruhig und stabil. Auf dem »Wunschbild« stehend fühlt sich das Kind vielleicht kräftig und gut angekommen, vielleicht fühlt es sich aber auch »fehl am Platz« und meint: »Das ist nicht das Richtige!« Kinder sind noch vorwiegend kinästhetisch orientiert, das heißt, sie nehmen mit dem ganzen Körper und durch Bewegungen wahr. Steht ein Kind beispielsweise auf seinem »Wunschbild«, so kann es unmittelbar spüren, ob seine Vorstellung von der Zukunft sich auch wirklich gut anfühlt. Sollte das nicht der Fall sein, dann lässt sich das »Wunschbild« ja verändern!

Die Abstände zwischen den Skizzen und die Lage der Skizzen zueinander spielen eine wichtige Rolle, zeigen sie doch das Beziehungsgeflecht zwischen den einzelnen Blättern auf. Geht das Kind beispielsweise zwischen dem »Jetztbild« und dem »Wunschbild« hin und her, so bekommt es ein Gefühl dafür, wie weit die beiden voneinander entfernt sind und wie sie miteinander in Verbindung stehen. In der Regel drücken Kinder und Jugendliche die körperlichen Erfahrungen, die sie auf und mit ihren Skizzen machen, nicht so differenziert aus wie Erwachsene, aber Sätze wie »Hier will ich weg« oder »Hier ist es gut« übermitteln trotzdem eine eindeutige Botschaft!

Zusätzlich zu den Zeichnungen verwenden wir im NIG immer noch ein unbemaltes Blatt, das in größerem Abstand von den bemalten Blättern auf dem Boden ausgelegt wird. Auf diesem Blatt stehend kann man die ausgelegten Blätter sozusagen »von außen« betrachten, als wäre man ein unbeteiligter, neutraler Beobachter. Diese »Metaposition«, die aus dem NLP stammt, bezeichnen wir mit den Kindern auch gerne als den »klugen alten Mann« oder die »weise alte Frau«. Es findet also ein Perspektivenwechsel statt, der oft erstaunliche Wirkungen zeigt: Auf diesem Platz kommen die Kinder so manches Mal zu Einsichten und Erkenntnissen, die ihnen »mittendrin« im Geschehen nicht möglich waren. Auf diesem Platz werden Fähigkeiten, die in jedem Kind und jedem von uns schlummern, verstärkt: die eigenen Gefühle und Handlungen aus einer Distanz betrachten, Wesentliches von Unwesentlichem unterscheiden, Ideen entwickeln für die eigene Lebensgestaltung.

Im NIG ist nicht nur der Umgang mit den Skizzen etwas ungewöhnlich, sondern auch die »Herstellung« der Skizzen selber – sie werden nämlich mit der nicht dominanten Hand gezeichnet. Ein Rechtshänder nimmt also seine linke Hand, ein Linkshänder seine rechte Hand und zeichnet damit eine rasche Skizze, kein fertiges, »ausgemaltes« Bild. Jede Art der Darstellung ist willkommen: einfarbige oder bunte, abstrakte oder konkrete Skizzen, Symbole, Zahlen oder Buchstaben. Der Grund, warum mit der nicht dominanten Hand gezeichnet werden soll, ist folgender: Die Hand, mit der das Kind sonst nicht schreibt oder malt, ist ungeübter, sie kann keine »schönen« Bilder produzieren. Mit dieser Hand ist weniger Kontrolle verbunden und dadurch kommt das Unbewusste, auf das es uns in diesem Zusammenhang ankommt, stärker zum Ausdruck.

Brückenbau

Das Besondere am NIG ist es, dass es sowohl dem systemisch-konstruktivistischen als auch dem systemisch-phänomenologischen Ansatz einen Platz gibt – dies ist die Brücken bauende Leistung Eva Madelungs. Die Eingebundenheit in die Familie und andere Systeme einerseits und die Entfaltung des eigenen Lebens andererseits gehören zusammen wie die beiden Ufer eines Flusses. Dies gilt sowohl für die Entwicklung des Kindes als auch für den Lebensweg des Jugendlichen und des Erwachsenen.

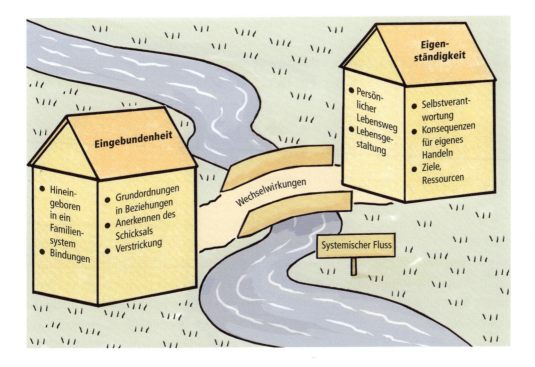

Mit dem NIG ist es möglich, auf beiden Seiten des Flusses zu arbeiten: Beispielsweise können Eltern oder Pädagogen ein Kind mit der Übung »Mein Wunschbild«

im Haus der »Eigenständigkeit« begleiten. Sollten sie aber zu dem Schluss kommen, dass das Kind längerfristig Wünsche oder Ziele verfolgt, die ihm selber oder anderen schaden, dann wäre ein Wechsel auf die andere Flussseite zum Haus der »Eingebundenheit« der nächste Schritt. Es ist nämlich möglich, dass ein Kind mit seinen schädigenden Zielen eine familiäre Verstrickung ausdrückt, aus der das Kind nicht ohne Weiteres nur durch Begleitung seines persönlichen Lebensweges herausfindet. Im Kapitel »Wir gehören zusammen – das Kind und seine Familie« werden solche Verstrickungen beschrieben und mit Aufstellungsbeispielen aus dem NIG anschaulich dargestellt.

Allerdings sind auf dieser Ebene die Grenzen der Pädagogik sorgsam im Auge zu behalten. Das Wissen um die Ordnungen, die in Familien und anderen Systemen wirksam sind, kann für Eltern, Lehrer und Erzieherinnen enorm hilfreich und wertvoll sein. Sollten Sie aus diesem Wissen heraus eine Aufstellung zur Lösung von Verstrickungen für geraten halten, zögern Sie nicht, sich Unterstützung zu holen! Die Durchführung von Familienaufstellungen – sei es nun mit Stellvertretern oder mit NIG-Zeichnungen – bedarf jedoch gut ausgebildeter Berater und Therapeuten.

Systemische Pädagogik

Nach diesem Streifzug durch die systemischen »Gefilde« und ihre Entstehungsgeschichte kehren wir noch einmal zum Anliegen dieses Buches zurück: Es möchte Menschen, die mit Kindern arbeiten und leben, Mut machen, Kinder systemisch zu begleiten. Systemische Pädagogik heißt für mich zunächst einmal, eine Sensibilität für systemische Zusammenhänge und damit einen »systemischen Blick« zu entwickeln. Der systemische Blick auf das Kind ist ein »weiter« Blick, er schaut auf das Kind nicht nur als Individuum, sondern als Teil verschiedener Systeme: seiner Familie, der Kindergartengruppe, der Schulklasse ... Der systemische Blick schaut nicht nur auf die Fehler und Defizite des Kindes, sondern vor allem auch auf seine Fähigkeiten und seine Kraftquellen. Er bleibt nicht an Problemen haften, sondern sucht nach Lösungen. Dieser systemische Blick erkennt die großen Kräfte der Bindung an und unterstützt das Kind gleichzeitig in seinem Bestreben nach Autonomie. Der systemische Blick kann helfen, die Nöte der Kinder zu verstehen, wenn sie aus Liebe zu ihren Eltern und ihrem Familiensystem Verhaltens- und Lernstörungen entwickeln, um auf Verborgenes in der Familie aufmerksam zu machen. Er will uns als Eltern ermuntern, die Verantwortung zu übernehmen und unsere Probleme, zum Beispiel in der Partnerschaft, in die Hand zu nehmen und damit die Kinder zu entlasten. Der systemische Blick kann auch Lehrer und Lehrerinnen, Erzieher und Erzieherinnen entlasten, die sich mit großem Engagement für ihre Schützlinge einsetzen, aber dabei das Eingebundensein des Kindes in seine Familie übersehen und sich dadurch überfordern.

Vergleichen wir ein System mit einem Mobile, so sehen wir, dass jedes einzelne Teil dieses Mobiles an seinem eigenen Faden hängt, dass aber gleichzeitig alle Einzelteile miteinander verbunden sind. Bewegt sich eines der Teile, so können wir deutlich sehen, dass alle anderen Teile des »Systemmobiles« in Bewegung geraten. Mit diesem Bild des Mobiles lässt sich das riesige Beziehungsgeflecht verdeutlichen, das in der Erziehung eines Kindes wirksam ist – im System Familie, im System Kindertagesstätte, im System Schule. Erziehung ist keine »Einbahnstraße«, in der wir als Erziehende einseitig auf das Kind einwirken: Erziehung findet in Beziehungen statt, die sich wechselseitig beeinflussen. Wir Mütter, Väter, Lehrer, Erzieherinnen, alle im pädagogischen Bereich Tätige haben in diesem Beziehungsgeflecht eine wichtige Rolle: So, wie wir uns in dem Mobile bewegen, so schwingen die uns anvertrauten Kinder mit.

Einen systemischen Blick entwickeln, eine systemische Haltung einnehmen, systemisch Handeln – all dies sind Bausteine für die systemische Begleitung von Kindern. Eine so verstandene systemische Pädagogik braucht Hintergrundinformationen, Wissen um die Grenzen, Erfahrung, Selbsterfahrung und auch Mut. Starten wir also und tauchen in unsere wichtigste systemische Kraftquelle ein – den Strom des Lebens!

Wir gehören zusammen – das Kind und seine Familie

»Wir gehören zusammen« – unter dieser Überschrift werden wir in den folgenden Kapiteln das Kind in seiner Bindung an die Familie begleiten, wir werden uns also hauptsächlich im Haus der »Eingebundenheit«, im systemisch-phänomenologischen Bereich aufhalten. Die Familie ist das erste und prägendste System, dem das Kind zugehört, eine Zugehörigkeit, die es sein Leben lang nicht verliert. Zunächst widmen wir uns einigen allgemeinen Grundordnungen, die in Familien wirken, dann wenden wir uns den kindlichen Bindungen an die einzelnen Familienmitglieder zu: Eltern, Geschwister, Großeltern und das weitere Familiensystem.

Der Strom des Lebens – Grundordnungen in Familien

In meiner Praxis hängt das Foto eines Wasserfalls, dessen Wasser stufenförmig durch ein natürliches Felsbecken nach dem anderen ins Tal hinunterströmt. Wann immer ich anschaulich machen möchte, was Bert Hellinger den »Fluss des Lebens durch die Generationen«[1] nennt, schauen wir uns dieses Bild an.

Wasser fließt immer den Berg hinunter, nie den Berg hinauf, es verweilt für kurze Zeit in einem Felsbecken, strömt dann aber weiter hinab ins nächste Becken, ständig gespeist durch den nie versiegenden Strom von oben. Dieser Wasserfall ist ein wunderbares Bild für den Weg unserer Lebenskraft: Sie kommt zu uns durch die Generationen hindurch – all unsere Ahnen, unsere Urgroßeltern, unsere Großeltern, unsere Eltern wurden von dieser Lebenskraft gespeist und haben sie an uns weitergegeben – und wir geben sie weiter an unsere Kinder. Doch auch bei ihnen wird dieser Strom des Lebens nicht Halt machen …

Bleiben wir noch eine Weile in diesem Bild, denn es macht auf unmittelbar einleuchtende Weise einige Grundordnungen deutlich, die aus systemischer Sicht in Familien wirken. Hierzu gehören die Bindung, die Ursprungsordnung und der Ausgleich von Geben und Nehmen.

Bindung

Jeder von uns ist eingebunden in den Strom des Lebens seiner eigenen Herkunftsfamilie. Von Generation zu Generation, von Becken zu Becken gelangt der Lebensstrom als Geschenk in seiner ganzen Fülle zu uns. Auch in unserer Zeit, die von starkem Individualismus geprägt ist, kommen wir nicht umhin, diese Eingebundenheit in unser Familiensystem anzuerkennen. Keiner von uns kann sagen: »Ich nehme nur diesen einen Teil des Wassers – der andere dort drüben passt mir nicht in den Kram!« Jeder von uns ist innig verbunden mit dieser Lebenskraft in seiner Ganzheit – ohne Wenn und Aber. Das bedeutet, dass wir nicht nur mit den Anteilen, die leicht und angenehm sind und auf die wir gerne schauen, mit unserer Familie verbunden sind. Nein, auch die Anteile, die belastet oder schwer sind und die wir am liebsten vergessen oder nicht dabeihaben möchten, gehören dazu. Eine paradox anmutende Situation ist das: Einerseits sind auch belastete Anteile Teil des gesamten »Familienstroms«, andererseits heißt das aber nicht, dass wir persönlich zum Beispiel eine Schuld unserer Vorfahren zu tragen haben.
Das kleine Kind fügt sich fraglos in die Familie ein, in die es hineingeboren wird, es bekommt durch die Eltern sein Leben und ist deshalb als Teil des gleichen Stroms an sie gebunden. Für das Kind ist dieses »Teil des gleichen Stroms sein« ein selbstverständliches Gefühl, es fühlt sich dazugehörig, es liebt seine Eltern bedingungslos – ganz gleich, wie die Umstände sind, in denen es aufwächst.
Diese große ursprüngliche Liebe des kleinen Kindes zu seinen Eltern kann nun im Laufe seiner Entwicklung von sehr unterschiedlichen Gefühlen überlagert werden. Beispielsweise kommt es vor, dass ein Kind als Baby längere Zeit von seinen Eltern getrennt wird, sei es durch einen Krankenhausaufenthalt, eine Krankheit der Eltern oder andere widrige Umstände. Das kleine Kind erlebt eine solche Tren-

nung von den Eltern als so schlimm, dass es den Schmerz kaum ertragen kann. Um diesem Schmerz zu entfliehen und auch aus Angst, dass sich dieser Schmerz wiederholen könnte, zieht sich das Kind innerlich in sich selber zurück. Der »Strom des Lebens« wird dadurch unterbrochen, das Kind bewegt sich aus Angst vor Verletzung nicht mehr mit der ganzen Fülle seiner ursprünglichen Liebe auf die Eltern zu – diese Dynamik wird »unterbrochene Hinbewegung« genannt. Sie äußert sich später im Leben des Kindes vielleicht darin, dass es sich nach außen hin von seinen Eltern distanziert, auf sie wütend oder enttäuscht von ihnen ist oder ihnen Vorwürfe macht. In der Tiefe aber bleibt es in ursprünglicher Liebe mit seinen Eltern und dadurch mit dem »Strom des Lebens« verbunden – es hat schließlich nur diese eine leibliche Mutter und diesen einen leiblichen Vater!

Ursprungsordnung

Bleiben wir weiter beim Bild des Wasserfalls und wenden wir uns der Fließrichtung des Wassers zu. Wie schon erwähnt, fließt es von Becken zu Becken, von Stufe zu Stufe, es fließt immer den Berg hinunter, nie den Berg hinauf. Übertragen auf den »Strom des Lebens« bedeutet dies, dass die Lebenskraft immer in eine Richtung weitergegeben wird: von den früher Geborenen zu den später Geborenen – nie umgekehrt! Die Eltern sind die Gebenden – die Kinder sind die Nehmenden. Diese Grundordnung, die in allen Familien wirkt, wird auch die *Ursprungsordnung* genannt. Die Ursprungsordnung regelt die Zuständigkeiten in einer Familie: Wer früher da war, steht an einem anderen Platz und hat andere Zuständigkeiten als der, der später hinzukam. Der Platz in der Ursprungsordnung ist nicht veränderbar, so bleibt das Kind immer das Kind seiner Eltern und diese bleiben immer seine Eltern.
Auch die Großeltern haben ihren festen Platz: Sie sind diejenigen, die an die Eltern des Kindes die Lebenskraft weitergegeben haben. Ihre Aufgaben den Enkeln gegenüber sind zwar auch gebend, aber nicht mehr mit den gleichen Zuständigkeiten, wie Eltern sie haben. Wenn Großeltern, Eltern und Kinder den richtigen Platz in der Familie haben, fühlen sie sich gestärkt und wohl: Die Kinder dürfen

die Kleinen sein und die Eltern sind, gestärkt durch ihre eigenen Eltern im Rücken, die Großen.

Nun gibt es aber häufig Familienkonstellationen, in denen diese Ursprungsordnung durcheinandergerät: Aus den verschiedensten Gründen kann es dazu kommen, dass sich ein Kind vom nehmenden Platz auf den gebenden Platz stellt oder gestellt wird. Bleiben wir in unserem Bild, so würde dies bedeuten, dass das Wasser den Berg hinauffließt – und das wiederum ist eine physikalische Unmöglichkeit. Wie kann es aber zu solchen Konstellationen in Familien kommen?

Wir haben weiter oben davon gesprochen, dass jedes Familienmitglied mit dem gesamten Schicksal seiner Familie verbunden ist. Nun kann es beispielsweise sein, dass die Mutter der Mutter, also die Großmutter des Kindes, früh starb und die Mutter deshalb wenig mütterliche Liebe und Unterstützung erfahren durfte. Das Kind einer solchen Mutter spürt diesen Mangel und möchte ihr helfen, denn es liebt seine Mutter mehr als alles andere auf der Welt. Es sagt sich (unbewusst): »Mama, ich spüre, was dir fehlt. Ich tröste dich und gebe dir die Liebe, die dir deine Mama nicht geben konnte!« Die Mutter wird dieses Kind vielleicht als wohltuend liebevoll und fürsorglich empfinden, für das Kind bedeutet dieses Verhalten aber, dass es sich selber als groß und die Mutter als klein erlebt. Der Strom fließt den Berg hinauf – das Kind wird gebend, die Mutter nehmend. Steht das Kind nicht mehr auf seinem Platz des nehmenden Kindes, dann übernimmt es eine Verantwortung, durch die es hoffnungslos überfordert wird. Diese Überforderung wiederum steht seiner individuellen Entwicklung im Wege.

Ausgleich von Geben und Nehmen

Wenn wir in einer Beziehung, zum Beispiel zu unserem Partner, etwas genommen haben, entsteht in uns das Bedürfnis, ihm etwas zurückzugeben. Dieses Zurückgeben stärkt die Beziehung, denn auch unser Partner verspürt dieses Bedürfnis, und so kommt es im guten Falle in einer Partnerschaft zu einem dauernden Austausch von Geben und Nehmen. Wie ist das nun aber zwischen Eltern und Kindern? Wie können Kinder all das, was sie bekommen haben – das Leben, den

Schutz und die Fürsorge –, jemals wieder zurückgeben? Jakob Schneider fasst in seinem Buch *Das Familienstellen*[2] die Antwort auf diese Frage folgendermaßen zusammen: »Das Geschenk des Lebens ist so groß, das lässt sich an den Eltern allein nicht ausgleichen, aber ein Ausgleich ist: erwachsen werden, selber Vater oder Mutter werden oder etwas Entsprechendes tun und somit das Leben weitergeben.«
Bleiben wir beim Bild des Wasserfalls: Das Kind wird also den Strom des Lebens nicht nach oben zurückgeben, sondern es wird das nächstfolgende untere Becken mit Wasser füllen. Der »große« Ausgleich von Geben und Nehmen zwischen den Generationen besteht also im Weitergeben der Lebenskraft an die nächste Generation, in erster Linie natürlich an eigene Kinder, bei Kinderlosigkeit können es aber auch andere zukunftsweisende Projekte sein. Auch die Bestrebungen des Kindes, sich weiterzuentwickeln, erwachsen und autonom zu werden, dienen so gesehen dem Ausgleich von Geben und Nehmen: Indem ein Kind erwachsen wird und sich von seinen Eltern löst, indem es etwas Gutes aus seinem Leben macht, bewegt es sich in Fließrichtung mit dem »Strom des Lebens«.
Auch wenn Eltern hauptsächlich geben und Kinder hauptsächlich nehmen, so bereiten die Kinder den Eltern natürlich Freude und sind dadurch auch Gebende. Eltern sollten jedoch wissen, dass das Ziel dieses Gebens nicht der Ausgleich für das Geschenk des Lebens ist und dass sie diesen Ausgleich nicht sozusagen »im Tauschgeschäft« erwarten können.
Wenn die Eltern alt geworden sind und ihrerseits Unterstützung brauchen, bekommen sie diese von ihren Kindern. Diese Unterstützung ist dann im Einklang mit dem »Strom des Lebens«, wenn Kinder den Respekt vor den Eltern dabei bewahren und ihre eigene Aufgabe im Lebensfluss dadurch nicht wesentlich behindert wird. Beispielsweise fühlen sich junge Eltern, die sowohl Kinder als auch eigene alte Eltern zu versorgen haben, häufig überlastet. Bei ihrer Entscheidung, an welcher Stelle sie Prioritäten setzen sollten, kann ihnen das Bild vom »Strom des Lebens« Orientierung bieten.
Mit dem Bild des Wasserfalls haben wir drei Grundordnungen, die in allen Familien wirken, kennengelernt. Schauen wir nun in den folgenden Kapiteln, wie sich diese und andere Ordnungsprinzipien auf die Beziehungen des Kindes zu den verschiedenen Familienmitgliedern auswirken.

Weil ich euch beide liebe – das Kind und seine Eltern

Mein Lieblingsbild zum Thema »Das Kind und seine Eltern« sehen Sie auf dem Titelbild dieses Buches und auch hier nochmals – es wurde von der amerikanischen Künstlerin Karen Stocker nach einer Familienaufstellung, durch die sie in Kontakt mit der Liebe zu ihren Eltern kam, gemalt. Nicht umsonst steht dieses Bild an einem solch prominenten Platz, berührt es doch eine tiefe Sehnsucht in uns: »Jedes Kind spürt in seinem tiefsten Herzen, dass es die Geborgenheit bei seinen Eltern braucht, aber auch Halt und Vertrauen, ja ihre ganze Liebe.«[3] Wie man auf diesem Bild mit einem Blick sehen kann, fühlt sich das Kind gut aufgehoben, ja geradezu selig, wenn es sich von *beiden* Eltern geliebt fühlt und wenn es beide lieben darf. Über die Gesichter der Kinder, die zu mir in die Praxis kommen, huscht sofort ein Lächeln des Verstehens, wenn sie dieses Bild entdecken, und ich brauche zu die-

sem Thema gar nicht mehr viel erklären. Von den Erwachsenen kommt dann schon eher mal ein »Ja schön, aber ...« – auf diese berechtigten Einwände werde ich weiter unten noch eingehen.

Die Bindung an Vater und Mutter

Wir haben im vorangegangenen Kapitel über die ursprüngliche, die Bindungsliebe aller Kinder zu ihren Eltern gesprochen, die sich allein durch die Tatsache ergibt, dass die Eltern den Kindern das Leben geschenkt haben. Die Bindung an die leiblichen Eltern existiert also in jedem Fall, auch wenn das Kind beispielsweise bei Adoptiveltern aufwächst. Die meisten Kinder wachsen aber mit ihren Eltern auf und das verstärkt die Beziehung natürlich. Sie erleben Mutter und Vater als die ersten und wichtigsten Bezugspersonen: Von ihnen werden sie geschützt, umsorgt und geprägt. Und sie lernen von den Eltern das Unterschiedliche kennen, das Gegensätzliche, das sich Ergänzende und das Zusammenwirken von Vater und Mutter, von weiblich und männlich.

Zu Vater und Mutter dazugehören zu dürfen, ist für das Kind existenziell wichtig: »Menschliche Entwicklung geschieht in der Familie. Fühlt sich das Kind, der Jugendliche und der Heranwachsende von seinen Eltern wahrgenommen und in seinem Wesen bestätigt, dann kann er sich entwickeln. Er spürt seinen Selbstwert und kann sich aus der Herkunftsfamilie lösen, ohne die Bindung abzuschneiden. Kinder können sich in der familiären Geborgenheit auf ihre Schuldinge und ihre Freunde konzentrieren und ihre kognitiven und sozialen Fähigkeiten entwickeln.«[4]

Unterbrochene Hinbewegung

Was auf den ersten Blick wie die natürlichste und einfachste Sache der Welt aussieht, kann sich im Zusammenleben nun aber durchaus als hindernisreich erweisen. Ich habe bereits über Dynamiken gesprochen, die den »Fluss der Liebe« zum Stocken bringen können: Ein Kind, das zum Beispiel durch eine frühe Trennung von den Eltern zu sehr verletzt wurde, kann die Liebe seiner Eltern oft nur noch eingeschränkt annehmen.

Jessica[5] beispielsweise kam mit einem Herzfehler auf die Welt und musste während ihrer ersten zwei Lebensjahre immer wieder für längere Zeit in die Klinik. Obwohl ihre Eltern sich sehr um sie bemühten, erlebten sie Jessica bis in die Grundschulzeit als verschlossen und unnahbar. Eine kinesiologische Traumatherapie konnte den frühen Trennungsschmerz des Mädchens lindern und sie begann langsam, ihr Herz für den lange entbehrten Kontakt zu den Eltern zu öffnen.

Aber nicht nur körperliche, sondern auch seelische Abwesenheit von Mutter oder Vater kann ein Kind als so verletzend empfinden, dass es sich innerlich zurückzieht. Ein Beispiel: Der Vater von Jonathan, dessen eigener Vater lange Jahre in Kriegsgefangenschaft war, litt als kleiner Junge sehr unter der Abwesenheit seines Vaters. Jetzt, wo er selber Vater ist, fühlt er sich Jonathan gegenüber oft »versteinert« und hilflos – ihm fehlt das lebendige innere Bild eines Vaters, der seinen Sohn durch die ersten Lebensjahre begleitet.

Dieses Beispiel wird durch die Erfahrungen vieler anderer Mütter und Väter bestätigt: Menschen, die als Kinder selber unter einer »unterbrochenen Hinbewegung« zu ihren Eltern gelitten haben, fühlen sich in ihrer Liebesfähigkeit zu ihren eigenen Kindern oft eingeschränkt. Hier gilt es, Wunden zu heilen – bei den Kindern und bei den Eltern. Für die Kinder ist es heilsam, wenn Mama oder Papa es schaffen, die unterbrochene Liebe zu ihren eigenen Eltern wieder zum Fließen zu bringen, sei es durch eigene innere Arbeit, mit therapeutischer Unterstützung oder mithilfe einer Familienaufstellung. Dann kann auch die elterliche Liebe zu den eigenen Kindern wieder fließen und die Kinderherzen öffnen sich.

Zwei in einem

Aber auch, wenn wir von dem Gott sei Dank sehr häufigen Fall ausgehen, dass Eltern ihr Kind aus vollem Herzen lieben und das Kind ihre Liebe auch annehmen kann, gestaltet sich diese Liebe nicht immer reibungslos. So müssen die Eltern verstehen und akzeptieren lernen, dass ihr Kind Anteile von ihnen *beiden* in sich trägt und tragen darf. Die Anteile des Vaters mit all seinen Vor- und Nachteilen genauso wie die Anteile der Mutter mit all ihren Vor- und Nachteilen – und an diesem Punkt kann es für die Eltern schnell schwierig werden.

Wenn ein Mann und eine Frau sich verlieben, so nehmen sie zunächst einmal nur ihre Gemeinsamkeiten wahr und haben den Wunsch, miteinander zu verschmelzen. Erst im Laufe der Zeit entdecken sie auch die andere Seite, nämlich dass jeder von seinen eigenen Eltern her unterschiedliche Vorstellungen, Werte und Normen mitbringt, die sich möglicherweise sogar entgegenstehen. Schafft es dieses Paar nun, das Wertesystem des Partners und seiner Herkunftsfamilie zu respektieren, dann fühlt sich das Kind gut aufgehoben – schließlich hat es ja auch beide Großeltern lieb! Gelingt es den Eltern, den Partner und seine Weise, an das Leben heranzugehen, zu achten und zu lieben, dann fühlt sich auch das Kind geachtet und geliebt. Es hat ja schließlich die Anteile beider Eltern in sich und möchte mit beiden Anteilen angenommen werden. Warum sollte da ein Teil von ihm weniger wert und ein anderer mehr wert sein?

Bert Hellinger sagte einmal in einem Vortrag zu den anwesenden Eltern: »Soll ich Ihnen das Zauberwort verraten, das Kinder glücklich macht? Es heißt ›Ja‹! Dieses ›Ja‹ der Eltern zueinander gibt dem Kind das Gefühl, dass sie auch zu ihm ›Ja‹ sagen.«

Konflikte der Eltern

Die Zustimmung der Eltern zueinander bedeutet nun aber nicht, dass sie immer einer Meinung sein müssen. Es geht vielmehr darum, unterschiedliche Ansichten des Partners zu respektieren und zu tolerieren. In Erziehungsfragen beispielsweise werden Eltern nicht immer einer Meinung sein: »Beide bringen Vorstellungen mit, wie die Kinder zu erziehen sind, was sie ihnen abverlangen möchten, natürlich in weiten Teilen unterschiedliche Vorstellungen. Alle Eltern kennen das und auch die Hilflosigkeit, die uns anfällt, wenn der Vater andere Werte in den Vordergrund stellt, wenn er die Kinder zu Dingen ermuntert, die wir als Mütter lieber vermeiden würden, wenn er Strenge walten lässt, die uns erschreckt, und wir Sorge tragen, ob die Seele unseres Kindes das aushält. Und umgekehrt.«[6]

Es ist eine große Aufgabe für die Eltern, ihre Meinungsverschiedenheiten so miteinander zu klären, dass ihre Kinder nicht mit einbezogen werden. Das bedeutet ganz praktisch, dass die Eltern unter vier Augen, ohne ihre Kinder, über ihre unterschiedlichen Vorstellungen sprechen, auch darüber, wie schwer es ihnen fällt, diese gegenseitig zu tolerieren. In einem solchen Gespräch können die Eltern Ver-

einbarungen treffen, wie sie sich in einer Erziehungsfrage verhalten wollen. Dabei ist es wichtig, dass sich nicht nur immer ein Elternteil durchsetzt, sondern dass beide, Vater und Mutter, mit ihren Vorstellungen einmal zum Zuge kommen:
»So kann es durchaus sein, dass Mutter sich durchsetzt, wenn die Tochter mit ihrem neuen Freund ausgeht, und der Vater es nicht will. Dann sollten beide Eltern der Tochter gegenüber zu ihrer Entscheidung stehen, auch wenn es hier für den Vater zum Beispiel nicht der eigenen Meinung entspricht. Und es kann auch sein, dass nach endlos quälenden Nachmittagen mit Hausaufgabentrödeleien des 16-jährigen Sohnes beide Eltern dem Jungen sagen, dass die Mutter ihn jetzt alleine machen lässt und Vater sich am Abend die Ergebnisse durchschaut. Wie oft ist das eine Erleichterung für alle Beteiligten und führt auch dazu, dass der Sohn mehr Verantwortung für sich übernimmt und sinnvollere Nachmittage verbringt!«[7]
Schaffen es Eltern, ihre Meinungsverschiedenheiten nicht nur in Erziehungsfragen, sondern auch zu anderen Themen unter sich zu klären, fühlt sich das Kind bei Vater und Mutter geborgen. Konflikte, die Eltern vor ihren Kindern austragen, aber auch Konflikte, die sie »unter den Tisch kehren«, rufen das Kind auf den Plan: Es bekommt Angst, seine Eltern durch Trennung zu verlieren. Hier gibt es nun zwei Möglichkeiten: Entweder mischt sich das Kind ungefragt ein oder aber ein Elternteil versucht, in einem Konfliktfall das Kind auf seine Seite zu bringen. Beide Verhaltensweisen bringen das Kind in Not. Es liebt beide, Vater und Mutter, und will sie zusammenhalten. Aber auf wessen Seite soll es sich stellen? Eine Weile schlägt es sich vielleicht auf die Seite des schwächeren Elternteils. Wenn es aber merkt, dass der andere Elternteil darunter leidet, gerät es in große Spannungen. Vielleicht gibt das Kind auch nach außen hin dem Elternteil, der sich durchgesetzt hat, recht und ist heimlich mit dem anderen Elternteil solidarisch.
In ihrer Not werden Kinder an dieser Stelle nicht selten zu »Problemkindern«. Mit Verhaltensauffälligkeiten oder Lernschwierigkeiten ziehen sie zu Hause, im Kindergarten oder in der Schule die Aufmerksamkeit auf sich. Es ist, als möchten sie mit ihrem auffallenden Verhalten sagen: »Das ist zu viel für mich, ich bin doch nur das Kind und liebe euch beide! Schaut, ich habe es schwer, bitte kümmert euch um mich als meine Eltern!« Hier sind die Eltern mit einer klaren Botschaft gefordert, die in etwa so lauten könnte: »Wir haben einen Konflikt miteinander, der

geht jedoch nur uns beide etwas an. Du hast damit nichts zu tun, wir regeln das für uns, wir sind die Großen. Du darfst es dir gut gehen lassen.« Gelingt es Eltern, ihrem Kind in dieser Haltung zu begegnen, dann kann das Kind aufatmen und sich auf seinem »Platz des Kindes« wieder sicher fühlen.

Anregungen, die zur Lösung von Konflikten in der Partnerschaft beitragen, gibt es in der Literatur sehr viele. In diesem Buch finden Sie im letzten Kapitel die Übung »›Durch die Augen des anderen schauen‹ – ein Beitrag zur Konfliktbewältigung«. Es ist hilfreich, sich vom Partner oder einem Außenstehenden durch diese Übung begleiten zu lassen. Ich kann auch die wöchentlich stattfindenden »Zwiegespräche« nach Michael Lukas Moeller[8] empfehlen, sie stellen eine wertvolle Hilfe für die Kommunikation in der Beziehung von Mann und Frau dar.

Sollten Sie auf dieser Ebene der Selbsthilfe aber nicht zurechtkommen, ziehen Sie bitte eine Paarberatung mit einer Familienaufstellung in Betracht. Hier, auf der Ebene der Bindungen, stellt sich oft heraus, dass Paarkonflikte ihren Ursprung in den Herkunftsfamilien der beiden Partner haben. Ist der Konflikt dort gelöst, wo er hingehört, dann haben Mann und Frau eine neue Chance, sich zu begegnen.

Getrennt lebende Eltern

Wenn Eltern sich für eine Trennung entscheiden, weil sie keinen Weg mehr sehen, der sie zueinanderführt, hat das natürlich Auswirkungen auf die Kinder. Je klarer Eltern mit dieser Entscheidung umgehen, umso leichter können sich Kinder in der neuen familiären Situation zurechtfinden. Kinder fühlen sich häufig schuldig am Scheitern der elterlichen Ehe, deshalb ist es enorm wichtig, dass die Eltern dem Kind in etwa folgende Botschaft vermitteln: »Wir trennen uns, weil wir uns nicht mehr verstehen. Mit dir hat das nichts zu tun. Wir machen das unter uns aus – du darfst uns weiterhin als deine Eltern haben, auch wenn wir nicht mehr zusammenwohnen.« Nicht nur in einem Konflikt, sondern auch im Falle einer Trennung der Eltern ist es also von großer Bedeutung, dass die Kinder auf ihrem Platz als Kinder bleiben und sich nicht in die Angelegenheiten der Eltern einmischen dürfen.

Es gelingt Kindern wesentlich besser, den Schmerz der Trennung ihrer Eltern zu verarbeiten, wenn die Eltern die volle Verantwortung dafür übernehmen und es den Kindern ersparen, für einen von ihnen Partei zu ergreifen. Für die betroffenen Eltern ist es sehr schwer, mit ihrem Groll, ihrer Enttäuschung und ihrer Trauer fertig zu werden. Da bietet es sich manchmal an, sich Trost bei den Kindern zu holen, indem man ihnen erzählt, wie schlimm, bösartig oder unzuverlässig doch der Papa oder die Mama sei. Widerstehen Eltern dieser Versuchung und holen sie sich an geeigneter Stelle bei anderen Erwachsenen Unterstützung, dann haben die Kinder eine Chance: Sie können sich trotz der Trennung der Eltern in ihrem Herzen das Bild bewahren, dass sie von beiden Eltern geliebt werden und ihrerseits beide Eltern lieben dürfen.

In ihrem Vortrag »In Elternschaft ein Leben lang verbunden« führte die Pädagogin und Therapeutin Marianne Franke-Gricksch aus: »So scheint es mir sinnvoll, die Elternbeziehung zwischen Mann und Frau getrennt zu sehen von der Liebesbeziehung dieser beiden zueinander. Das heißt im Falle einer Trennung und Scheidung: Nicht die Eltern trennen sich voneinander, sondern das frühere Liebespaar. In den meisten Fällen werden ja die Kinder gezeugt in Liebe, man lebt miteinander, heiratet vielleicht, führt die Ehe. Die Liebesbeziehung kann nach einiger Zeit beendet sein – Elternschaft endet nicht.«[9] Im Gegensatz zur Liebesbeziehung bleibt also die Elternbeziehung ein Leben lang bestehen!

Erinnern wir uns an das Bild vom »Strom des Lebens«: Er ist durch dieses Elternpaar hindurchgeflossen und verbindet sie mit einem Lebensauftrag. Sicher ist es keine leichte Aufgabe für ein Elternpaar, gute Eltern zu bleiben, wenn die Liebesbeziehung erloschen ist. Stehen die Eltern aber dazu und schaffen sie es, sich gegenseitig als Vater und Mutter des Kindes zu achten, dann können sich die Kinder trotz der Trennung der Eltern wohl und behütet fühlen.

Die weitaus meisten Kinder leben nach der Trennung der Eltern bei ihren Müttern und diese Mütter leisten enorm viel: Trotz ihrer persönlichen Betroffenheit versorgen sie ihre Kinder, müssen in manchen Fällen noch zusätzlich Geld verdienen und suchen für sich einen neuen Platz als alleinerziehende Mutter in ihrem Umfeld. Ich habe großen Respekt vor den Leistungen dieser Frauen und rege sie doch gleichzeitig an, sich um ihrer Kinder willen nicht nur der Wut auf den geschiedenen Mann hinzugeben, sondern nach Lösungen zu suchen, die einen achtungsvollen Umgang der Eltern untereinander ermöglichen. Es ist manchmal ein weiter Weg, aber er lohnt sich. Es ist eine große Leistung, wenn eine Frau es schafft, zu ihrem früheren Partner zu sagen: »Ich danke dir für die Kinder, ohne dich gäbe es sie nicht. Als Vater unserer Kinder gebe ich dir einen Platz in meinem Herzen.« Mit einer solchen Haltung der Mutter traut sich der sechsjährige Sohn zu sagen: »Ich kann schon so gut hämmern wie der Papa!« Er fühlt den väterlichen Anteil in sich anerkannt und braucht ihn nicht zu verstecken. Eine solche Haltung von beiden Eltern, vom Vater und der Mutter, macht eine »Trennungskultur« möglich, in der die Eltern sich über das gemeinsame Kind austauschen und dem Kind in etwa Folgendes vermitteln: »Wir reden über dich, wir freuen uns über dich, wir beraten, was am besten ist für dich, und wir muten dir zu, dass wir getrennt leben.«[10]

Das Kind als Partnerersatz

Je besser es den Eltern gelingt, nach ihrer Trennung oder Scheidung ein gutes Elternpaar zu bleiben, desto geringer ist die Gefahr, dass sich ein Kind auf die Seite der Mutter oder des Vaters stellt, um den verlorenen Partner zu ersetzen. Geschieht es beispielsweise, dass ein Sohn seine Mutter als sehr bedürftig erlebt, so sagt er – wieder unbewusst – zu sich: »Liebe Mama, sei nicht traurig, ich kümmere mich um dich. Ich gebe dir das, was dir fehlt!« Dadurch kommt der Sohn in eine partnerschaftliche Rolle zur Mutter, er verlässt seinen »Kinderplatz«. Dass er damit den Kontakt zum Vater aufs Spiel setzt, liegt klar auf der Hand, denn er fühlt sich ja jetzt als der »bessere« Partner seiner Mutter. Er wird durch diese Rolle »wichtig« und das mag ihm zunächst guttun, die Verantwortung ist jedoch viel zu groß für ihn und bindet ihn – oft lebenslang – in hohem Maße an die Mutter: Er stellt sein Leben in den Dienst der Mutter, anstatt seine Kräfte auf das Ziel zu richten, eine selbstständige Persönlichkeit zu werden und eine eigene Familie zu gründen.
Zu beachten ist auch, dass sich Kinder nicht nur nach einer Trennung ihrem Vater oder ihrer Mutter als Partnerersatz zur Seite stellen. Auch innerhalb einer Ehe kann sich ein Partner sehr bedürftig und allein gelassen fühlen – das Kind spürt das, springt helfend ein und zahlt den hohen Preis einer Kontaktstörung zum anderen Elternteil.

Franziska beispielsweise ist ein richtiges »Papakind«, mit ihren sieben Jahren wickelt sie ihren Vater mit einem Lächeln um den Finger – der Mutter gegenüber zeigt sie sich bockig und frech. Als die Mutter mit diesem Problem zu mir in die Praxis kommt, machen wir eine Familienaufstellung mit NIG-Zeichnungen von der kleinen Familie. Es wird klar, dass der Mann sich von seiner Frau nicht mehr gesehen und beachtet fühlt – wie wohltuend ist es da für ihn, sich auf seine kleine Tochter an seiner Seite zu stützen! Welch hohen Preis das Mädchen dafür zahlt, ist weder der Mutter noch dem Vater bewusst gewesen.

Für getrennt lebende Elternpaare gilt das Gleiche wie für zusammenlebende: Sind die Beziehungen der Partner zueinander ungeklärt, zahlen die Kinder den Preis dafür. Übernehmen die Partner hingegen die Verantwortung für ihre Beziehung als Liebespaar, dann dürfen sich die Kinder ihnen als Elternpaar in Ruhe anvertrauen. Im Falle einer Trennung müssen beide Partner natürlich erst hineinwachsen in die neue Rolle einer »Elternschaft ohne Liebesbeziehung«. Dies ist ein Prozess, der so manchen Fort- und Rückschritten unterworfen ist. Manchmal kommt nur einer der beiden Partner seiner elterlichen Verpflichtung nach. Was soll beispielsweise eine Mutter tun, wenn der Vater keinen Kontakt mehr zu seinen Kindern wünscht? Dann hat die Mutter die schwere Aufgabe, den Vater auf andere Art in die Familie mit hineinzunehmen, indem sie beispielsweise zu ihrer Tochter sagt: »Ich bin sicher, dein Vater ist auch stolz auf dich und freut sich so wie ich über deine gute Note in der Prüfung.« Ein Kind fühlt sich immer geliebt und anerkannt, wenn es spürt und hört, dass die Mutter auch den Vater in ihm sieht und ihn in dem gemeinsamen Kind weiter liebt.

Väter und Mütter sollten sich auch in schwierigen Fällen zum Wohl ihrer Kinder bei diesem Prozess der veränderten Elternschaft nicht entmutigen lassen. Wenn deutlich wird, dass es für sie allein zu schwer wird, dann ist es ratsam, sich für eine Weile Unterstützung von Beratungsstellen, Mediatoren oder Therapeuten zu holen. Auch eine Familienaufstellung kann dazu beitragen, dass in der neuen Familienkonstellation jeder einen guten Platz findet.

Wenn ein Elternteil stirbt

Wenn der Vater oder die Mutter eines Kindes stirbt, dann hat der am Leben bleibende Elternteil die schwere Aufgabe, dem Kind Vater *und* Mutter zu sein. Ein solches Schicksal fordert von dem lebenden Elternteil sehr viel: Der Vater oder die Mutter muss mit dem Verlust des geliebten Partners und allen damit verbundenen Gefühlen fertig werden und gleichzeitig dem Kind ein Trost und eine Stütze bleiben. Für das Kind ist es wichtig, »dass der fehlende Elternteil zumindest auf der tiefen seelischen Ebene präsent sein darf«,[11] also dass er im Herzen des Kindes einen Platz haben darf. Für das Kind bleibt der fehlende Elternteil präsent, wenn beispielsweise die Mutter immer wieder mal von der Zeit erzählt, als der Vater noch lebte, wenn sie gemeinsam mit dem Kind die Fotos jener Zeit anschaut und ein Foto des Verstorbenen an einem schönen Platz aufhängt. Auch die Vorstellung, dass der verstorbene Elternteil »vom Himmel aus« auf das Kind aufpasst, tröstet das Kind und gibt ihm das Gefühl, dass der Papa oder die Mama auf diese Weise noch da ist. Gegenwärtig bleibt der verstorbene Elternteil auch, wenn beispielsweise der Vater das Kind liebevoll lobt: »Das hast du gut gemacht, ich freue mich darüber und deine Mutter im Himmel sicher auch!«

Gelingt es dem lebenden Elternteil nicht, den Schmerz über den Verlust des Partners für sich zu verarbeiten, besteht die Gefahr, dass das Kind diese Wunde heilen möchte und sich an die Stelle des verstorbenen Elternteils stellt, etwa in dem Sinne: »Du bist so traurig, liebe Mama, ich tröste dich und ersetze dir den Papa, so gut ich kann.« Das Kind lässt von solchen Versuchen erst ab, wenn es das Gefühl hat, dass die Mutter es allein oder mit Unterstützung schafft, ihren Schmerz zu verarbeiten.

Ein neuer Partner ist für den Vater oder die Mutter sicher ein großes Glück, für die Seele des Kindes ist es aber wichtig, dass der verstorbene leibliche Elternteil weiter die Mama oder der Papa bleiben darf und in seinem Herzen weiterlebt.

Patchworkfamilien

Patchworkfamilien sind Familien, die aus zwei oder mehreren Familien »zusammengesetzt« sind. Diese Wortschöpfung lässt an Patchworkdecken denken, bei denen, wenn sie gelungen sind, aus verschiedenfarbigen Stoffstücken ein harmonisches Ganzes entstanden ist. Patchworkfamilien als eine Folge der steigenden Scheidungsraten sind heute keine Seltenheit mehr. In ihrem Vortrag »Habe ich jetzt zwei Papas?« sagte Marianne Franke-Gricksch: »Trennung, Scheidung und Wiederverheiratung mit einem neuen Partner sind kein Desaster, sondern eine gesellschaftliche Wirklichkeit, die wir alle anerkennen sollten.«[12] Welche Bedingungen brauchen nun Patchworkfamilien, damit sie ein harmonisches Ganzes und eine gute Lösung für die Kinder werden können?

Kinder bleiben immer mit ihrem Ursprungssystem verbunden. Das bedeutet, dass die erste, die ursprüngliche Liebe dem leiblichen Vater oder der leiblichen Mutter gilt. Beispielsweise kommt es vor, dass die Mutter nach der Scheidung einen neuen Partner kennenlernt, der sich auch gerne um ihre Kinder mitkümmert. Auch wenn dieser zweite Mann im Moment vielleicht viel netter zu den Kindern ist als der leibliche Vater, sollte die Mutter wissen und respektieren, dass ein Kind im Stillen immer dem Vater gegenüber loyal bleibt. Wenn die Mutter es weder verlangt noch erwartet, dass das Kind den zweiten Mann als Papa sieht, dann darf der leibliche Vater als Papa auch in der neuen Familie präsent bleiben. Lehnt das Kind aus eigenen Stücken den Papa ab und zieht es den zweiten Mann der Mutter vor, so begrüßen das manche Mütter und denken vor allem bei jüngeren Kindern, der zweite Mann könne ein guter »Ersatzvater« werden. Ein solch ablehnendes Verhalten dem leiblichen Vater gegenüber sollte aber mehr als Alarmzeichen gewertet werden, denn das Kind schneidet sich damit von einer seiner beiden ureigensten Kraftquellen ab.

Langfristig gesünder für das Kind wäre da schon eher eine gewisse Zurückhaltung gegenüber dem neuen Mann der Mutter. Das macht die Sache für diesen zwar nicht unbedingt leichter, aber er ist erwachsen und könnte den Kindern sinngemäß etwa in dieser Haltung begegnen: »Ich weiß, dass ihr Bedenken habt, ob ich euch die Mutter wegnehme. Ich liebe eure Mutter, ich mag sie als Frau. Ihr wart jedoch vor mir da und ihr habt den Vorrang. Ich werde nie euer Vater, ihr habt einen Vater und ich achte ihn und die erste Ehe eurer Eltern, auch wenn sie zum Schluss nicht mehr glücklich war. Wenn ihr einmal Rat und Hilfe braucht, so könnt ihr zu mir kommen, ich gebe ihn gern!«[13]

Natürlich gilt das bisher Gesagte auch, wenn ein Vater eine neue Frau kennenlernt und mit ihr und seinen Kindern zusammenlebt. Hier ist die Gefahr jedoch noch größer, dass das Kind die zweite Frau der eigenen Mutter vorzieht. Das scheint für das neue Paar zwar zunächst angenehm, wirkt aber für das Kind in seiner Seele wie eine »unterbrochene Hinbewegung« mit all ihren angedeuteten Folgen.

 ## Fallbeispiel: Gute, mittlere und schlechte Zeiten

Mit dem folgenden Fallbeispiel aus meiner Praxis möchte ich anschaulich machen, wie Kinder durch auffällige Symptome auf Missstände in der Beziehung zwischen den Eltern hinweisen. In diesem Fall konnte eine gute Lösung gefunden werden, weil die Mutter sich mutig ihrer Verantwortung stellte und damit ihren Sohn entlastete.

Einzelarbeit mit Jonas

Der neunjährige Jonas kommt mit seiner Mutter, Frau Wachter, zu mir, da er seit seiner Windelzeit nachts einnässt. Medizinisch gibt es dazu keinen Befund. Seine Eltern leben seit seiner Geburt getrennt, er wohnt bei seiner Mutter, die inzwischen wieder verheiratet ist, seinen Vater sieht er an den Wochenenden und in den Ferien. Jonas wünscht sich sehr, nachts trocken zu bleiben, weil er auch einmal bei Freunden übernachten möchte, was er aber aus Angst, sich zu blamieren, bisher noch nicht getan hat.

Ich frage den empfindsam und nachdenklich wirkenden Jungen, ob es denn auch mal Nächte gegeben habe, in denen er trocken geblieben sei. Jonas nickt bestätigend: »Ja, in den guten Zeiten habe ich das geschafft!«

Ich bitte ihn, diese guten Zeiten mit seiner linken Hand auf ein Blatt zu zeichnen. Er ist wie die meisten Jungen in seinem Alter sehr erfreut, nicht mehr reden zu müssen, und setzt sich gerne an den Zeichentisch. Die Zeiten, in denen er ins Bett macht, nennt er die »schlechten Zeiten« und ich bitte ihn, auch davon eine Zeichnung zu machen.

Er legt die beiden Blätter auf dem Boden aus, so, wie sie seinem Gefühl nach richtig liegen. Ich bitte ihn, in einiger Entfernung noch ein leeres Blatt auszulegen. Wir nennen diese Position den »weisen alten Mann«, der sich das Ganze von außen anschaut.

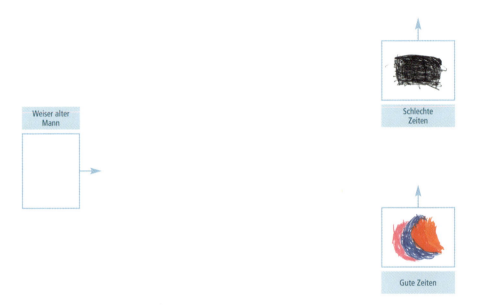

Ich bitte Jonas nun, sich nacheinander auf die guten und die schlechten Zeiten zu stellen und mir zu berichten, wie es ihm auf jeder Position geht. Auf den guten Zeiten stehend fühlt er sich warm, aber wie vom Wind hin und her geblasen, auf den schlechten Zeiten fühlt er sich kalt und hat er das Gefühl, von diesem Platz wegzuwollen. Ich frage ihn, wohin er denn gehen möchte. Er nimmt sein Blatt mit den schlechten Zeiten und legt es neben die guten Zeiten.

»Jetzt ist es viel heller«, sagt Jonas, als er erneut auf den schlechten Zeiten steht, »jetzt steh ich hier gut und möchte auch nicht mehr weg. Nur kalt ist es mir noch.« Der Platz auf den guten Zeiten, den er dann betritt, ist für ihn weiterhin warm,

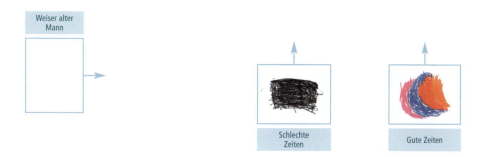

aber jetzt steht er hier auch gut und fest. Ich bitte Jonas, von beiden Plätzen aus der jeweils anderen Seite zu sagen: »Mir geht es besser, wenn du da bist!« Dieser Satz fühlt sich für beide Seiten richtig an.

Da beide Zeiten, die guten und die schlechten, ins Leere schauen, frage ich Jonas: »Wo schauen die beiden denn hin?« Zu meiner Überraschung kommt die prompte Antwort: »Die schauen auf die mittleren Zeiten!«

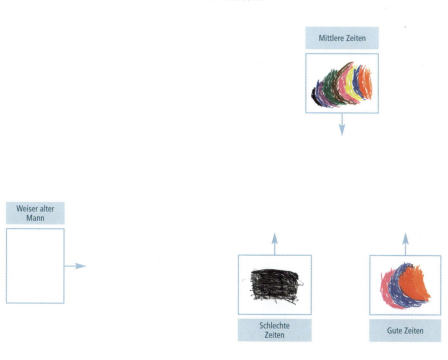

Jonas fertigt auf meine Bitte hin auch davon eine Skizze an. Da ich den Eindruck habe, dass Jonas sehr genau weiß, was er mit diesen mittleren Zeiten meint, verzichte ich auf eine genaue verbale Erklärung.

Beim Betrachten der Bilder ist es Ihnen wahrscheinlich auch schon aufgefallen: Jonas hat in den mittleren Zeiten sowohl die Farben der guten Zeiten (Orange, Rot, Blau, Pink) als auch die Farbe der schlechten Zeiten (Schwarz) übernommen. Als sich Jonas nun auf die mittleren Zeiten stellt, fühlt er sich einsam auf diesem Platz, er möchte näher zu den guten und den schlechten Zeiten rücken.

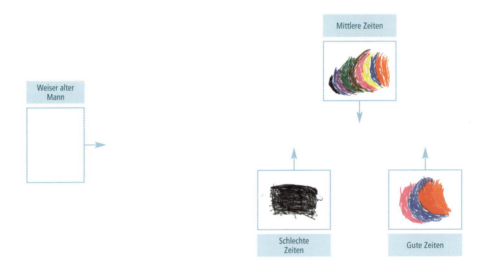

So nahe bei den anderen Zeiten fühlt sich Jonas auf dem Platz der mittleren Zeiten jetzt warm, fest und hell. Er sagt zu den guten und den schlechten Zeiten: »Ich gehöre zu euch!« Die guten und die schlechten Zeiten, auf die er sich anschließend stellt, fühlen sich auch warm, fest und hell und sagen sehr erfreut: »Ja, du gehörst zu uns!«

Zum Schluss bitte ich Jonas, sich auf die Position des weisen alten Mannes zu stellen und sich das Ganze von außen anzuschauen. Vielleicht hat der weise alte Mann noch einen Ratschlag parat? Jonas stellt sich auf diesen Platz, nickt bestätigend und sagt: »Wenn ihr zusammen seid, geht es euch besser!«

Ich frage Jonas, ob er sich diesen Ratschlag aufschreiben will. Ja, das will er gerne, und er verziert das Geschriebene auch sogleich liebevoll.

Jonas ist jetzt hochzufrieden und wir beenden die Sitzung an dieser Stelle, ohne weiter darüber zu sprechen. Seine Mutter sagt mir zum Abschied, dass sie ihren Sohn selten so erlebt habe, er gehe sonst kaum aus sich heraus. Ich schlage ihr vor, etwas abzuwarten und sich bei Bedarf noch einmal zu melden.
Nach vier Wochen meldet sich Frau Wachter wieder bei mir und erzählt, dass ihr Sohn in vielem für sie ein »neues Kind« sei, er sei entspannter und konzentrierter. Es habe auch einige trockene Nächte gegeben, aber das sei noch nicht stabil. Ich schlage ihr vor, mit dem Vater von Jonas zu einer Familienaufstellung in der Gruppe zu kommen, da ich den Eindruck habe, Jonas könnte in seinen Zeichnungen sich und seine Eltern dargestellt haben.

Familienaufstellung mit der Mutter

Frau Wachter kommt allein in die Aufstellungsgruppe, da der Vater von Jonas nicht mitkommen wollte. Ich bitte sie, Stellvertreter für sich selbst, für Jonas, seinen Vater und für das Symptom, das Bettnässen, auszuwählen und aufzustellen.

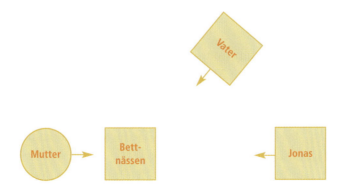

Frau Wachter stellt sich selber, Jonas und seinen Vater so auf, dass sie alle auf den Stellvertreter des Bettnässens schauen. Dieser liegt auf dem Boden und fühlt sich in der Nähe der Stellvertreterin der Mutter auf dem richtigen Platz. Um herauszufinden, ob das Bettnässen eine Verbindung hat mit Vorgängen oder Personen aus der Familie der Mutter, frage ich Frau Wachter nach früh verstorbenen Familienmitgliedern, nach Abtreibungen oder schwerem Schicksal in ihrer Herkunftsfamilie. Ich stelle Stellvertreter der Personen, die sie mir nennt, neben das Bettnässen, um zu überprüfen, ob ein Zusammenhang besteht. Das Bettnässen zeigt sich von diesen Versuchen jedoch völlig unberührt, die Aufstellung fühlt sich zäh und undynamisch an.

Da meldet sich plötzlich der Stellvertreter des Vaters zu Wort: »Ich gehöre überhaupt nicht dazu! Jonas und seine Mutter machen alles unter sich ab!« Er äußert den Wunsch, sich dorthin zu stellen, wo Jonas jetzt steht, und bittet Jonas auf den Platz links neben sich.

Nach dieser Umstellung kommt augenblicklich Bewegung in die Aufstellung. Das Bettnässen zeigt sich interessiert. Der Vater freut sich, neben seinem Sohn zu stehen, sagt aber auch: »Ich bin traurig, dass du nicht bei mir wohnst!« Der Sohn fühlt sich gut und in Sicherheit neben seinem Vater. Die Mutter aber schaut voller Verachtung auf den Vater, sie sagt: »Der gehört zu mir!«

Ich frage Frau Wachter, die in der Runde der Teilnehmer sitzt und zuschaut, was sie zu dem Verlauf dieser Aufstellung meine. Sie nickt bestätigend und sagt: »Ja, so ist es. Dieser Mann war ein Griff ins Klo!«

Nach diesen offenen Worten bitte ich die Stellvertreterin der Mutter, zum Vater zu

sagen: »Du bist ein Griff ins Klo!« Vater und Sohn reagieren beide hilflos und verzweifelt, der Vater sagt zur Mutter: »Aber ich liebe ihn doch genauso wie du!« Diese Worte lösen bei der Stellvertreterin der Mutter sichtliche Betroffenheit aus. Ich bitte sie zu sagen: »Du bist der Vater von Jonas und ich bin seine Mutter. Ich sehe jetzt erst, wie sehr du ihn liebst. Bei dir ist er gut aufgehoben.«
Vater und Sohn entspannen sich nach diesen Worten sichtlich, die Mutter wirkt sehr betroffen. In diesem Moment bekommt das Bettnässen einen derartigen Hustenanfall, dass dessen Stellvertreter den Raum verlassen muss. Ich beende die Aufstellung an dieser Stelle und bedanke mich bei Frau Wachter für ihre Ehrlichkeit und ihren Mut.
Nach drei Monaten berichtet sie mir, dass sie sich nach der Aufstellung zunächst sehr geschämt habe, dass aber eine Woche danach etwas Unglaubliches passiert sei. Der Vater hatte immer zu viel Unterhalt für seinen Sohn bezahlt, was sie aber nicht als positiv empfand, da sie das Gefühl hatte, er wolle sich damit etwas erkaufen. Eine Woche nach der Aufstellung kürzte der Vater die Zahlungen auf den gesetzlich vorgeschriebenen Betrag. »Seitdem ist er für mich größer geworden, ich habe mehr Achtung vor ihm«, sagt die Mutter. Vater und Sohn seien seit dieser Zeit mehr und näher zusammen und sie könne sich aus deren Beziehung jetzt raushalten. Ihr Sohn sei wesentlich entspannter geworden und bis auf einen kurzen Rückfall bleibe seit dieser Zeit sein Bett nachts trocken.
Meine Nachfrage nach zwei Jahren ergibt, dass dieser Zustand auch in der Folgezeit stabil blieb.

Gemeinsam sind wir stark – das Kind und seine Geschwister

»Es gibt kein besseres Lernfeld für das soziale Verhalten als eine Geschwistergruppe. Hier lernt das Kind sich durchzusetzen und sich anzupassen, sich mit der Rangordnung abzufinden und trotz verschiedener Störungen den anderen zu ertragen.«[14]
Ohne Zweifel ist es für die emotionale und soziale Entwicklung eines Kindes von großer Bedeutung, ein oder mehrere Geschwister zu haben – im täglichen Mitein-

ander ist es für Eltern allerdings manchmal schwer zu ertragen, wie sich dieses »Lernfeld« gestaltet! Gab es in einem Moment noch ein friedliches, lachendes Miteinander, so fliegen im nächsten Moment die Fetzen, es wird gestritten und gekämpft, geweint und geschrien. Eltern fühlen sich an dieser Stelle oft ratlos und stellen sich die Frage, wieweit sie diese Auseinandersetzungen als »normal« hinnehmen müssen, wieweit sie sich einmischen sollen und was sie tun können, um ihre Kinder immer wieder zu einem friedlichen Miteinander zu führen.

Im letzten Kapitel dieses Buches stelle ich Ihnen eine NIG-Übung mit dem Titel »Durch die Augen des anderen schauen« vor. Mithilfe dieser Übung können Kinder lernen, Konflikte zu bewältigen, indem sie nicht nur ihren eigenen Standpunkt, sondern auch den Standpunkt des anderen berücksichtigen. Diese Übung stärkt die soziale Kompetenz von Kindern, gehört also in das Haus der »Eigenständigkeit«, das Sie im Einführungsteil »Was heißt hier ›systemisch‹?« kennengelernt haben.

Grundordnungen in der Geschwisterreihe

Zunächst geht es aber in diesem Kapitel um das Haus auf der anderen Seite des Flusses, das Haus der »Eingebundenheit«. Ich stelle Ihnen im Folgenden Grundordnungen vor, die für Kinder, ihre Geschwister und ihre Eltern wirksam sind. Wenn Eltern diese Ordnungen kennen und in ihrem Alltagsleben beachten, schaffen sie eine Grundlage dafür, dass sich jedes Kind auf seinem Platz in der Familie sicher und »richtig« fühlen kann und nicht mit seinen Geschwistern um diesen Platz kämpfen muss. Auf diese Weise können so manches Mal friedliche Lösungen gefunden und unnötige Spannungen zwischen den Geschwistern vermieden werden.

Vorrang der Früheren

Auf den alten Schwarz-Weiß-Fotos unserer Großeltern und Urgroßeltern können wir die Kinder noch wie die »Orgelpfeifen« aufgestellt sehen, auf diesen Fotos spiegelt sich die Geschwisterfolge deutlich wider. In unserer heutigen »lockeren« Zeit empfinden wir ein solches Strammstehen vor der Kamera als nicht mehr zeitgemäß – wir haben es lieber, wenn sich die Gruppierung der Geschwister »wie von selbst« ergibt. Auch in der Weitergabe von Familientraditionen und Familienbesitz spielte in früheren Zeiten die Geschwisterfolge eine größere Rolle als heute, beispielsweise hatte der älteste Sohn als »Stammhalter« einen wichtigen Platz in der Familie. Heutzutage betonen wir eher die »Gleich-Wertigkeit« der Kinder, wir möchten auf jeden Fall Benachteiligungen vermeiden. Diese Gleich-Wertigkeit aller Geschwister ist natürlich eine Grundvoraussetzung, dass sich jedes Kind in der Familie unabhängig von seiner Begabung, seinem Geschlecht oder seiner Persönlichkeit gleichermaßen geliebt und anerkannt fühlt.

In den Familienaufstellungen hat sich nun aber gezeigt, dass die Kinder in ihrer Seele darüber hinaus eine gewisse Ordnung brauchen, um sich gut entwickeln und entfalten zu können. Es geht ihnen besser, wenn sie eindeutig wissen und fühlen, welches ihr Platz in der Familie ist. Innerhalb der Geschwisterreihe heißt das: Wer zuerst in die Familie kommt, hat Vorrang vor dem, der später hinzukommt. Zuerst sind die Eltern da, dann kommt das erste Kind, dann das zweite, das dritte … am wohltuendsten wird diese Ordnung von allen Beteiligten erlebt, wenn die räumliche Anordnung dabei im Uhrzeigersinn verläuft.

Vater   Mutter   1. Kind   2. Kind   3. Kind   4. Kind

Manch einer mag sich nun an dem Begriff »Vorrang« reiben – was ist damit gemeint? Mit Sicherheit nicht, dass ein Kind einem anderen vorgezogen wird oder dass ein Kind mehr geliebt wird oder mehr wert ist als ein anderes. Mit »Vorrang« ist gemeint, dass alle Kinder den gleichen Wert, aber nicht den gleichen Rang in der Geschwisterfolge haben. Der Platz des ersten Kindes in der Familie ist nun mal ein völlig anderer als der Platz des zweiten oder des dritten Kindes. Das erstgeborene Kind ist zunächst der absolute Mittelpunkt der jungen Familie, es hat die Fürsorge, aber auch die Unsicherheiten seiner Eltern ganz für sich allein – bis das zweite Kind kommt. Dieses Kind findet nun einerseits ein »gemachtes Nest« mit erfahreneren Eltern vor, erlebt aber nicht die ungeteilte Aufmerksamkeit wie das erste Kind. Für das dritte Kind haben die Eltern in der Regel noch weniger Zeit, aber die großen Geschwister haben auf der anderen Seite schon viele Wege geebnet.

Die in vielen Familien zwischen Geschwistern herrschende Konkurrenz klärt sich so manches Mal einfach dadurch, dass die Eltern zu ihren Kindern sagen oder auf sie schauen mit dem Satz: »Du bist mein erstes Kind, du bist mein zweites Kind, du bist mein drittes Kind usw.« Das mag selbstverständlich klingen, ist es aber aus verschiedenen Gründen, die wir in diesem Kapitel noch kennenlernen werden, oft nicht.

Das Ehepaar Weber beispielsweise hat einen 13-jährigen Sohn, Sebastian, und eine zwölfjährige Tochter, Sophie. Während Sophie eine rasche Auffassungsgabe hat und sehr kommunikativ ist, ist Sebastian noch eher kindlich und verspielt und mit Worten nicht so gewandt wie seine Schwester. Jeden Morgen machen die beiden ihren Eltern das Leben zur Hölle, indem sie sich im Badezimmer und am Frühstückstisch lauthals streiten und im Auto nicht nebeneinander auf der Rückbank sitzen wollen. Die Eltern fühlen sich hilflos und fragen sich, was sie falsch machen: »Wir bemühen uns doch so, beide gleich zu behandeln«, sagt Herr Weber. Die »Gleichbehandlung« der Kinder ist zwar verständlich, denn der Altersunterschied zwischen beiden ist nur gering und die jüngere Tochter ist von der Entwicklung her schon weiter als der ältere Sohn, aber sie versetzt die Kinder in Unsicherheit und Unruhe. Ich rate dem Ehepaar Weber, mit ein paar einfachen Maßnahmen Klarheit zu schaffen in der Reihenfolge der Kinder: in Sebastian das erste Kind, in Sophie das zweite Kind zu sehen und dies beiden Kindern auch mitzuteilen, die Tischordnung am Frühstückstisch zu verändern (Näheres hierzu fin-

den Sie ab Seite 64) und im Auto eine neue Regel einzuführen, die lautet »Das älteste anwesende Kind darf vorn sitzen.«
Als ich die Eltern das nächste Mal sehe, strahlen sie: Das morgendliche Ritual vor der Schule hat sich verändert und beruhigt. Sebastian sieht sich jetzt als »großer Bruder«, auch wenn seine Schwester oft schneller und präsenter reagiert als er. Er genießt die Vorteile, um die er jetzt nicht mehr kämpfen muss, und das gibt ihm Spielraum zum Wachsen. Sophie fand die Idee, dass sie die Jüngere ist, zunächst nicht so attraktiv, akzeptierte aber diese Tatsache erstaunlich schnell und liest jetzt morgens im Auto auf der Rückbank ihre Schularbeiten durch, statt ihren Bruder auf dem Vordersitz zu beschimpfen. Fährt sie hingegen mit der Mutter allein zum Einkaufen, darf sie als »ältestes anwesendes Kind« vorn sitzen und genießt das in vollen Zügen.

Ausgleich von Geben und Nehmen

In engem Zusammenhang mit der Rangfolge der Geschwister steht der Ausgleich von Geben und Nehmen. Diese Grundordnung, die ich bereits im Kapitel »Der Strom des Lebens« vorgestellt habe, wirkt nicht nur zwischen Eltern und Kindern, sondern auch zwischen Geschwistern. Die älteren Kinder geben den jüngeren Geschwistern, indem sie ihnen die Welt zeigen und erklären, indem sie ihnen Verhaltensweisen vorleben, indem sie bei den Eltern persönliche Spielräume »durchboxen« – sie ebnen den »Kleinen« einfach dadurch, dass sie da sind, viele Wege. Die jüngeren Geschwister nehmen von den älteren ganz selbstverständlich, ohne dass ihnen das bewusst wäre.
Mit dem Bild des Wasserfalls als Strom des Lebens lässt sich das Geben und Nehmen zwischen Geschwistern vielleicht so ausdrücken: Alle Geschwister werden von dem gleichen Strom des Lebens ihrer Eltern versorgt, sie halten sich aber eine Weile zusammen in einem gemeinsamen Felsbecken auf, bevor sie ihrerseits den Strom des Lebens an ihre eigenen Kinder weitergeben. In diesem »Geschwisterpool« vermischt sich das Wasser natürlich, aber das geschieht so, dass die Geschwister, die zuerst da waren, das Wasser mit denen, die dazukommen, teilen. Menschliche Beziehungen sind dann am harmonischsten, wenn es zu einem Ausgleich von Geben und Nehmen kommt. Wie kann es aber zu einem Ausgleich des

Gebens der älteren und des Nehmens der jüngeren Geschwister kommen? Der Ausgleich ergibt sich durch die bereits erwähnte Anerkennung der Rangfolge: Wenn Eltern die Geschwisterfolge beachten, unabhängig von dem Geschlecht, der Begabung oder dem Entwicklungsstand ihrer Kinder, fühlen sich die Kinder in ihren Aufgaben, die sie im »Geschwisterpool« erledigen, gewürdigt und am richtigen Platz.

Wie können Eltern ihren Kindern nun im Alltag zeigen, dass sie zwar alle Geschwister gleich lieben, dass es aber trotzdem beachtenswerte Unterschiede gibt? In der Praxis hat sich eine klare Unterscheidung der Rechte und Pflichten der älteren und der jüngeren Kinder bewährt, sie macht die Rangfolge der Geschwister sichtbar und spürbar.

Wenn die achtjährige Rebecca etwas mehr Taschengeld bekommt als ihre sechsjährige Schwester Mira, dann fühlt sich Rebecca in ihren »Leistungen« als Ältere anerkannt. Mira hingegen weiß auf ihrem Platz als Jüngere, dass sie in zwei Jahren genauso viel Taschengeld bekommen wird wie ihre Schwester jetzt, dass sie sie aber nie »einholen« kann. Der zwölfjährige Robert darf seinem Vater schon beim Holzhacken helfen, das ist für seinen achtjährigen Bruder Matthias noch zu schwer, er hilft beim Aufschlichten des Holzes und lernt »ganz nebenbei«, indem er seinem Bruder beim Hacken zuschaut. Die 17-jährige Anna darf nachts bis Mitternacht beim Tanzen bleiben, ihre 15-jährige Schwester Valerie besucht zwar die gleiche Veranstaltung wie sie, wird aber von den Eltern schon um 22 Uhr abgeholt, während der elfjährige Bruder Thomas um 20 Uhr ins Bett geht. Der 18-jährige Maximilian bleibt abends extra zu Hause und passt auf seine kleinen Geschwister auf, damit seine Eltern auch einmal ausgehen können, am nächsten Wochenende darf Maximilian das Auto der Eltern nehmen, um mit seinen Freunden ins Kino zu fahren. Diese Liste der unterschiedlichen Zuständigkeiten, Rechte und Pflichten ist beliebig verlängerbar. In einer klaren und auch nach außen sichtbaren Ordnung der Kinder untereinander fühlt sich jedes einzelne Kind wertvoll und durch die Gemeinschaft der Geschwister gestärkt.

Recht auf Zugehörigkeit

Eine Grundordnung, die meiner Erfahrung nach in den Familien sehr häufig nicht beachtet wird, ist das Recht auf Zugehörigkeit aller Geschwister. Erst wenn alle dazugehören dürfen und keiner ausgeklammert wird, kann sich die ganze Kraft einer Geschwisterreihe entfalten, fühlt sich das einzelne Kind wirklich »vollständig«.

Wer gehört nun mit hinein in diese Geschwisterreihe? Zunächst natürlich alle Kinder aus der Beziehung von Vater und Mutter, aber auch die Kinder aus einer anderen Beziehung von Vater oder Mutter. Auch tot geborene, abgetriebene und früh verstorbene Kinder gehören dazu. Es ist für die Eltern nicht immer leicht, den Kindern einen Platz in ihrem Herzen und in ihrer Familie zu geben, die nicht oder nicht lange leben durften. Meist sind die Schuldgefühle nach einer Abtreibung oder der Schmerz über den frühen Tod eines Kindes so groß, dass die Eltern diese starken Gefühle verdrängen, nicht mehr an sie erinnert werden möchten. Diese verständliche Reaktion hat aber für die lebenden Kinder häufig enorme Folgen: Die Reihenfolge der Geschwister, wie sie von den Eltern vermittelt wird, stimmt nicht mit dem inneren Erleben der Kinder überein und das stürzt sie in Verwirrung.

Fallbeispiel

Frau Steinmann beklagt sich bitter über ihren ältesten Sohn Florian, der sich weigere, Verantwortlichkeiten und kleine Pflichten in der Familie zu übernehmen, ständig alle möglichen Sachen verliere oder in der Wohnung herumliegen lasse. Ich schlage ihr vor, mithilfe einer Familienaufstellung zu schauen, ob es etwas gibt, was Florian mit diesem Verhalten zum Ausdruck bringen möchte.

Frau Steinmann willigt ein und stellt in einer Gruppe sich selber, ihren Mann, Florian und seinen jüngeren Bruder Michael in einem Kreis auf: Die Stellvertreter aller Familienmitglieder schauen auf einen gemeinsamen Punkt auf dem Boden. Während die Vertreter der Eltern diesen Blick in einer Art Erstarrung erleben, fühlt sich der Stellvertreter von Florian dabei extrem unruhig und wie auf der Suche nach irgendetwas.

Als ich Frau Steinmann frage, ob es bei ihr oder ihrem Mann noch andere Kinder gegeben habe, verdüstert sich ihr Gesicht: Ja, zu Beginn ihrer Ehe habe sie im

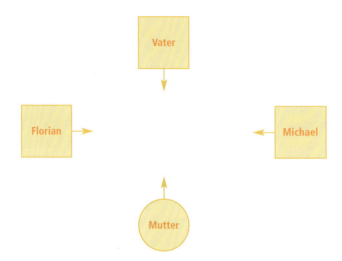

sechsten Monat eine Fehlgeburt gehabt, ein Mädchen. Als ich eine Stellvertreterin für dieses Kind in die Aufstellung mit hineinnehme, ändert sich das gesamte Beziehungsgefüge. Die Stellvertreter der Eltern, vor allem der Mutter, werden sehr traurig und weinen, während die Stellvertreter der Kinder, vor allem von Florian, eher erleichtert wirken und aufatmen: Nun, da sichtbar und fühlbar wird, wie sehr die Eltern um dieses Kind trauern, braucht Florian sich nicht mehr verzweifelt bemühen, auf das Fehlende hinzuweisen. Ich stelle die Vertreter aller drei Geschwister nebeneinander, sie stehen jetzt im Uhrzeigersinn geordnet ihren Eltern gegenüber.

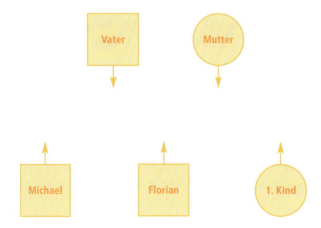

In dieser Anordnung, die sich in Familien immer wieder als heilsam erweist, fühlen sich alle Stellvertreter der Familie Steinmann gut aufgehoben. Die Eltern schauen auf ihre drei Kinder und sagen der Reihe nach zu ihnen: »Du bist unser erstes Kind, du unser zweites, du unser drittes.« Nun, da klar ist, dass Florian nicht das älteste Kind in der Familie ist, steht sein Stellvertreter entspannt auf seinem Platz zwischen seinen Geschwistern und hat das Gefühl, »endlich angekommen zu sein«.

In den nächsten Wochen wird in der Familie viel über das erste Kind gesprochen, bei den Mahlzeiten steht für das Mädchen eine Weile ein Stuhl mit am Esstisch. Die Eltern erwarten von Florian nicht mehr, dass er die Rolle des Ältesten ausfüllt, und das erleichtert ihn sichtbar. Auch wenn er sich in der Folgezeit nicht in einen Musterknaben bezüglich Verantwortlichkeit und Ordnung verwandelt – seine Eltern betrachten dieses Thema jetzt mit einem ganz anderen Verständnis und dadurch hat es seine Brisanz verloren.

In diesem Fallbeispiel hat sich Florian geweigert, die ihm zugedachte Rolle zu übernehmen. Er hat aber mit seinem Verhalten darauf aufmerksam gemacht, dass die Geschwisterreihe nicht vollständig ist. Natürlich tat er das nicht bewusst, denn in der Familie wurde über das erste Kind nicht gesprochen. Seit der Entdeckung der Spiegelnervenzellen durch die moderne Gehirnforschung ist es jedoch physiologisch nachvollziehbar, wie sich im Familiensystem vorhandene Informationen mitteilen, ohne dass über sie gesprochen wird. Im Buch *Warum ich fühle, was du fühlst* von Joachim Bauer finden Sie zu diesem Thema spannende und gut verständliche Erklärungen.[15] Die Erforschung der intuitiven Kommunikation steht noch ganz am Anfang, ich bin sicher, dass sich in der Zukunft viele Phänomene, die sich in den Familienaufstellungen zeigen, auch wissenschaftlich belegen lassen.

Eine weitere Möglichkeit, auf eine unvollständige Geschwisterreihe aufmerksam zu machen, besteht darin, dass ein Kind in der Familie den Platz oder die Rolle eines »fehlenden« Kindes übernimmt. Beispielsweise hat ein Mann aus einer früheren Beziehung ein Kind, das in seiner jetzigen Familie aber nicht erwähnt wird. Nun kann es sein, dass sich ein Kind seiner aktuellen Familie immer wieder so verhält, dass es im Sportverein und in der Klasse übergangen oder übersehen wird. Mit diesem Problem weist das Kind unbewusst auf die Gefühle seines ausgeschlossenen Halbgeschwisters hin – und zahlt damit einen hohen Preis für seine eigene persönliche Entwicklung!

Auch ein Kind, das einen anderen leiblichen Vater hat, von dem es aber nichts weiß, bringt große Unordnung in die Geschwisterreihe. Hier müssen die beteiligten Erwachsenen die Verantwortung übernehmen und Klarheit schaffen, damit jedes der Kinder einen ihm gebührenden Platz in der Familie bekommt.

Die Tischordnung

Eine einfache Möglichkeit, familiäre Grundordnungen, vor allem den Vorrang der Früheren, auch im Alltag sichtbar und erlebbar zu machen, ist die Tischordnung bei den häuslichen Mahlzeiten. In den meisten Familien ergibt sich die Anordnung der Sitzplätze aus praktischen Erwägungen: Die Mutter möchte rasch aufstehen können, um Fehlendes zu holen; die Eltern sitzen zwischen den Geschwistern, um Streitereien der Kinder zu vermeiden; der Kinderstuhl sollte nahe bei der Mutter stehen; der Vater möchte sich nicht auf die Eckbank zwängen usw. Natürlich haben diese praktischen Erwägungen ihre Berechtigung, nur bleibt dabei der systemische Aspekt oft unbeachtet und es entsteht nicht selten eine systemische »Tischunordnung«.[16] Die Wirkungen dieser »Tischunordnung« werden einer Familie meist erst bewusst, wenn die Plätze nach systemischen Gesichtspunkten verteilt sind und die Erleichterung und Entspannung bei Tisch spürbar wird.

Wie kann nun eine systemisch »gute« Tischordnung aussehen? Grundsätzlich lässt sich sagen, dass im Uhrzeigersinn »Groß vor Klein« oder »Alt vor Jung« gilt, dass also der Vorrang der Früheren beachtet werden sollte. Zuerst kommen die Eltern, dann das erstgeborene Kind, das zweite Kind, das dritte Kind usw.

Optimalerweise sitzen die Eltern den Kindern gegenüber, bei mehreren Kindern ist das schwer möglich, entscheidender ist hierbei die Reihenfolge! Meist sitzt der Vater als Ernährer der Familie auf dem ersten Platz, in manchen Familien fühlt es sich aber »richtiger« an, wenn die Mutter auf dem ersten Platz sitzt.

Wenn ich Familien eine Veränderung ihrer Tischordnung in diesem Sinne vor-

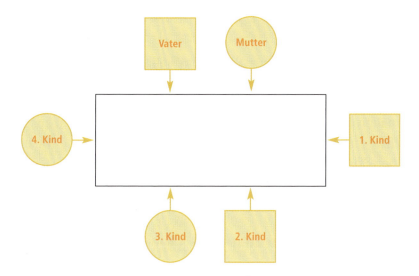

schlage, gibt es manchmal Zweifel und Einwände: »Das bekomme ich bei uns praktisch nicht hin!«, oder: »Da werden die Kinder ganz schön murren!« Was die praktische Seite der Veränderung angeht, finden sich dann aber doch kreative Lösungen und so manches Mal ist dies der Anstoß für eine Umgestaltung des Essplatzes, die die Familie sowieso schon länger vor sich hergeschoben hat.

Die Reaktionen der einzelnen Familienmitglieder auf die Veränderung der Tischordnung sind sehr interessant: Unerwartete Zustimmung kommt meist von denjenigen in der Familie, die auf ihrem Platz jetzt mehr gewürdigt werden, zum Beispiel, wenn der Vater nun an der ersten Stelle sitzt oder die älteste Tochter vor ihren jüngeren Geschwistern Platz nimmt. Diejenigen Familienmitglieder, die einen »überbewerteten« Platz aufgeben müssen, reagieren zunächst möglicherweise unzufrieden, wie zum Beispiel die Tochter, die nun nicht mehr auf dem Platz neben dem Vater sitzen kann, denn dies ist der Platz der Mutter. Langfristig gesehen jedoch stärkt das Vertrauen in die »Kraft der Ordnungen« alle: Für die Kinder ist es ein gutes Gefühl, als Geschwistergruppe ihren Eltern als Paar gegenüberzusitzen. Die Eltern ihrerseits stärken sich gegenseitig, indem sie nebeneinandersitzen und gemeinsam auf ihre Kinder schauen.

Fallbeispiel: Der Schutzengel

In diesem Fallbeispiel aus meiner Praxis wird sehr deutlich, wie wichtig es für ein Kind ist, dass alle Geschwister dazugehören dürfen und einen angemessenen Platz in der Familie bekommen. Das Fallbeispiel zeigt auch, wie ein Kind mit seinem Verhalten und seinen Symptomen auf ein im Familiensystem ausgeklammertes Geschwister hinweisen will. Die Mutter, die Verantwortung für ihren Anteil daran übernimmt, entlastet ihr Kind dadurch sehr, sodass es wieder Kraft bekommt, sich um seine eigene Entwicklung zu kümmern.

Einzelarbeit mit Markus

Frau Scherer, alleinerziehende Mutter, bringt ihren zarten fünfjährigen Sohn Markus, ein Einzelkind, zu mir in die Praxis, da er häufig zappelig und unkonzentriert ist und sich seine Sprache und seine Feinmotorik noch nicht altersgemäß entwickelt haben. Die kinesiologischen Übungen, die ich ihm zur verbesserten Integration seiner beiden Gehirnhälften vorschlage,[17] macht er gerne mit und ich bekomme von der Mutter bald die Rückmeldung, dass Markus zusammenhängender spricht, komplexere Sätze bildet und einen sehr schönen Dinosaurier gemalt hat. Trotz dieser guten Entwicklung hat Markus in der nächsten Stunde keine Lust mehr, kinesiologisch zu arbeiten, und setzt sich bei Mama auf den Schoß. Ich weiß aus Erfahrung, dass Kinder, zu denen ich eigentlich einen guten Draht habe, die aber trotzdem nicht weiterarbeiten wollen, damit ausdrücken möchten: »Schau woanders hin!« Meist ist mit diesem Hinweis die Ebene der Familienbeziehungen gemeint und so lade ich Markus zu einem »Püppchenspiel« ein, bei dem er auf Mamas Schoß sitzen bleiben kann.[18] In einer Schachtel befinden sich große und kleine Holzpüppchen, die großen entsprechen den Erwachsenen, die kleinen den Kindern. Ich erkläre Markus, dass die blauen Holzpüppchen die Männer und Jungen in der Familie darstellen und die roten die Frauen und Mädchen. Zu den weißen Püppchen, die auch noch in der Schachtel sind, sage ich nichts. Ich bitte Markus, je ein Püppchen für seine Mama, seinen Papa und sich auszuwählen und sie auf dem Tisch so hinzustellen, dass jedes Familienmitglied auf seinem »richtigen« Platz steht. Markus wählt für seinen Papa eine große blaue Figur, für seine Mama eine große rote und für sich ein kleines weißes Püppchen aus und stellt sie folgendermaßen auf:

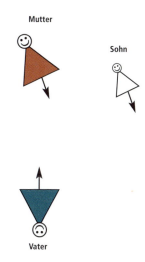

Wir sprechen darüber, wohin jeder in der Familie schaut: Der Papa schaut auf die Mama, Markus und die Mama schauen in die gleiche Richtung, aber da steht niemand. Wie zu sich selber sagt Markus: »Da fehlt jemand!« Ich schaue ihn fragend an, aber er weiß nicht, wer das sein könnte, deshalb frage ich die Mutter: »Gibt es noch ein Geschwister?« Frau Scherer schluckt und sagt dann: »Ja, das ist schon sehr lange her, da hätte es noch jemand gegeben, aber das hat nicht sein sollen.« Ich spüre, dass Frau Scherer sehr berührt ist, aber an dieser Stelle nicht mehr dazu sagen möchte. Mit den Worten »Hm, da gibt es einen kleinen Schutzengel« wähle ich ein kleines weißes Püppchen aus und stelle es den Figuren von Mutter und Sohn gegenüber.
Markus lächelt und ist mit dem »Engelchen« sehr einverstanden. Ich sage zu ihm: »Jetzt haben wir ja das Engelchen gefunden, jetzt kannst du ein richtiger Junge werden«, und tausche sein weißes Püppchen gegen ein blaues Püppchen ein. »Schau mal, jetzt hast du blaue Hosen an wie dein Papa!«, sage ich noch und dann kommt Bewegung in Markus. Er nimmt sein blaues Püppchen, dreht es in Rich-

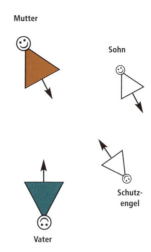

tung Papa um und lässt es zum Papa hinlaufen. Er stellt sein Püppchen ganz nah zum Papa und sagt: »Hier ist es gut.«

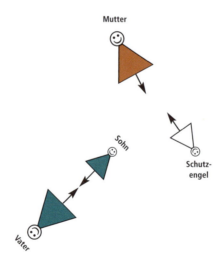

Zum Abschluss stelle ich die Figuren von Papa und Mama so auf, dass das Püppchen von Markus beide sehen kann, das gefällt Markus richtig gut. Als ich aber das Engelpüppchen versuchsweise zur Figur der Mutter stelle, ist Markus nicht einverstanden. »Ich bin so allein«, sagt er. Ich stelle das Engelpüppchen neben sein Püppchen und er nickt zufrieden: »Jetzt sind wir auch zu zweit!« Ich füge hinzu: »So kann dein Schutzengel auch besser auf dich aufpassen!«, und wir beenden die Stunde.

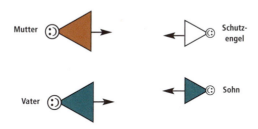

Beim Hinausgehen sagt mir Frau Scherer leise, dass sie über die Abtreibung dieses Kindes vor vielen Jahren nie richtig hinweggekommen sei. Meinem Vorschlag, in der nächsten Stunde allein zu kommen, stimmt sie gerne zu.

NIG-Aufstellung mit der Mutter

In der darauffolgenden Stunde erzählt mir Frau Scherer, dass Markus nach der letzten Stunde zunächst sehr anhänglich ihr gegenüber gewesen sei, dann aber zunehmend freier wurde. In der nächsten Woche werde er das erste Mal ohne sie bei seinem Vater sein, der in einer anderen Stadt lebe. Frau Scherer hat den Eindruck, dass es Markus gestärkt hat, den Schutzengel neben sich zu wissen, er habe aber nach der Stunde keine weiteren Fragen nach ihm gestellt.
Frau Scherer spricht davon, wie berührt sie war, dass Markus sie an dieses abgetriebene Kind erinnert hat, das aus einer früheren Beziehung stammt. Wir sprechen darüber, dass ihr Sohn aus Liebe zu ihr für sie auf dieses Kind geschaut hat. Ich sage ihr, wie gut es ist, dass sie heute hierhergekommen ist, um nun selber hinzuschauen. Ich schlage Frau Scherer vor, eine Aufstellung mit NIG-Zeichnungen zu machen, und sie ist einverstanden. Sie beginnt mit je einer Skizze von sich, von Markus und dem Vater von Markus, von dem sie sich getrennt hat. Sie legt die Blätter auf dem Boden aus, fügt als Metaposition den »neutralen Berater« hinzu und stellt sich auf jedes einzelne Blatt.

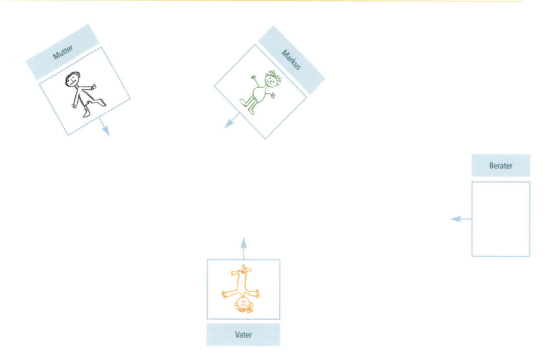

Auf dem Berater stehend, meint Frau Scherer: »Alle drei aus dieser Familie sind offen und bereit für eine Verbesserung. Der Vater kommt mir aber weit weg vor und das Kind ist sehr groß, größer als seine Eltern.« Auf ihrem eigenen Platz blickt Frau Scherer mit Wut auf den Vater von Markus: »Du hast uns alleingelassen!« Sie fühlt sich überfordert, hat aber ihren Sohn nicht im Blick. Auf dem Platz des Sohnes stehend fühlt sie sich schwach und kraftlos, die Arme hängen und der Blick geht ins Leere.

Ich bitte sie, je eine Skizze von dem abgetriebenen Kind und seinem Vater anzufertigen und auf dem Boden auszulegen (siehe Seite 71 oben). Auf ihrem eigenen Platz stehend, fühlt Frau Scherer einen dicken Kloß im Hals und sagt: »Ja, genauso ist es! Die Kinder sind bei mir und die Männer sind weit weg da drüben.«

Da sich Frau Scherer als Mutter von den beiden Männern sosehr alleingelassen fühlt, schlage ich ihr vor, ihr Bild zwischen die Bilder der zwei Männer zu legen (Seite 71 unten). Als Frau Scherer auf dem Platz von Markus steht und durch seine

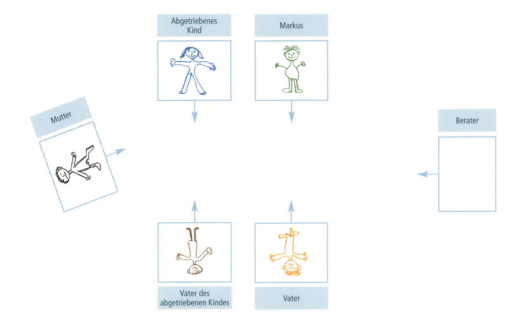

Augen auf die Eltern schaut, fühlt sie sich stabil, auch das abgetriebene Kind neben ihm ist auf dem richtigen Platz.

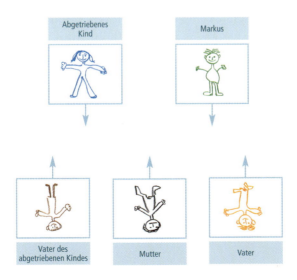

Frau Scherer selber ist nun eingerahmt von zwei Männern: zu ihrer Rechten vom Vater von Markus und zu ihrer Linken vom Vater des abgetriebenen Kindes. Auf diesem Platz fühlt sie sich überraschend ruhig, der Kloß im Hals ist verschwunden und sie hat ihre beiden Kinder gut im Blick. Ich bitte sie, zu ihrem Sohn zu sagen: »Dein Vater steht neben mir, wir bleiben immer deine Eltern. Als Paar haben wir uns getrennt.« Mit Blick auf den Vater des abgetriebenen Kindes bitte ich sie zu sagen: »Auch wir beide haben eine Beziehung als Eltern, auch wenn unser Kind nicht weitergelebt hat.« Für Frau Scherer ist das Gesagte sehr stimmig, sie steht ruhig zwischen den beiden Männern und hat gleichzeitig das Gefühl, ganz bei sich sein zu können. Bevor sie nach Hause geht, meint sie: »Irgendwann, wenn Markus größer ist, werde ich mit ihm darüber sprechen – für mich habe ich jetzt aber beide Kinder in meinem Herzen.«

Die Geschichte von Markus und seiner Mutter hat mich sehr berührt. Eigentlich kam Markus zu mir in die Behandlung wegen Konzentrations-, Motorik- und Sprachproblemen, also mit Problemen auf der »Ebene seines persönlichen Lebensweges«. Durch sein Verhalten lenkte er aber meine Aufmerksamkeit auf ein dahinter liegendes familiäres Problem, sodass wir auf die »Ebene der Eingebundenheit in die Familie« wechselten. In der Aufstellung mit den Püppchen wählte er für sich selber keine blaue, das heißt männliche Figur, sondern eine neutrale weiße Figur. Das machte mich stutzig, denn mit dieser Wahl drückte er aus: »Ich fühle mich nicht als kleiner Junge, sondern auf irgendeine Weise anders.« Durch die Mitarbeit der Mutter konnten wir herausfinden, was dieser fünfjährige Junge ausdrücken wollte: zum einen, dass es in ihm das unbewusste Wissen um das fehlende Halbgeschwister gibt, und zum anderen, dass er aus Liebe zu seiner Mutter ihr dieses Kind ersetzen will. Die für einen Jungen sehr wichtige Beziehung zum Vater kam in der Aufstellung erst zum Tragen, nachdem Markus »die blauen Hosen« angezogen hatte, also die Figur des »Engelchens« durch eine kleine männliche Figur ersetzt wurde. Die Existenz des Schutzengels an seiner Seite war für Markus völlig selbstverständlich und stärkte ihn sehr.

Berührt hat mich diese Geschichte auch, weil die Mutter von Markus mit großer Offenheit die Impulse ihres Sohnes aufgegriffen und sich mit der NIG-Familienaufstellung mutig ihrer Verantwortung gestellt hat. Dadurch hat sie nicht nur sich selber stabilisiert, sondern auch den Weg für ihren Sohn frei gemacht. Die Aufgabe, auf das abgetriebene Kind aufmerksam zu machen, war ihm von seiner Mutter zwar nicht aufgetragen worden, sie war ihm aber in seiner großen Liebe zur Mutter selbstverständlich, ja zwingend. Nun kann er sich mit den frei gewordenen Energien und der Unterstützung seiner Eltern sowie des Schutzengels seiner eigenen persönlichen Entwicklung zuwenden.

Was Eltern stärkt – auch sie haben Vater und Mutter

Eltern werden und Eltern sein ist für die meisten Menschen eine der wichtigsten und schönsten Aufgaben in ihrem Leben, eine Aufgabe, die große Hingabe und enormen Einsatz von Kräften und Fähigkeiten fordert. Kinder auf ihrem Weg zum Erwachsenwerden zu begleiten, ist ein Geschenk und gleichzeitig eine Herausforderung! In diesem Kapitel beschäftigen wir uns aus systemischer Sicht damit, wie Eltern bei dieser großen Aufgabe Stärkung und Unterstützung finden können.

Autoritäten?

Die Auffassungen darüber, welchen Erziehungsauftrag Eltern haben, sind über die Zeiten hinweg immer wieder großem Wandel unterworfen gewesen. Die Anerkennung der Autorität der Eltern war jedoch bis in die 60er-Jahre des 20. Jahrhunderts eine relativ unangefochtene Gegebenheit. Auch die Vermittlung von Werten wie Gehorsam, Disziplin und Ordnung in der Erziehung war bis dahin gesellschaftlich allgemein anerkannt. Nach dem Trauma des Nationalsozialismus lehnte sich die Studentenbewegung der 68er aber lautstark gegen diese Wertvorstellungen und die strenge Moral ihrer Zeit auf und das Pendel schlug in die Gegenrichtung aus. Die damals junge Generation stellte die elterliche Autorität in Frage, sie glaubte, alles besser machen zu können als ihre Eltern, deren Erziehungsstil sie als einengend und rigide erlebte. Es wurden antiautoritäre Kinderläden und Schulen gegründet, die davon ausgingen, dass man Kindern nur genügend Freiraum lassen müsse, damit sie sich zu friedliebenden und sozial verantwortlichen Erwachsenen entwickeln können. Recht bald stellte sich jedoch heraus, dass die Kinder mit dieser »Freiheit ohne Grenzen« überfordert waren und mit Orientierungslosigkeit oder Aggressivität reagierten.

Obwohl sich also der reine Laisser-faire-Stil nicht bewährt hat, wirkt der Erneuerungsgeist jener Jahre aber doch bis in die heutige Zeit: Statt dem »Drill von gestern« durch in ihrer Autorität unangefochtene Eltern steht heute die individuelle Persönlichkeit des Kindes im Mittelpunkt der Erziehung. Diese sehr begrüßenswerte Entwicklung hat allerdings einen hohen Preis, und der betrifft die Stellung der Eltern. Eltern von heute berufen sich nicht mehr so selbstverständlich auf ihre Autorität wie das vor 50 Jahren üblich war, sie sind selbstkritischer, aber auch orientierungsloser geworden. Die Eltern von heute wissen zwar, dass zur Erziehung ihres Kindes nicht nur Liebe, Wertschätzung und Fürsorge gehören, sondern auch Grenzen. Um Grenzen setzen zu können, brauchen sie jedoch klare Wertvorstellungen – aber die sind in unserer Gesellschaft momentan Mangelware.

Eltern wünschen ihren Kindern heute zum einen eine glückliche Kindheit, zum anderen sehen sie aber auch die Notwendigkeit, ihre Kinder auf die steigenden Anforderungen unserer Leistungsgesellschaft vorzubereiten. Zwischen diesen beiden Polen suchen viele Eltern einen gangbaren Weg für die Erziehung ihrer Kinder. Auf diesem Weg liegen Fragen, mit deren Beantwortung sich Eltern jedoch häufig überfordert fühlen: Wo sind Grenzen erforderlich, wo schränken sie Kinder in ihrer Entfaltung unverhältnismäßig ein? Wie sehen diese Grenzen konkret aus, welche erzieherischen Maßnahmen sind hierzu geeignet, welche nicht? Wie lassen sich Kinder zu mehr Leistungsbereitschaft motivieren, ohne sie »in die Zwangsjacke« zu stecken? Wie lassen sich traditionelle Werte wie Höflichkeit, Ordnung und Zuverlässigkeit vermitteln? Diese Unsicherheit der Eltern, die auch eine gesellschaftliche Unsicherheit ist, spiegelt sich auch im Verhalten der Kinder wider und über dieses Verhalten gibt es viele Klagen in Familien, Beratungsstellen, Schulen und Medien.

Die Unsicherheit in der Erziehung beinhaltet aber nicht nur Unannehmlichkeiten, sondern auch Chancen, denn sie hält den Wunsch und die Suche nach neuen Lösungen wach. In der heutigen Erziehung steht zu Recht die individuelle Förderung der kindlichen Persönlichkeit im Mittelpunkt. Erziehung geschieht jedoch immer in Beziehungen, deshalb gehören auch die Eltern in den Mittelpunkt der Betrachtung: Sie sind die wichtigsten Menschen im Leben des Kindes. In den folgenden Abschnitten möchte ich daher der Frage nachgehen, was Eltern stärken und unterstützen kann, ihren Kindern das zu geben, was sie brauchen: Liebe, Wertschätzung, Fürsorge – und eben auch Grenzen.

»Rückendeckung« – die eigenen Eltern hinter sich wissen

Kehren wir zum Bild des »Stroms des Lebens« zurück: In diesem Bild nährt eine Generation die nächste mit dem Wasser des Lebens. Wenn ich auf dieses Bild zeige, nickt so manche Mutter und so mancher Vater und sagt: »Ja, mein Kind bekommt von mir alles, was ich habe. Nur leider habe ich selber von meinen Eltern nicht so viel bekommen!« Ich verstehe diese Mutter oder diesen Vater gut, denn so haben sie es aus ihrer Sicht erlebt. Und doch ist das Bild ein anderes: Der Strom braust in seiner ganzen Fülle durch die Generationen, es gibt kein halbes oder viertel, sondern nur das ganze Leben. Wenn es Eltern gelingt, ihre eigenen Eltern als den Ursprung ihres Lebens ganz anzunehmen, so sind sie an den nie versiegenden Strom des Lebens angeschlossen, der von weit her durch die Generationen fließt. Annehmen heißt in diesem Fall, dass die Eltern ihre eigenen Eltern so nehmen, wie sie sind oder waren, mit allem, was zu ihnen gehört: ihre Liebe, ihre Unzulänglichkeiten, das Leichte und das Schwere. Ein so verstandenes Annehmen der eigenen Eltern stärkt Mütter und Väter auf eine ganz selbstverständliche Art und Weise: Sie sind an eine Energiequelle angeschlossen, die sie nährt, während sie das Empfangene an die Kinder weitergeben. Sie sind ein Teil des »Familienstroms«, in dem sie, gestärkt durch ihre eigenen Eltern im Rücken, die »Großen« sind und die Kinder die »Kleinen« sein dürfen. Die »Großen« zu sein heißt, dass die Eltern ihren Platz kraftvoll einnehmen, ausgestattet mit einem sicheren Gespür für eine angemessene Autorität.
So einfach und einleuchtend dieses Bild auch sein mag, so will es doch gelebt und

umgesetzt werden, und da gibt es in jeder Familie immer wieder Hindernisse zu überwinden.

Vorwürfe als Hindernisse

Der erwähnte Seufzer so mancher Eltern, dass sie bereit seien, ihrem Kind alles zu geben, nur leider selber nicht genug bekommen zu haben, ist eines dieser Hindernisse. Vorwürfe an die eigenen Eltern schneiden uns vom Strom des Lebens ab, sie errichten Staumauern, sodass wir buchstäblich »auf dem Trockenen« sitzen. Erst wenn wir es schaffen – und das erfordert so manches Mal viel innere Arbeit –, unsere Eltern so anzunehmen, wie sie waren, und ihnen für unser Leben und alles, was sie für uns getan haben, zu danken, kann der Strom wieder ungehindert fließen. Wer vom Herzen her zustimmen kann, dass seine Eltern ihr Bestes gegeben haben, so gut sie es eben vermochten oder die Umstände es erlaubten, entdeckt eine innere Freiheit und Stärke, die dem eigenen Leben und dem Leben der Kinder zugutekommt.

Es kann sehr hilfreich sein, den Dank an die Eltern in einer Verneigung auszudrücken. Die Verneigung ist in Asien ein ganz selbstverständlicher Ausdruck von Respekt. Es lohnt sich, die Wirkung dieser Geste an sich selber auszuprobieren. Verneigen Sie sich einmal vor Ihren Eltern, die in Ihrer Vorstellung vor Ihnen stehen, mit der inneren Haltung von Dankbarkeit und Respekt und spüren Sie der Wirkung dieses kleinen Rituals nach. Wenn Sie sich nach einer Weile dann umdrehen und sich vorstellen, Ihre Kinder ständen vor Ihnen, können Sie vielleicht spüren, was damit gemeint ist, die Eltern als »Rückendeckung«, als Stärkung im Rücken, zu spüren. Wer seinen Eltern respektvoll begegnet, kann sich selber und seinen Partner mit Respekt annehmen, die Kinder in ihren Bedürfnissen respektieren und auch von ihnen Respekt erwarten. Eine weitergehende Übung zu der so einfachen und manchmal doch so schwierigen Begegnung mit den Eltern finden Sie in diesem Kapitel im Anschluss an das Fallbeispiel »Die Verneigung«.

Manchmal äußern Eltern Bedenken zum vollständigen Annehmen ihrer eigenen Eltern. Sie befürchten, sie könnten durch dieses Nehmen auch das übernehmen, was sie bei ihren Eltern als negativ erlebt haben und was sie bei ihren Kindern auf jeden Fall anders machen wollen. Diese Bedenken sind verständlich. In Gesprächen stelle ich jedoch immer wieder fest, dass Mütter und Väter gerade durch das Abgelehnte und Ausgeklammerte in Unfreiheit an ihre Eltern gebunden bleiben. Nehmen wir als Beispiel Herrn Greiner: Er empfindet es als beschämend, dass die Wutausbrüche seines eigenen Vaters, die für ihn als Kind sehr schlimm waren, sich nun bei ihm selber und seinen Kindern wiederholen. Er hatte sich doch so fest vorgenommen, seinen Kindern ein geduldiger Vater zu sein! In den Familienaufstellungen hat sich nun gezeigt, dass Eltern umso mehr persönliche Freiheit im Umgang mit ihren Kindern entwickeln, je mehr es ihnen gelingt, ihre eigenen Eltern mit allem »Drum und Dran« anzunehmen. Manchmal ist der Einzelne mit diesem Annehmen aber überfordert. Herrn Greiner zum Beispiel tat es gut, in einer Aufstellung zu sehen, dass die Wutausbrüche seines Vaters in Zusammenhang damit stehen, dass wiederum dessen Vater um sein Erbe gebracht worden war. Der Großvater sah sich seiner damaligen Situation hilflos ausgeliefert, die Wut über die Ungerechtigkeit nahm er mit ins Grab. Für Herrn Greiner war also eine erweiterte Sicht auf das Familiensystem nötig, um seine eigenen Wutausbrüche und die seines Vaters in einem größeren Zusammenhang sehen zu können. Herr Greiner konnte in der Aufstellung dieses Verhalten dann mit einer Verneigung vor dem Schicksal des Großvaters dort lassen, wo es hingehörte.

Bedürftigkeit der Eltern

»Zunächst sollte jeder Elternteil seinen eigenen inneren Halt ausbilden, um dem Kind den Halt bieten zu können, den es braucht.«[19]

Der innere Halt von Eltern hat sehr viel damit zu tun, ob sie in den Strom des Lebens auf dem richtigen Platz stehen. Ist das nicht so, kommt das System in Unordnung. Die Wirkungen dieser Unordnung sind dann an den Kindern sichtbar: Sie werden zu Freunden, Kumpeln, Geschwistern oder Partnern ihrer Eltern, sie entwickeln sich zu mächtigen »kleinen Tyrannen« in der Familie, denen die Eltern als Bittsteller begegnen, oder aber sie tragen zu viel Sorge und Verantwortung für das Familienwohl. Allen diesen Beispielen ist gemeinsam, dass das Kind sich in einer zu starken Position befindet, dass es nicht auf dem Platz des nehmenden Kindes ist. Die Eltern wiederum haben eine geschwächte Position, sie verhalten sich nicht als Halt gebende und Grenzen setzende Eltern. Auch wenn es heute von manchen gerne so gesehen wird und für Eltern auch sehr angenehme Seiten haben mag: Eltern sind nicht die Partner, Freunde oder Kumpel ihrer Kinder, sondern sie bleiben immer die Eltern.

Wie im Kapitel »Weil ich euch beide liebe« bereits erwähnt, lieben Kinder ihre Eltern grenzenlos und sind bereit, ihnen die Menschen zu ersetzen, die ihnen fehlen, beispielsweise auch den Mann oder die Frau. Kinder gehen in ihrer Liebe aber noch weiter und möchten ihrem Vater oder ihrer Mutter sogar einen Elternteil ersetzen, wenn sie spüren, dass da ein Mangel besteht. »Sieht und hört ein Kind diese kindliche Bedürftigkeit der Eltern, dann wirkt das auf das Kind so, als müsste es sagen und sich entsprechend verhalten: ›Liebe Mama (lieber Papa), sei nicht traurig, ich gebe dir das, was dir von deiner Mutter oder deinem Vater her fehlt. Ich tröste dich!‹ Das Kind macht sich groß und betrachtet die Eltern wie klein.«[20]

Durch welche Umstände kann es nun dazu kommen, dass Kinder die elterliche Fürsorgerolle übernehmen wollen? Häufig kommt es dazu, wenn einer der beiden Eltern seine eigene Mutter oder seinen eigenen Vater früh verloren hat. Vielleicht gab es auch eine zeitweise Trennung von den eigenen Eltern, zum Beispiel durch Krankheit oder durch eine Scheidung. Aber nicht nur die körperliche Abwesenheit der eigenen Eltern hat eine große, oft lebenslange Bedürftigkeit zur Folge, sondern auch die seelische Abwesenheit der eigenen Eltern, wie sie beispielsweise nach einem Trauma wie der Tod eines Geschwisters, nach schlimmen Ereignissen wie Krieg, Verfolgung oder Vertreibung auftritt. Alle diese Umstände, auch wenn sie in der Familie nicht angesprochen werden, erspürt das Kind tief in seiner Seele und es hat nur einen Wunsch: Es möchte seinen Eltern das ersetzen, was ihnen in ihrer Kindheit gefehlt hat.

Welche Liebe steht hinter diesem Wunsch, aber auch welche Überforderung! Kinder fühlen sich für ihre Eltern verantwortlich und würden doch gleichzeitig selber so viel Liebe, Fürsorge und eben auch Grenzen benötigen! So manches »grenzenlose« Verhalten von Kindern entpuppt sich unter diesem Aspekt als Hilferuf: »Bitte, Mama, bitte, Papa, schaut her, wie sehr ich euren Halt brauche!« Ich erinnere mich lebhaft an die Mutter eines 14-jährigen Mädchens, die sich bitter darüber beklagte, dass ihre Tochter rauchen würde, und dies sogar zu Hause in der Wohnung. Die Antwort der Tochter war ein einziger Aufschrei: »Warum darf ich das denn auch?«

Was können ein Vater oder eine Mutter tun, die merken, dass sie nicht genug elterliche Kraft für ihre Kinder haben, weil ihnen selber die Eltern im Rücken fehlen? Dieses Defizit überhaupt wahrzunehmen und nicht die Schuld bei sich selber, ihren Eltern, den Kindern, den Lehrern oder dem Schulsystem zu suchen, das ist bereits der erste große Schritt! Es geht hier nicht um Schuld, sondern darum, eine Ordnung wiederherzustellen, die in Unordnung geraten ist. Aus dieser Einsicht ergeben sich dann die nächsten Schritte, zum Beispiel, dass ein Elternteil dem Kind sinngemäß mitteilt: »Du bist mein Kind und das bleibst du. Auch wenn mir meine eigene Mutter sehr gefehlt hat, kannst du mir meine Mutter nicht ersetzen. Ich bin die Große und ich kümmere mich selber darum, du darfst die Kleine sein!« Damit das keine leeren Worte bleiben, ist es natürlich wichtig, dass die Mutter oder der Vater sich dann auch wirklich darum kümmert: mit eigener innerer Arbeit, in Gesprächen, mit therapeutischer Begleitung, mit einer Familienaufstellung. So, wie die Kinder die Bedürftigkeit ihrer Eltern erspüren, so merken sie auch sofort, wenn ihre Eltern »gut versorgt« sind, und können sich dann unbelastet ihren eigenen Angelegenheiten, ihrer eigenen Entwicklung zuwenden.

Freiheit und Grenzen

Nun werden Sie vielleicht sagen: »Schön und gut, wenn ich die Eltern als Stärkung im Rücken habe – aber den Erziehungsalltag müssen wir als Eltern doch selber meistern …« Natürlich, Sie als Eltern haben das Recht und die Verantwortung für die Erziehung Ihrer Kinder. Selbst wenn die Großeltern in der Nähe wohnen und Sie tatkräftig unterstützen, sind Sie als Eltern doch für alles zuständig: die Gestaltung des Zusammenlebens der Familie, den Umgang mit Gefühlen, den täglichen Kleinkram, für große und kleine Entscheidungen, Sorgen, Freuden, Zeitplanung, Finanzen usw. Die Herausforderung, ein Kind großzuziehen, fühlt sich aber völlig anders an, wenn sich Eltern eingebettet fühlen in die Liebe ihrer eigenen Eltern und der Generationen vor ihnen, in den großen Strom des Lebens. Durch diesen Strom fließt Eltern die Kraft zu, die sie brauchen, um ihren Kindern »starke« Eltern zu sein.

Nun haben natürlich nicht alle Eltern die gleichen Vorstellungen davon, was es heißt, »starke« Eltern zu sein. Die Bandbreite ist hier wie immer bei Erziehungsfragen sehr groß. Schauen wir uns einige Beispiele aus dem möglichen »Wertekatalog für starke Eltern« an:

Eltern, die Mut haben zur Erziehung, die ihre Kinder lieben, wertschätzen und gut versorgen, ihnen aber auch Grenzen setzen. Eltern, die standhaft bleiben, wenn Kinder sich auf ihrer Suche nach Selbstständigkeit auch mal an diesen Grenzen reiben. Eltern, die es ertragen können, wenn sie ihre eigenen »Mängel« bei ihren Kindern entdecken. Eltern, die auch das Unvollkommene in ihren Kindern lieben. Eltern, die sich trauen, klare Regeln und Vereinbarungen in die Familie einzubringen. Eltern, die dafür sorgen, dass die Übertretung der Regeln Konsequenzen hat, auch wenn das für sie selber anstrengender ist als ständige Nachgiebigkeit. Eltern, die mit Regeln und Vereinbarungen jedoch auch flexibel umgehen können, denn ein Kleinkind braucht ganz andere Regeln als ein pubertierender Jugendlicher. Eltern, die sowohl die Bedürfnisse des Kindes als auch ihre eigenen Bedürfnisse respektieren. Eltern, die auf angemessene Weise für die Kinder sorgen und gleichzeitig deren Selbstständigkeit fördern, indem jedes Kind Aufgaben und Pflichten im Rahmen der Familie übernimmt.

Vielleicht fragen Sie sich: »Wie soll ich das alles als Mutter oder Vater nur schaffen? Eigentlich weiß ich, was gut wäre, aber dies auch umzusetzen, ist im Auf und Ab des Erziehungsalltags doch ganz schön schwierig!« Wir alle stoßen mit unseren Vorstellungen und Idealen als Eltern immer wieder an unsere Grenzen, auch wenn wir unser Bestes geben. Uns mit unseren Grenzen zu akzeptieren und gleichzeitig mit unseren Bemühungen, sie zu erweitern, nicht aufzuhören, das ist eine große Herausforderung für uns als Eltern! Die Erfahrung, die eigenen Eltern so anzunehmen, wie sie sind oder waren, kann uns auch bei dieser Aufgabe eine wertvolle Stütze sein.

Fallbeispiel: Die Verneigung

Herr Herzog, ein Vater von zwei Jungen, acht und zehn Jahre alt, kommt mit seinem Ältesten zu mir in die Praxis. »Maximilian«, so sagt er, »hat einfach keine Lust zum Lernen, so etwas hätte es in meiner Kindheit nicht gegeben!« Maximilian sei in der 4. Klasse und in diesem Schuljahr müsse eine Entscheidung für eine weiterführende Schule gefällt werden, aber sein Sohn zeige keinerlei Ehrgeiz und Anstrengungsbereitschaft. Herr Herzog erzählt, dass er seinen Sohn schon mit Belohnungen gelockt und ihn auch unter Druck gesetzt habe, es habe aber alles nichts »gefruchtet«. Als ich Maximilian frage, was er denn dazu meine, äußert er sich eher unwillig und vage dazu. Auch die Frage, was er selber denn verbessern oder erreichen möchte, findet er offensichtlich wenig spannend und so bitte ich Herrn Herzog, in der nächsten Stunde ohne seinen Sohn zu kommen.

Herr Herzog willigt ein und kommt zu unserem nächsten Treffen allein. Ich frage ihn nach seiner eigenen Schulzeit und er erzählt, dass seine Eltern sehr streng mit ihm gewesen seien und dass er mit all seiner Kraft dafür kämpfen musste, überhaupt eine weiterführende Schule besuchen zu dürfen. Er habe sich natürlich dann enorm angestrengt, um in dieser Schule zu den Besten zu gehören, und sich bei seinen eigenen Kindern vorgenommen, diese mit aller Kraft bei ihrer Ausbildung zu unterstützen. Sie sollten es leichter haben als er!

Ich frage Herrn Herzog, ob er bereit sei, auf sich und seine jetzige Familie einmal auf eine ungewohnte Weise zu schauen, und bitte ihn, von sich selber, seiner Frau und den zwei Kindern mit seiner linken Hand je eine Zeichnung anzufertigen. Anschließend legt Herr Herzog diese Zeichnungen so auf dem Boden aus, wie das seinem inneren Bild von der Familie entspricht.

Nun bitte ich Herrn Herzog, sich nacheinander auf die einzelnen Blätter zu stellen, um durch die Augen der einzelnen Familienmitglieder zu schauen. Aus der Perspektive der Mutter und des jüngeren Sohnes wirkt die Familie ganz harmonisch, beide fühlen sich auf ihrem Platz recht wohl. Auf seinem eigenen Platz stehend fühlt sich Herr Herzog jedoch stark nach links gezogen, so, als müsste er sich an Maximilian anlehnen. Auf der Position von Maximilian stehend fühlt sich dieses Anlehnungsbedürfnis des Vaters jedoch sehr belastend an, der Sohn kann

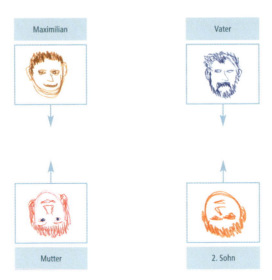

nicht stabil stehen. »Das ist kaum zu schaffen!«, sagt Herr Herzog auf dem Platz seines Sohnes stehend.

Um den Sohn zu entlasten, schlage ich Herrn Herzog vor, sich neben seine Frau zu stellen und die Blätter der beiden Söhne nebeneinanderzulegen.

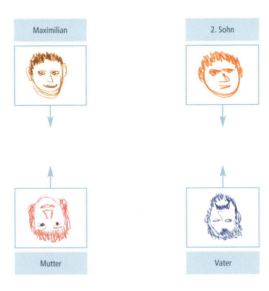

Diese neue Situation bringt Maximilian zwar körperliche Entlastung, er schaut aber von seinem neuen Platz aus sehr besorgt auf seinen Vater, der jetzt bei seiner Frau Halt sucht. Als sich Herr Herzog als Nächstes auf den Platz seiner Frau stellt, bemerkt er: »Ich kann meinen Mann schon etwas stützen, aber dafür brauche ich meine ganze Kraft – da bleibt für unsere Jungens nicht viel übrig!«

Da Herr Herzog offensichtlich eine Unterstützung braucht, die über das, was seine jetzige Familie leisten kann, hinausgeht, frage ich ihn nach seinen Eltern. »Meine Eltern hatten nicht viel Zeit für uns Kinder«, sagt Herr Herzog im bitteren Ton, »sie haben eigentlich immer gearbeitet und sie waren sehr streng mit uns Kindern.«

Ich bitte Herrn Herzog, je ein Bild von seiner Mutter und seinem Vater zu skizzieren und die Blätter so auszulegen, dass sie hinter ihm, in seinem Rücken, liegen.

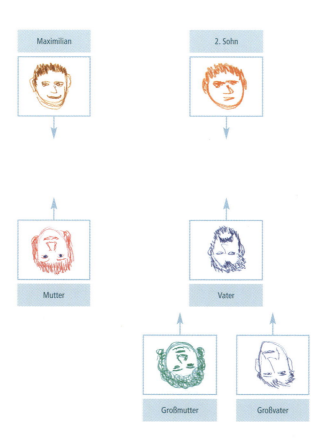

Zunächst betrachtet Herr Herzog die neue Situation durch die Augen seines älteren Sohnes. Beim Anblick der Großeltern geht sofort ein freudiges Lächeln über sein Gesicht und er sagt: »Gut, euch zu sehen, Oma und Opa!«

Als sich Herr Herzog dann auf seinen eigenen Platz stellt, ist sein Bedürfnis, sich nach links an seine Frau anzulehnen, nicht mehr da – stattdessen hat er aber ein sehr beunruhigendes Gefühl im Rücken. Ich bitte ihn, sich umzudrehen, um herauszufinden, was sich da hinter seinem Rücken tut. Er dreht sich um und schaut mit abweisendem Blick auf seine Eltern. »War alles nicht so toll«, murmelt er. Ich bitte ihn dann, sich auf den Platz seiner Eltern zu stellen, um auch einmal durch deren Augen zu schauen. Zu seiner Überraschung stellt Herr Herzog fest, dass er vom Platz beider Eltern aus mit Wohlwollen und Stolz auf die junge Familie, vor allem auf sich, den eigenen Sohn, schaut. »Hoffentlich habt ihr's ein bisschen leichter als wir«, sagt er vom Platz der Mutter aus.

»Was war denn so schwer im Leben Ihrer Eltern?«, frage ich Herrn Herzog. »Na ja«, meint er, »sie hatten vier Kinder und das Geld reichte nie, obwohl sie beide viel gearbeitet haben. Sie mussten als junge Menschen am Ende des Zweiten Weltkriegs aus dem Osten fliehen und haben durch die Flucht und die Nachkriegswirren nie etwas Richtiges gelernt. Recht bald kamen dann auch wir Kinder.« Ich bitte Herrn Herzog, sich noch einmal auf seinen eigenen Platz zu stellen und mit dem Blick auf seine Eltern zu sagen: »Danke für alles, was ihr für mich getan habt.« Fast ungläubig schaut Herr Herzog nach diesem Satz auf seine Eltern. Als ich ihn bitte, seiner Dankbarkeit durch eine Verneigung vor den Eltern Ausdruck zu geben, kommt er meiner Bitte zögernd nach. Er verneigt sich vor seinen Eltern, ihrem Schicksal und ihrer großen Leistung, unter schwierigen Umständen vier Kinder aufzuziehen. Als sich Herr Herzog wieder aufrichtet, sind seine Gesichtszüge weicher und entspannter. »Jetzt verstehe ich, warum ihr mir nicht geholfen habt, eine höhere Schule zu besuchen«, sagt er zu seinen Eltern, »ihr wart so sehr damit beschäftigt, uns überhaupt großzukriegen!«

Herr Herzog schaut seine Eltern nun nicht mehr abweisend, sondern verständnisvoll an und ich ermuntere ihn, sich jetzt noch einmal umzudrehen zu seiner Frau und den Kindern. Da steht er nun, mit einem scheuen Lächeln zu seiner Frau hinüber und einem anschließenden Blick auf die gemeinsamen Kinder. »Das fühlt sich jetzt völlig anders an«, meint er, »ich stehe jetzt auf meinen eigenen Beinen neben meiner Frau. Es kommt mir vor, als könnte ich sie erst jetzt richtig sehen. Ich bin stolz auf unsere Kinder und ich fühle in meinem Rücken meine Eltern, die stolz sind auf uns – die junge Familie.«

Zum Abschluss bitte ich ihn noch einmal, sich auf den Platz seines Sohnes Maximilian zu stellen. »Klasse«, bemerkt er lächelnd von seinem Platz aus, »jetzt geht's mir gut.«

In der Folgezeit arbeite ich noch einige Male kinesiologisch mit Maximilian und helfe ihm, seine Lernblockaden zu überwinden.[21] Der entscheidende Impuls aber geht von Herrn Herzog aus: Er erzählt Maximilian auf eine neue Weise von seinen Großeltern. Er spricht davon, wie es kam, dass der Großvater keine Ausbildung machen konnte und wie fleißig Oma und Opa ihr Leben lang gearbeitet haben. Ohne versteckten Vorwurf kann er seinem Sohn jetzt auch erzählen, dass er selber wenig Unterstützung bekommen hat von seinen Eltern, was das Lernen betrifft. Er spricht auch davon, wie sehr sich die Großeltern darüber freuen, dass es der jungen Familie so gut geht. Er bedrängt seinen Sohn nicht mehr mit dem Übertritt auf eine höhere Schule, sondern informiert ihn in einem gemeinsamen Gespräch mit seiner Frau über die verschiedenen Möglichkeiten des Schulbesuchs nach der 4. Klasse. Sie sprechen darüber, welche Leistungen er für welchen Schultyp erbringen muss und wie er in späteren Jahren Schulausbildungen aufeinander aufbauen kann, wenn er das möchte. Gegen Ende der 4. Klasse haben sich seine Noten gebessert, reichen aber nicht ganz zum Übertritt auf die Realschule oder das Gymnasium. Zur Überraschung seiner Eltern entscheidet sich Maximilian nun dafür, eine zusätzliche Aufnahmeprüfung für die Realschule zu machen. Als er sie besteht, herrscht in der ganzen Familie große Freude.

Praktische Übung (NIG): Die Eltern hinter sich spüren

Mithilfe dieser praktischen Übung können Sie als Eltern, als Erzieherin oder Lehrer Kontakt zu Ihren Eltern aufnehmen. Sie können diese Übung für sich allein oder unter Anleitung eines Begleiters, einer Freundin oder des Partners machen.

Gut möglich ist die Verwendung dieser Übung auch in einer Gruppe. In diesem Fall führt der Gruppenleiter die Teilnehmer gemeinsam von Punkt zu Punkt.

Es ist nicht immer nötig, die gesamte Übung vollständig durchzuführen, auch einzelne Teile sind eine sehr wertvolle Erfahrung. Wenn Sie sich beispielsweise zunächst nur damit beschäftigen, wie es jeder auf seine Weise gut gemeint hat in der Familie (Punkt 1 bis 3), so kann das allein schon einen neuen Blick auf die Eltern ermöglichen. Auch die Erfahrung, einmal durch die Augen der eigenen Eltern und des »neutralen Beobachters« auf sich selber zu schauen (Punkt 5 bis 7), kann neue und unerwartete Einblicke und Einsichten ermöglichen. Der letzte Teil der Übung (Punkt 8 bis 10), in dem Sie die Erfahrung machen können, die Eltern hinter sich zu spüren, kann sehr unterschiedlich erlebt werden: Vielleicht fühlen Sie sich gestärkt und unterstützt durch die Kraft der Eltern im Rücken, vielleicht ist das aber auch nicht der Fall und Sie haben den Wunsch, den Abstand zu den Eltern zu vergrößern. Sie brauchen nichts forcieren und nichts übers Knie brechen, betrachten Sie die innere Aussöhnung mit den Eltern als einen Prozess. Sie können diese Selbsterfahrungsübung als Anregung nehmen, die Sie immer wieder einmal aufgreifen und mit der Sie Ihre eigene innere Entwicklung begleiten.[22] Sollten Sie das Gefühl haben, damit überfordert zu sein oder an Ihre Grenzen zu kommen, so scheuen Sie sich nicht, sich professionelle Unterstützung durch einen gut ausgebildeten Systemaufsteller zu holen. Das muss keine lange Psychotherapie bedeuten, sondern eine überschaubare Zeit der Wegbegleitung. Eine Wegbegleitung, die letztlich den Kindern zugutekommt, denn Eltern, die sich von ihren eigenen Eltern gestärkt und unterstützt fühlen, können ihren Kindern wiederum selber starke Eltern sein.

 Verlaufsbeschreibung

Material: Vier DIN-A4-Blätter, farbige Stifte oder Kreiden

1. Setzen Sie sich so hin, dass Sie bequem sitzen und Ihre Füße fest auf dem Boden ruhen. Indem Sie all das hinter sich lassen, was Sie am heutigen Tag erlebt haben, und all die Gedanken loslassen, die Ihnen durch den Kopf gegangen sind, atmen Sie tief aus … Sie können dabei spüren, wie dieser tiefe Atemstrom alles mitnimmt, was in diesem Moment überflüssig geworden ist …

Während Sie nun langsam Ihre Augen schließen und Ihre Aufmerksamkeit nach innen richten, gehen Sie hinunter in Ihre Füße … Sie spüren, wie sie auf der Erde ruhen und getragen und gehalten sind. Gehen Sie nun nach oben und spüren Sie, wie auch die Sitzfläche und die Lehne Ihres Stuhles Sie tragen und halten … Und während Sie wahrnehmen, wie sich langsam Ihre Muskeln entspannen, können Dinge, die überflüssig geworden sind, abfließen … Und so, wie der Boden unter Ihnen Sie trägt, so sind wir alle in unserem Leben schon einmal getragen worden, wir alle ohne Ausnahme …, als wir im Bauch unserer Mutter waren … Und so, wie wir alle eine Mutter haben, haben wir auch einen Vater, jeder von uns ohne Ausnahme. Unabhängig davon, wie das Leben dann für uns weiterging. Und während Ihr Atem kommt und geht, leicht und wie von selbst, lassen Sie in sich ein Bild entstehen, ein Bild von Ihrer Mutter und von Ihrem Vater … sei es ein Bild aus Ihrer Erinnerung oder ein Foto … Mit diesem Bild vor Ihren inneren Augen kommen Sie nun in Ihrem eigenen Tempo in diesen Raum zurück … Sie öffnen langsam die Augen und beginnen, Ihre inneren Bilder aufs Papier zu bringen.
2. Nehmen Sie Ihre nicht dominante Hand und fertigen Sie, jeweils auf einem gesonderten Blatt, eine Skizze von Ihrer Mutter, Ihrem Vater und sich an. Fühlen Sie sich ganz frei in der Gestaltung, es kann ein konkretes oder abstraktes Bild werden oder vielleicht auch ein Symbol.
3. Wenn Sie fertig sind, legen Sie Ihre Blätter so vor sich auf den Boden, dass Sie alle drei sehen können.
Stellen Sie sich nun vor, Sie schauen durch die Augen jeder einzelnen Person und stellen Sie sich dabei folgende Fragen:

- Wie hat es jeder Einzelne von uns in der Familie gut gemeint?
- Was war die positive Absicht jedes Einzelnen für die Familie?
- Wie hat sich die Liebe von Vater und Mutter ausgedrückt, sodass Sie aufwachsen konnten?

Fügen Sie ein kleines Symbol auf jedem Blatt hinzu, das ausdrückt, wie Vater, Mutter und Sie selber es gut gemeint haben.

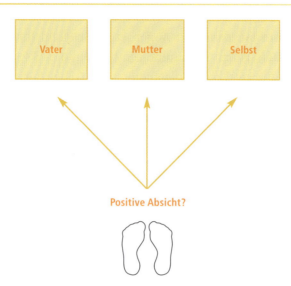

4. Legen Sie die Blätter so auf dem Boden aus, dass Sie Ihre Eltern im Rücken haben, wobei die Eltern auf Sie schauen. Achten Sie dabei auf die Abstände, die Sie von Ihren Eltern und Ihre Eltern untereinander haben. Legen Sie ein leeres Blatt in einem größeren Abstand von der Familie auf den Boden: Dies ist die sogenannte Metaposition, die Sie je nach Wunsch »weise alte Frau/weiser alter Mann«, »Berater/Beraterin« oder »neutraler Beobachter/neutrale Beobachterin« nennen können.

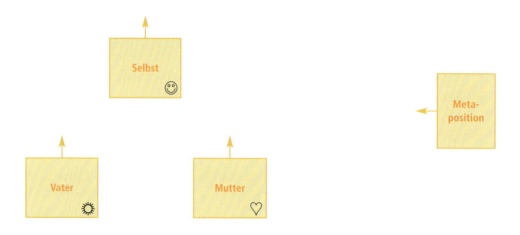

5. Stellen Sie sich nun auf die Metaposition und schauen Sie auf diese Familie. Können Sie die positive Absicht jedes Familienmitgliedes von hier aus gut wahrnehmen? Was fällt Ihnen besonders auf, wenn Sie von diesem Platz aus auf die drei Personen schauen?
6. Stellen Sie sich nun auf das Bild des Vaters und nehmen Sie Ihre körperlichen und emotionalen Reaktionen wahr. Wie ist Ihre Haltung, Ihr Stand und Ihre Atmung? Wie fühlt es sich an, in dieser Familie zu stehen? Können Sie die positive Absicht des Vaters auf diesem Platz wahrnehmen? Wie schauen Sie auf das (inzwischen erwachsene) Kind, das vor Ihnen steht?
7. Stellen Sie sich nun auf das Bild der Mutter und nehmen Sie Ihre körperlichen und emotionalen Reaktionen wahr. Wie ist Ihre Haltung, Ihr Stand und Ihre Atmung auf diesem Platz? Wie fühlt es sich hier an, in dieser Familie zu stehen? Können Sie die positive Absicht der Mutter auf diesem Platz wahrnehmen? Wie schauen Sie auf das (inzwischen erwachsene) Kind, das vor Ihnen steht?
8. Stellen Sie sich nun auf Ihren eigenen Platz und nehmen Sie wieder Ihre körperlichen und emotionalen Reaktionen wahr. Wie ist hier Ihre Haltung, Ihr Stand und Ihre Atmung? Nehmen Sie Ihre Eltern im Rücken auf irgendeine Weise wahr – wenn ja, auf welche? Fühlt sich Ihr Rücken warm an oder kalt, belebt oder starr, bedrückt oder unterstützt? Wie empfinden Sie Ihre rechte Seite, wie Ihre linke? Wie empfinden Sie den Abstand zu den Eltern, gerade richtig, zu nah oder zu weit? Sie können den Abstand verändern, bis er sich für Sie richtig anfühlt.
9. Treten Sie auf die Metaposition und schauen Sie sich die Familie noch einmal von außen an. Hat sich etwas dadurch verändert, dass Sie durch die Augen jeder der drei Personen geschaut haben? Gibt es irgendwelche Einsichten oder Erkenntnisse? Haben Sie einen Ratschlag für das (erwachsene) Kind dieser Eltern?
10. Gehen Sie zum Schluss noch einmal zu Ihrem eigenen Blatt. Drehen Sie sich mit dem Blatt zu Ihren Eltern um und verneigen Sie sich vor Ihren Eltern. Mit dieser Verneigung drücken Sie Ihren Respekt vor den Eltern und ihrem Schicksal aus. Sie danken mit dieser Verneigung Ihren Eltern für Ihr Leben und für alles, was die Eltern für Sie getan haben. Nachdem Sie sich langsam aufgerichtet haben, nehmen Sie wieder Ihre körperlichen und emotionalen Reaktionen

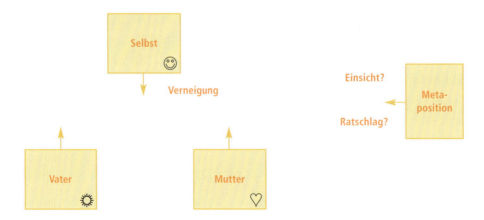

wahr. Drehen Sie sich dann um und schauen Sie in Ihrer Vorstellung auf Ihr eigenes Leben, Ihre eigene Zukunft, auf Ihre Kinder. Sie können natürlich auch davon ein Bild skizzieren. Nehmen Sie wahr, wie es sich jetzt für Sie anfühlt, Ihre Eltern hinter sich zu wissen.

Sollte es Ihnen längerfristig Schwierigkeiten bereiten, Ihre Eltern im Rücken zu spüren, zögern Sie nicht, sich Unterstützung zu holen. Ein Besuch einer Familienaufstellung unter der Leitung eines qualifizierten Therapeuten oder Beraters kann Sie auf dem Weg begleiten, die Beziehung zu Ihren Eltern zu klären, die unterbrochene Liebe wieder zum Fließen zu bringen.

Für euch tu ich alles – das Kind und sein Familiensystem

Lern- und Konzentrationsstörungen, Ängste, Aggressionen, ADS mit und ohne Hyperaktivität, soziale Probleme, Sprach- und Entwicklungsverzögerungen, Bettnässen, Allergien, diffuse körperliche Beschwerden, die medizinisch nicht zu klären sind … Diese und ähnliche Schwierigkeiten haben nicht wenige Kinder unserer Zeit, und ihre Eltern machen sich darüber Sorgen. Sie möchten ihren Kindern helfen, unternehmen große Anstrengungen, wissen aber so manches Mal einfach nicht mehr weiter: »Wir tun alles, was wir können«, sagen viele Mütter und Väter zu mir, »aber trotzdem reicht es nicht.« Wenn ich dann antworte: »Sie sind genau richtig für Ihr Kind, Sie geben ihm alle Liebe, die Sie haben«, fühlen sich Mütter und Väter erst mal entlastet und wir machen uns dann gemeinsam auf die Suche, wie dem Kind mit seinen Problemen zu helfen ist.

In den vorherigen Kapiteln haben wir bereits verschiedene Möglichkeiten, wie Eltern ihre Kinder aus systemischer Sicht unterstützen können, kennengelernt: Eltern können ihr Kind entlasten, indem sie an ihrer Beziehung zueinander arbeiten, denn oft weist ein Kind mit seinen Schwierigkeiten auf Partnerschaftsprobleme seiner Eltern hin. Auch wenn Eltern sich mit der Geschwisterreihe der Familie näher beschäftigen, lassen sich so manche kindliche Schwierigkeiten lösen. Und natürlich gehen Eltern, die ihre eigenen Eltern als Kraftquelle im Rücken spüren, mit ihren Kindern ganz anders um als Eltern, denen diese Unterstützung fehlt. Darüber hinaus zeigt sich nun aber, dass für ein Kind nicht nur seine Gegenwartsfamilie, also seine Eltern und Geschwister, von Bedeutung ist: Sehr häufig finden sich Lösungen für die kindlichen Probleme im großen Familiensystem, in das das Kind eingebettet ist. Hiervon handelt dieses Kapitel.

Die Liebe des Kindes zu allen Familienmitgliedern

Die Familientherapeutin Virginia Satir sagte gerne: »Fast alle Menschen tun fast alles, was sie tun, aus Liebe.«[23] Diesem wundervollen Satz ließe sich noch hinzufügen: »Und Kinder ganz besonders!« Kinder lieben nicht nur ihre Eltern bedingungslos, sondern auch die Menschen, die zur erweiterten Familie dazugehören. Wie Seismografen die kleinste Erschütterung der Erde anzeigen, so nehmen Kinder Unordnungen im gesamten Familiensystem auf. Da dies nicht bewusst geschieht, können sie auch nicht darüber sprechen, sondern sie drücken sich durch ihr Verhalten, durch Krankheiten oder andere Notrufe aus. Durch die Aufstellungsarbeit von Bert Hellinger wissen wir, in welch großem Ausmaß Kinder ungelöste Probleme ihrer Vorfahren mittragen und auszugleichen versuchen.[24]

An wen sollten wir nun denken, wenn es um das erweiterte Familiensystem des Kindes geht? Neben den Eltern, den Geschwistern und Halbgeschwistern des Kindes auch an die Geschwister und Halbgeschwister der Eltern, an die Großeltern mit ihren Geschwistern, und in Familien, in denen etwas Gravierendes passiert ist, auch an die Urgroßeltern. Außer den Blutsverwandten gehören zum erweiterten Familiensystem aber auch alle Personen dazu, die existenziell mit der Familie verbunden sind: frühere, geliebte Partner der Eltern und Großeltern, Adoptiveltern, Lebensretter ebenso wie Menschen, die als Täter oder Opfer mit der Familie in einer Beziehung stehen.

Wie wichtig es für das Kind ist, dass alle diese Menschen einen guten Platz im Familiengefüge haben, wird in den Alltagsbeziehungen eines Kindes nicht sichtbar. Es liebt natürlich seine Eltern und seine Geschwister und den Teil der Verwandtschaft, den es kennt – aber dass das Kind auch all die Menschen aus dem Familiensystem, die es nie kennengelernt hat, in seine Liebe einschließt, das wirkt oft im Verborgenen. Zeigt ein Kind nun ein problematisches Verhalten, so kann es sehr hilfreich sein, folgende Fragen zu stellen: *Aus Liebe zu wem im Familiensystem verhält sich das Kind so? An wen im Familiensystem möchte das Kind mit seinem Verhalten erinnern?*

Das Recht auf Zugehörigkeit

Jedes Mitglied einer Familie hat das Recht, zu diesem System zu gehören, es spielt dabei keine Rolle, ob dieser Mensch krank oder gesund, reich oder arm, gut oder böse, behindert oder begabt, noch am Leben oder bereits tot ist. Alle gehören dazu, niemand darf ausgeschlossen werden! Es ist ein grundlegendes Bedürfnis der kindlichen Seele, sich seinem Familiensystem zugehörig zu fühlen: Selbst nach schlimmen Vorkommnissen bleibt das Kind seinen Eltern und seiner Familie gegenüber loyal. Das Kind ist mit seinem Familiensystem in so inniger Liebe verbunden, dass es aber auch tiefen Schmerz empfindet, wenn ein anderes Mitglied der Familie als nicht zugehörig betrachtet wird. Unbewusst und ungefragt meint das Kind, für eine abgelehnte oder vergessene Person in der Familie Verantwortung übernehmen zu können. Es ist bereit, sein eigenes Wohlergehen, seine Gesundheit und in extremen Fällen sogar sein Leben zu opfern, um an eine Person, die nicht dazugehören darf, zu erinnern. In einer Art magischen Denkens glaubt das Kind, dass es durch sein Leiden das Glück für eine ausgeschlossene Person herbeiführen kann. Betrachten wir Probleme von Kindern unter diesem Gesichtspunkt, so können wir häufig Hinweise finden, dass diese Probleme ein Versuch sind, auf die Nöte eines anderen Familienmitglieds aufmerksam zu machen. Auf diese Weise kann der behinderte Großonkel von Johannes, von dem in seiner Familie nicht gesprochen wird und den Johannes nie kennengelernt hat, in Zusammenhang stehen mit seinen Lernproblemen. Oder Marias Tante, die lange vor der Geburt ihrer Nichte Selbstmord beging, kann in Beziehung stehen zu Marias Kontaktschwierigkeiten mit ihren Mitschülern. Auch zwischen dem Verlobten der Mutter, den sie nicht heiraten durfte, und Annas maßlosen Wutanfällen kann sich ein Zusammenhang zeigen.

Welche Menschen, die zum Familiensystem dazugehören, werden nun häufig ausgeschlossen, abgewertet, verleugnet oder vergessen? Beispielsweise sind das Menschen, die gesellschaftlich nicht anerkannt waren oder werden, wie zum Beispiel Homosexuelle, Menschen mit Behinderung, Selbstmörder, psychisch Kranke oder Suchtkranke. Sie oder ihr Schicksal werden in Familien häufig verschwiegen oder abgewertet. Personen, die sich auf irgendeine Weise schuldig gemacht haben, werden entweder als nicht würdig erachtet, zur Familie dazuzugehören, oder aber ihre Tat wird geleugnet. Existenziell verbunden mit der Familie sind auch die Opfer dieser Taten. Ihre Zugehörigkeit zum System ist vielen Familien nicht bewusst, zeigt sich in den Familienaufstellungen aber immer wieder deutlich. Aus Unwissen ausgeklammert werden auch frühere Partner der Eltern. Hierzu gehören Verlobte, eine große Liebe und alle Partner, mit denen ein Kind entstanden ist. Sie haben dem später kommenden Partner Platz gemacht und gehören aus diesem Grund dazu. Auch Personen, denen die Familie ihr Leben oder ihre Existenz verdankt, bleiben so manches Mal ungewürdigt oder vergessen. Fehlgeburten ab dem fünften Schwangerschaftsmonat, abgetriebene oder früh verstorbene Kinder werden in vielen Familien nicht erwähnt. Es kommt vor, dass Väter ledige Kinder nicht mitzählen oder dass Mütter den leiblichen Vater eines Kindes unterschlagen. Schauen wir uns nun genauer an, auf welche Weise Kinder darauf aufmerksam machen, dass eine dieser Personen im Familiensystem fehlt. Eine wichtige hilfreiche Frage in diesem Zusammenhang ist immer: *Wem in der Familie erging es schon einmal ähnlich wie dem Kind jetzt?*

Nehmen wir als Beispiel Maximilian. Seine Eltern sind verzweifelt: »Unser Alltag ist ein Kampf«, sagt die Mutter, »Maximilian testet uns täglich bis an den Rand unserer Kräfte!« Obwohl sie und ihr Mann sich viel um ihn kümmern würden und ein klares Konzept mit Regeln und Grenzen hätten, würden sie damit einfach nicht durchkommen, denn ihr zehnjähriger Sohn setze alle seine Kräfte ein, um diese Regeln zu boykottieren. Meine Frage lautet: »Gab es schon einmal jemand in der Familie, der sich nicht an die Regeln gehalten hat?« Die Eltern überlegen und kommen zu dem Schluss, dass es in keiner ihrer beiden Familien einen »Regelverletzer« gab, auch sie selber waren als Kinder »eher brav«.

Erst als ich nach einzelnen Familienmitgliedern frage, taucht der Bruder von Maximilians Großvater väterlicherseits aus der Versenkung auf: »Der war ein Lump, der Eddi«, sagt Maximilians Vater, »der hatte keine feste Arbeit, lag der ganzen Familie auf der Tasche und alle atmeten auf, wenn er mal wieder für eine Weile hinter schwedischen Gardinen saß.« Es dauert eine ganze Weile, bis der Vater von Maximilian bereit ist, sein Herz auch für Onkel Eddi zu öffnen, der genauso zur Familie gehört wie seine anderen, ihm angenehmeren Onkel. Maximilian aber interessiert sich brennend für die Geschichten um seinen Großonkel, auf den er mit seinem aufsässigen Verhalten unbewusst hingewiesen hat. Onkel Eddi ist auf diese Weise in die Familie zurückgekehrt, und der Ausspruch »Wie Onkel Eddi!« ist zum liebevoll geflügelten Wort geworden, der Maximilians Widerborstigkeiten die Spitze nimmt und nach einiger Zeit auch überflüssig macht.

Übernommene Gefühle

Kinder versuchen durch ihr Verhalten aber nicht nur, auf fehlende oder ausgeschlossene Familienmitglieder aufmerksam zu machen. Ihr »Familiensinn« spürt voller Mitgefühl auch Personen im System auf, denen es in ihrem Leben nicht gut ging, die ein schweres Schicksal hatten. Mit diesen Menschen verbinden sich die Kinder, gleichgültig, ob sie sie persönlich kennen oder nicht. In solchen Fällen erlebt ein Kind die Gefühle eines Familienmitglieds, als seien es seine eigenen. Das Kind übernimmt dabei die Gefühle einer anderen Person in der Hoffnung, dieser

Person damit helfen zu können. Das Kind glaubt unbewusst, es könne damit diesen Menschen von seiner Last, seinem Unglück, seinem Kummer befreien. Es ist, als ob das Kind sagen würde: »Ich nehme es dir ab, ich trage es für dich!« Gerade in Fällen, die aus der aktuellen familiären Situation nicht recht erklärlich erscheinen, zum Beispiel wenn ein Kind einfach nicht richtig gedeiht oder immer wieder Unfälle und Krankheiten hat oder scheinbar »grundlos« unglücklich ist, lohnt sich der Blick in das erweiterte Familiensystem.

Nehmen wir das Beispiel der neunjährigen Lara. Sie ist extrem anhänglich an ihre Eltern. Obwohl sie bereits in die 3. Klasse geht, lässt sie sich immer von einem Elternteil in die Schule bringen und auch wieder abholen, was ihre Mitschüler zum Gespött herausfordert. Nachmittags bleibt sie auch nicht eine halbe Stunde allein zu Hause, sondern begleitet ihre Mutter überallhin. Die Eltern verstehen das nicht: Sie haben ihr Kind doch als Baby und auch in der Kleinkindzeit nie allein gelassen, es war immer behütet – warum nur wird Lara nicht selbstständig?

In Laras Fall hilft der Blick in ihr persönliches Leben und in ihre Gegenwartsfamilie wenig, aber beim Blick in die vorherigen Generationen findet sich eine Erklärung und eine Lösung: Als Laras Urgroßmutter mütterlicherseits ein Kind war, wurde sie im Zweiten Weltkrieg von ihren Eltern auf der Flucht getrennt. Obwohl sie nach einigen Wochen wieder mit ihren Eltern zusammengeführt wurde, die dramatische Erfahrung also ein gutes Ende fand, ist dieses Trauma noch heute im Familiensystem gespeichert. Die Urenkelin Lara erlebt Trennungsängste, die in der damaligen Situation der Urgroßmutter absolut angemessen waren, aber in Laras heutiger Familie unangemessen erscheinen. Lara hat also aus Liebe zu ihrer Uroma deren Gefühle übernommen – ein Phänomen, das es häufig gibt, das aber nicht immer erkannt wird!

Wie kann sich Lara nun von diesem übernommenen Gefühl lösen und sich altersgemäß weiterentwickeln? Zunächst einmal ist es für Lara sehr interessant und wichtig, vom Schicksal ihrer Uroma zu hören. »Weißt du, die Uroma hat damals so viel Angst gehabt wie du jetzt. Es ist aber alles gut ausgegangen, sie hat ihre Eltern wieder gefunden. Sie ist erwachsen geworden, hat einen Mann gefunden und eine Tochter bekommen, deine Oma. Als Kind war es schlimm für sie, aber dann hat die Uroma das gut hinbekommen!« Die Mutter stellt nach diesen Erzählungen ein

Foto von der Urgroßmutter auf und Mutter und Tochter verneigen sich manchmal zusammen vor ihrer Vorfahrin. Schließlich ist sie die Große und braucht die Hilfe ihrer kleinen Urenkelin nicht!

Eine Frage, die ich einem Kind in diesem Zusammenhang immer stelle, lautet: *Was glaubst du, wann freut sich deine Uroma (Opa, Tante, Onkel …), wenn sie sieht, dass es dir gut geht, oder wenn sie sieht, dass es dir schlecht geht?* Jedes Kind, egal, welchen Alters, ist sich dann sicher, dass die Uroma (Opa, Tante, Onkel …) sich freut, wenn es ihm gut geht. Auch wenn die Uroma nicht mehr lebt und vom Himmel auf das Kind herunterschaut, ist das ihr größter Wunsch!

Was können Eltern tun?

Bei sogenannten Naturvölkern wie den Indianern oder auch bei vielen Stämmen Afrikas ist die Ehrung der Ahnen Teil ihres Kulturguts. Auch in unserer Kultur hatten die Vorfahren früher eine größere Bedeutung, schließlich lautet das vierte Gebot: »Du sollst deinen Vater und deine Mutter ehren, auf dass es dir wohl ergehe und du lange lebest auf Erden.« In unserer materialistischen Zeit erscheint alles machbar und die persönliche Freiheit des Individuums hat einen hohen Stellenwert. Dass wir mit unserem Leben eingebunden sind in das Schicksal und das Glück der Generationen vor uns, wird im Zeitalter der Technik gerne vergessen.

Was können Eltern nun tun? Eltern tun sich selber und ihren Kindern Gutes, wenn sie ihre Seele weit machen für alle, die zum Familiensystem gehören. Dabei kann zunächst eine ganz konkrete Ahnenforschung mithilfe eines Familienstammbaums sehr nützlich sein. Jede Mutter und jeder Vater hat seine eigenen Vorfahren und seine eigene Lebensgeschichte, für die Kinder sind die Stammbäume beider Eltern von gleicher Bedeutung. Es ist eine schöne Familienaktion, so ein Genogramm, wie es auch genannt wird, gemeinsam zu erstellen. Natürlich kann das auch jeder der Partner erst einmal für sich tun. Die beiden Stammbäume werden dann zusammengefügt. Im einen Fall muss bei der Oma nachgefragt werden; im anderen Fall erinnert sich eine entfernte alte Tante noch an Familienmitglieder, die sonst niemand mehr kennt; manchmal sind Recherchen beim Standesamt oder anderen Ämtern nötig ... Auf diese Weise ist so manches Familienmitglied wieder aufgetaucht, das schon alle vergessen hatten! Manche Familien erweitern diese Stammbäume für ihre Kinder gern mit Fotos, soweit diese vorhanden sind. Manche Familien haben auch ihre »Ahnenwand«, an der die Fotos der Vorfahren aufgehängt sind. So ist das Familiensystem, in das die Kinder eingebunden sind, ganz selbstverständlich im Alltag vorhanden.

Die Fotos von früheren Verlobten oder Partnern, die wie erwähnt auch zum erweiterten Familiensystem gehören, werden Vater und Mutter natürlich nicht aufhängen wollen, das wäre auch unpassend. Dies ist aber ein Bereich ihres persönlichen Lebens, für den sie selber Verantwortung tragen und den sie für sich und damit für die Kinder in Ordnung bringen sollten. Die Beziehung zu einem früheren Partner ist dann gut gelöst, wenn beide die gemeinsame Zeit miteinander gewürdigt und sich dafür beim anderen bedankt haben.

Häufig sehen solche Trennungen aber ganz anders aus: Es gibt Vorwürfe, Enttäuschungen oder Wut auf den früheren Partner, und solche negativen Gefühle binden aneinander. Es kann aber auch sein – und das ist gar nicht so selten –, dass es tief im Herzen von einem oder von beiden Partnern noch eine Sehnsucht und eine Liebe gibt – und das über Jahrzehnte hinweg. Das schränkt natürlich die Chancen, die die jetzige Partnerschaft hat, enorm ein! Und die Kinder tun das, was sie in solchen Fällen immer tun: Sie spüren die Sehnsucht von Vater oder Mutter und sie versuchen, ihren Eltern diesen früheren geliebten Partner zu ersetzen. Die Folgen sind bekannt: Einerseits bekommt dieses Kind dadurch eine große Nähe zu einem Elternteil, andererseits ist es damit hoffnungslos überfordert und befindet sich auf einem nicht gemäßen Platz.

Frühere Partnerschaften betreffen das ganz persönliche Leben der Eltern, hierzu gehören natürlich auch eventuell entstandene Kinder. In diesem ganzen Bereich können Eltern viel tun, indem sie selber und nicht ihre Kinder die Verantwortung dafür übernehmen.

Wenn wir zum Bild vom »Strom des Lebens« zurückkehren, dann spielt sich dieser Bereich im »persönlichen Wasserbecken« jedes Einzelnen ab, für das jeder Einzelne auch selber verantwortlich ist. Die Großeltern, Tanten und Onkel und all die anderen Vorfahren jedoch gehören ein oder mehrere Stockwerke höher in den Strom des Lebens – hier können und dürfen Eltern als später Geborene keine persönliche Verantwortung übernehmen. Das wäre eine unzulässige Einmischung, auch wenn sie aus Liebe geschieht. In diesem Bereich geht es um das »Anerkennen, was ist« – nämlich die Anerkennung der unauflösbaren Bindung an die Familie.[25] Gleichzeitig geht es aber auch darum, die eigene Andersartigkeit und Selbstständigkeit innerhalb dieser Bindung zu entwickeln. Je mehr es Eltern gelingt, alle Mitglieder des Familiensystems zu achten und zu würdigen, desto weniger fühlen sich die Kinder aufgerufen, familiäre Verstrickungen mitzutragen, desto freier werden sie in ihrer eigenen Entwicklung.

Die Achtung und Würdigung aller Familienmitglieder fällt nun nicht immer »einfach vom Himmel«: Ergibt sie sich in manchen Fällen durch die Beschäftigung mit dem Stammbaum, ist sie in anderen Fällen das Ergebnis eines längeren »inneren Ringens«, manchmal erscheint sie sogar unmöglich. Eine Familienaufstellung in der Einzelarbeit oder in einer Gruppe kann in solchen Fällen eine große Unterstützung sein, denn hier werden Zusammenhänge klar, die im Verborgenen wirken und die sich unserer »Alltagswahrnehmung« meist entziehen.

 ## Fallbeispiel: Die andere Welt

Herr und Frau Wachsmann beklagen die mangelnde Konzentrationsfähigkeit ihres elfjährigen Sohnes Benedikt: In der Schule und daheim bei den Hausaufgaben kann er sich einfach nicht konzentrieren, seine Gedanken schweifen ab, er träumt. Die Eltern und die Lehrer sind hilflos und bezweifeln, ob die Entscheidung, Benedikt auf das Gymnasium zu schicken, richtig war. »Es sieht aus, als sei Benedikt in einer anderen Welt«, berichtet Herr Wachsmann, »und mir scheint, da gefällt es ihm einfach besser.«

Ich schlage den Eltern vor, auf ihren Sohn einmal auf eine neue und ungewohnte Weise zu schauen und von jedem Familienmitglied eine Skizze zu zeichnen. Frau Wachsmann ist sehr froh, als sich ihr Mann bereit erklärt, mit der Arbeit zu beginnen. Herr Wachsmann fertigt mit seiner linken Hand je eine Skizze für sich, seine Frau, Benedikt, seinen siebenjährigen Bruder und seine dreijährige Schwester. Ich bitte ihn, die Zeichnungen so auf dem Boden auszulegen, wie das seinem inneren Bild von der Familie entspricht.

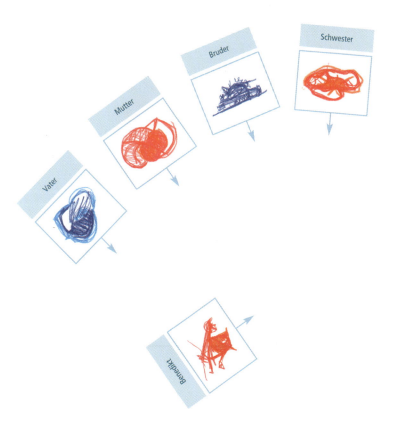

Herr Wachsmann stellt sich dann auf die Zeichnungen der einzelnen Familienmitglieder und es fällt ihm Folgendes auf: Alle Familienmitglieder schauen auf Benedikt, Benedikt selber aber bekommt gar nicht mit, dass er eine Familie hat, er schaut weit in die Ferne, als suche er etwas. Dieser Blick in die Ferne ist in der Körpersprache, die sich in Aufstellungen immer wieder zeigt, ein Hinweis auf Schweres in früheren Generationen. Deshalb frage ich Herrn Wachsmann, ob es in seiner Familie ein besonderes Schicksal gegeben habe. »Ja«, sagt er und nickt traurig, »meine Schwester. Sie ist mit zehn Jahren gestorben.« Durch diese Information wird mir ein Detail, das mir vorher schon aufgefallen war, erklärlich: Herr Wachsmann hat für die weiblichen Familienmitglieder Rottöne, für die männlichen Familienmitglieder Blautöne gewählt, nur Benedikt ist als Junge auch in Rottönen gezeichnet. Ich mache Herrn Wachsmann darauf aufmerksam, er hatte das gar nicht bemerkt, und ich bitte ihn, Benedikts »weibliches Blatt« auf den Platz in der Ferne zu legen, auf den Benedikt vorher geschaut hatte. »Das ist die andere Welt, in die Benedikt immer geht, wenn er sich konzentrieren soll«, erläutere ich und Herr Wachsmann nickt.

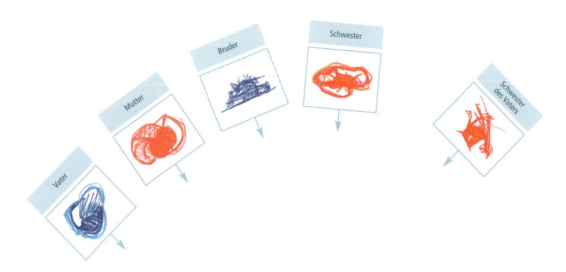

Als Herr Wachsmann nun seinen Platz einnimmt, ist er ganz berührt und voller Trauer: »Jetzt weiß ich, wen Benedikt in der Ferne gesucht hat! Meine Schwester, die mir immer so fehlt.« Für Herrn Wachsmann ist jetzt ganz klar, dass die Zeichnung für Benedikt eigentlich die Zeichnung für seine verstorbene Schwester ist, er legt sie näher zu sich hin und seufzt: »Endlich bist du da.« Und Benedikt? »Der kriegt jetzt ein neues Blatt«, sagt sein Vater entschieden und macht sich an die Arbeit. Ich schlage ihm vor, den »neuen« Benedikt, der tatsächlich jetzt auch in Blautönen gehalten ist, zu seinen Geschwistern zu legen.

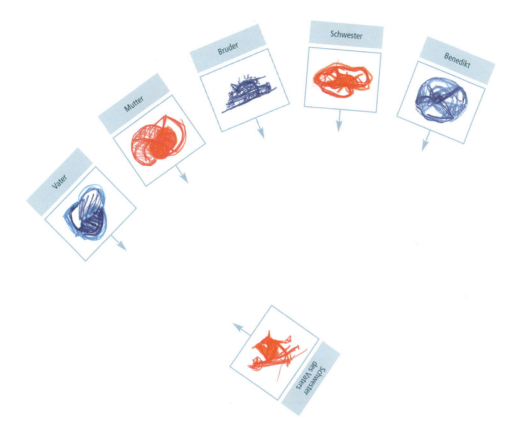

Als sich Herr Wachsmann auf die neue Zeichnung von Benedikt stellt, fühlt er sich neben seinen Geschwistern sehr wohl. Er schaut aber immer noch auf die Schwester seines Vaters und möchte sie auch zu sich in die Geschwisterreihe holen. Hier liegt also immer noch eine Verwechslung der Rollen vor – die Tante gehört keinesfalls in die Reihe der Geschwister!

Ich bitte Herrn Wachsmann, den Kindern seine früh verstorbene Schwester als ihre Tante vorzustellen, die sie nie kennengelernt haben. »Ich habe euch nicht von ihr erzählt, weil ich euch nicht traurig machen wollte«, sagt Herr Wachsmann und ich schlage ihm folgende Anordnung der Blätter auf dem Boden vor:

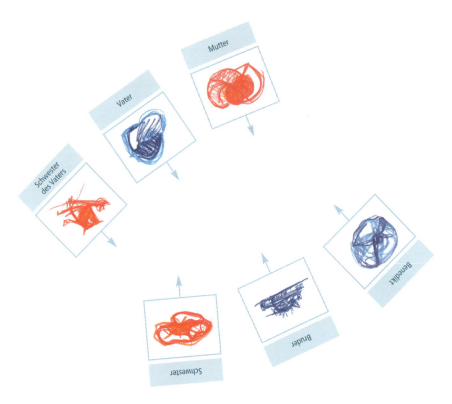

Herr Wachsmann stellt sich noch einmal auf Benedikts Platz und jetzt huscht ein erleichtertes Lächeln über sein Gesicht: »Jetzt ist alles klar!«, sagt er, »jetzt sehe ich Papa und Mama!« Auch auf seinem eigenen Platz stehend ist Herr Wachsmann erleichtert: »So stimmt es!«, meint er zufrieden.

In der Folgezeit erzählt Herr Wachsmann seinen Kindern von ihrer Tante und deren frühem Tod. Er besucht mit seiner Familie das Grab seiner Schwester und hängt neben das Foto von seinen Eltern auch ein Kinderfoto: Darauf ist er selber mit seiner Schwester beim Spielen zu sehen. Benedikt steht manchmal noch gedankenverloren vor diesem Foto – in der Schule und bei den Hausaufgaben jedoch ist er wach und konzentriert.

Der Schritt nach draußen – das Kind und die öffentliche Erziehung

Nachdem wir ausführlich über die Einbettung des Kindes in seine Familie und die Ordnungen, die in Familien wirksam sind, gesprochen haben, begleiten wir das Kind jetzt bei seinem nächsten Schritt, der es »nach draußen« in die öffentliche Erziehung führt. Wir werden uns mit den vielfältigen Beziehungen beschäftigen, die das Kind außerhalb seiner Familie knüpft und in die es verknüpft wird. Wir werden auch ausführlich auf die Auswirkungen eingehen, die die Familienbindung des Kindes auf seine Beziehungen in der öffentlichen Erziehung hat. Wir bleiben schwerpunktmäßig also im Haus der »Eingebundenheit«, im systemisch-phänomenologischen Bereich.

Kinder und ihre Eltern erleben den Schritt in die öffentliche Erziehung meist als sehr aufregend: Unsicherheit und Ängste, aber auch das Gefühl der Entlastung und Vorfreude begleiten den Übergang in diesen neuen Lebensabschnitt des Kindes. Wie wird unser Kind die Trennung von uns verkraften, wenn wir es zur Betreuung in die Krippe geben? Wird die Erzieherin unser Kind gernhaben, wird es Freunde finden? Wird es in der 1. Klasse mit den anderen mithalten können, wird es von der Lehrerin gemocht werden? Bewährt es sich auch in der weiterführenden Schule? Diese und andere bange Fragen stellen sich so manche Mutter und so mancher Vater und ihr großer Wunsch ist es natürlich, dass ihr Kind im neuen Rahmen gut aufgehoben sein wird.

Obwohl ich mich in den folgenden Abschnitten in erster Linie an Pädagogen wende, möchte ich Väter und Mütter ganz herzlich zum Weiterlesen einladen! Erinnern wir uns an das Mobile als ein Bild für das große Beziehungsgeflecht, das in der Erziehung des Kindes wirksam ist. In diesem Mobile schwingen die Kinder, ihre Familien, die pädagogischen Einrichtungen und Schulen zusammen. Die Eltern haben darin eine überaus wichtige Position, wie wir bereits gesehen haben und auch weiterhin sehen werden. Die familiäre und die öffentliche Erziehung sind untrennbar miteinander verbunden, sie wirken ineinander und miteinander. In diesem Sinne möchte ich Sie beide, liebe Eltern und liebe Pädagogen, einladen, das Kind auch auf seinem Weg in die öffentliche Erziehung systemisch zu begleiten.

Warum wähle ich die sehr allgemeine Berufsbezeichnung »Pädagoge«? Im pädagogischen Bereich finden sich ganz verschiedene Aufgabenstellungen in unterschiedlichen Einrichtungen und Schulen: Erzieherinnen, Kinderpflegerinnen, Sozialpädagogen, Heilpädagogen in Krippen, Horten, Kindertagesstätten und Kindergärten genauso wie Lehrer und Betreuer an Grund-, Haupt-, Sonder-, Real- und Berufsschulen sowie an Gymnasien. In dieser Vielfalt der Einrichtungen und Schulen werden wir uns im Folgenden auf eine Gemeinsamkeit konzentrieren: dass in ihnen allen Lernen in Beziehungen stattfindet. Diese Beziehungen sind äußerst vielfältig – das einzelne Kind und der Pädagoge, die Gemeinschaft der Kinder in Klassen oder Gruppen, die Eltern des Kindes und seine Familie, das Kollegium oder Team, die Leitung der Einrichtung oder Schule, Träger von Einrichtungen, Schulbehörden usw. Und wie wir sehen werden, spielen auch die Eltern des Pädagogen in diesem Beziehungsgeflecht eine wichtige Rolle.

Genauso, wie in der Familie bestimmte Ordnungen wirksam sind, so wirken auch in den vielfältigen Systemen der öffentlichen Erziehung bestimmte, auf den ersten Blick meist »unsichtbare« Ordnungen. Sie zu kennen und mit ihnen im Einklang zu sein, kann sowohl für die Pädagogen als auch für die ihnen anvertrauten Kinder und ihre Eltern eine Entlastung bedeuten.

Wenn ich von einer Entlastung des Pädagogen spreche, dann meine ich damit keineswegs, dass er sich zurücklehnt und Interesse und Engagement aufgibt – nein, im Gegenteil: Es geht vielmehr darum, die Kräfte nicht im Rudern gegen den Strom zu verschleißen, sondern sie mit der Fließrichtung des Stroms zu vereinen und dadurch zu stärken. Pädagogen sind mit ihren Schützlingen nicht wie die Eltern durch den »Strom des Lebens« verbunden, ihre Beziehung lässt sich eher als ein »Strom des Gebens« bezeichnen. Schauen wir uns also in den verschiedenen Systemen um, die an der öffentlichen Erziehung beteiligt sind, und lernen wir ihre Ordnungen oder, um im Bild zu bleiben, ihre Fließrichtung kennen – wieder mit-

hilfe von Beschreibungen, Fallbeispielen mit Zeichnungen und Übungen zum Selbererproben.
Zuvor noch ein Wort zur weiblichen und männlichen Form: Viele im pädagogischen Bereich Tätige sind Frauen, im Sprachgebrauch jedoch werden diese Berufe meist eher in der männlichen Form verwendet. Ich habe mich in diesem Dilemma entschieden, beide Formen abwechselnd zu gebrauchen. Fühlen Sie sich also bitte auch als Mann angesprochen, wenn ich von »Erzieherinnen« spreche, und auch als Frau gemeint, wenn von »Lehrern« oder »Pädagogen« die Rede ist!

Ich komme nicht allein zu dir – die Eltern sind immer dabei

In der Einleitung habe ich schon kurz davon gesprochen, dass ich als junge Lehrerin die mir anvertrauten Schüler sehr gernhatte und alles tun wollte, damit sie sich in der Schule wohl fühlten und gerne lernten. Was ich damals in meinem Eifer nicht bemerkte, war das »heimliche« Gefühl, manchen Kindern etwas geben und vermitteln zu wollen, was sie meiner Meinung nach durch das Elternhaus nicht ausreichend bekamen. Ich arbeitete in Grund-, Haupt- und Sonderschulen und mein Herz schlug immer besonders für die Kinder, die es schwerer hatten als andere. In meiner positiven Absicht, diese Kinder besonders zu fördern, stellte ich mich aber von mir selber unbemerkt »über« die Eltern, ich wollte es zum Wohle der Kinder besser machen als sie. Dass ich mit dieser inneren Haltung die Eltern der Kinder und damit auch die Kinder selber in ihrer Herkunft nicht wirklich achtete, ist mir erst bewusst geworden, als ich lernte, systemisch zu sehen, zu fühlen und zu handeln.
»Ich komme nicht allein zu dir« – mit diesem selbstverständlichen Gefühl betritt das Kindergartenkind den Gruppenraum, das Schulkind das Klassenzimmer. »Ich bringe alles mit, was zu mir gehört: meine Eltern und alles, was zu unserer Familie gehört; meine Eltern und das, was sie für gut und richtig halten.« Für das kleine Kind ist alles, was es zu Hause aufnimmt und erfährt, »normal« und »richtig«. In der Kindertagesstätte und in der Schule erlebt das Kind nun, dass hier auch

ganz andere Dinge »richtig« sind, von denen es bisher nichts wusste oder die zu Hause als nicht akzeptabel galten. In dem Kind macht sich Verwirrung breit – wie gehört das, was das Elternhaus für richtig hält, und das, was die Erzieherin oder die Lehrerin für richtig hält, zusammen?

In dieser Verwirrung können sowohl Pädagogen als auch Eltern ihr Kind unterstützen. Ein Kind spürt sehr genau, ob die Erzieherin oder die Lehrerin seinen Eltern mit dieser oder einer ähnlichen inneren Haltung begegnet: »Danke, dass Sie mir Ihr Kind anvertrauen. Ich achte Sie als die Eltern dieses Kindes und ich achte das, was das Kind von Ihnen mitbringt.« Welche Erleichterung ist es für ein Kind, wenn es durch eine solche innere Haltung des Pädagogen erfährt, dass es mit seiner Zugehörigkeit zu seinen Eltern angenommen und akzeptiert wird! Auf dieser Basis kann es das Neue, das der Kindergarten, der Hort und die Schule bieten, auch annehmen. Die öffentliche Erziehung ist auf dieser Basis kein Konkurrenzprogramm zur Familienerziehung, sondern ergänzt sie auf sinnvolle Weise. Bert Hellinger hat das einmal folgendermaßen ausgedrückt: »Wenn du mit Kindern arbeitest, vertrittst du für sie die Eltern. Wenn du diese Eltern im Herzen hast mit Achtung, dann trauen dir die Kinder und nehmen, was du ihnen gibst.«[1]

Auch die Eltern spüren sehr genau, wenn ihnen eine Lehrkraft oder eine Betreuerin mit Achtung begegnet. Für sie ist es dann leichter, auf den Pädagogen in etwa so zuzugehen: »Danke, dass Sie unser Kind betreuen und uns in dieser Zeit vertreten! Wir vertrauen Ihnen unser Kind an und achten Sie als Erzieherin, Lehrerin … unseres Kindes.« Wenn beide, die Eltern und die Pädagogen des Kindes, sich gegenseitig Achtung und Vertrauen entgegenbringen, dann fühlt sich das Kind mit dem, was es vom Elternhaus mitbringt, angenommen und kann sich leichter den Regeln und Inhalten des Kindergartens oder der Schule öffnen. Auch auftretende Unstimmigkeiten zwischen Eltern und Pädagogen lassen sich auf dieser Grundlage besser ansprechen. Statt sich gegenseitig Schuld zuzuweisen, können sich Eltern und Pädagogen gemeinsam auf die Suche nach Lösungen begeben.

Der Brückenschlag zwischen Eltern und Pädagogen

Die Lehrerin Marianne Franke-Gricksch, die als Pionierin Erkenntnisse der systemischen Aufstellungsarbeit in der Schule anwendete, pflegte zu ihren Schülern in der Hauptschule zu sagen: »Ich sehe euch stets mit euren Eltern gemeinsam im Klassenzimmer. Es ist mir klar, dass hier nicht 22 Kinder, sondern 22 Familien vor mir sitzen, also zusammen mit Vater und Mutter 66 Menschen …«[2] Anfangs kicherten die Schüler noch etwas bei der Vorstellung, dass ihre Eltern mit im Klassenzimmer sitzen würden. Im Laufe der Zeit jedoch wurde ihnen bewusst, wie viel Unterstützung ihnen im Schulalltag durch ihre Eltern zufließt. Sie lernten, sich ihre Eltern beim Kopfrechnen als »Beistand« hinter ihrem Rücken vorzustellen, und merkten, dass mehrere Kinder ihre Rechenleistungen dadurch deutlich verbesserten. Bei Probeaufgaben stellten sie manchmal einen leeren Stuhl neben sich, auf dem sie sich die Eltern oder auch eine andere hilfreiche Person zur Unterstützung vorstellten – mit dem Resultat, dass sie ruhiger wurden und sich besser konzentrieren konnten. Mit diesen und vielen anderen Erfahrungen spürten die Schüler, dass ihre Lehrerin nicht nur sie, sondern auch ihre Eltern ins Herz geschlossen hatte. Dadurch gewann sie die Herzen der Schüler, denn obwohl Jugendliche so manches Mal über ihre Eltern schimpfen, sich von ihnen ungerecht behandelt fühlen oder gegen sie revoltieren, bleiben sie doch im Grunde ihres Herzens mit dem Elternhaus solidarisch.

Eine Sozialpädagogin, die in der Jugendhilfe arbeitet, drückte diese Solidarität aus ihrer Sicht einmal so aus: »Es ist einfach unglaublich! Wir arbeiten mühevoll Pläne aus, wie und wo der Jugendliche aufgefangen werden kann und wie das finanziert wird. Am Ende möchte der Jugendliche dann aber dorthin zurückgehen, wo das Problem eigentlich seinen Anfang genommen hat: zu seinen Eltern.« Diese Sozialpädagogin hat es mit sehr schwierigen Familienverhältnissen zu tun, mit denen nicht jeder Lehrer oder Betreuer konfrontiert ist. Ihr Beispiel kann aber deutlich machen, wie selbst bei Verwahrlosung oder Gewalt in Familien, in denen die Behörden von Rechts wegen schützend ihre Hand über Kinder und Jugendliche halten müssen, die innere Solidarität der Kinder zu ihren Eltern erhalten bleibt. Doch kehren wir noch einmal zu Marianne Franke-Gricksch in die Schule zurück.

Viele Gespräche, Spiele und Aufgaben in ihrem Unterricht kreisten immer wieder um das Thema »Familie«, sie übte auch mit ihren Kindern kleine Rituale wie beispielsweise die Verneigung vor den Eltern ein. Auf diese Weise waren die Eltern im Klassenzimmer präsent, sie wurden aber auch immer wieder eingeladen, selber in die Schule zu kommen. Wenn Eltern in die Sprechstunde des Lehrers gebeten werden, erwarten sie in der Regel Beschwerden über ihr Kind und den unausgesprochenen Vorwurf, dass ihr Erziehungsstil oder ihre Lebensweise das Problem des Kindes mit verschulde. Marianne Franke-Gricksch lud die Eltern in die Sprechstunde ein, um sie kennenzulernen und um sie nach ihren Wünschen zu fragen – die Eltern waren verblüfft: Statt Schuldzuweisungen spürten sie Akzeptanz und Interesse und wurden sogar gefragt, was sie sich speziell für ihr Kind wünschten. Auch an den Elternabenden stand oft das Thema »Familie« auf dem Programm, beispielsweise nahmen die Kinder an einem Elternabend teil und stellten ihre selbst gemalten Bilder von ihren Eltern vor. Besonderer Wert wurde dabei darauf gelegt, dass auch getrennt lebende oder verstorbene Elternteile und neue Partner der Eltern vorgestellt wurden. Manchmal ist es ja in einer Familie so, dass eine alleinerziehende Mutter den getrennt lebenden Vater des Kindes nicht achtet oder auf ihn schimpft und dafür aus ihrer Sicht auch gute Gründe hat. Für das Wohl des Kindes ist es aber sehr wichtig, dass die Erzieherin oder der Lehrer den leiblichen Vater des Kindes mit bei dem Kind sieht, sodass er im Kindergarten oder in der Schule dabei sein kann. Den leiblichen Vater auf diese Weise mit einzubeziehen heißt aber nicht, Partei für ihn und gegen die Mutter zu ergreifen, denn das Kind hat ja beide Eltern in sich vereinigt und liebt sie beide!
Am Schluss eines solchen Elternabends, nach Gesang und Gedichtvorträgen, verneigten sich alle Kinder vor den anwesenden und in den Bildern repräsentierten Eltern. Durch diese und andere Erfahrungen entstand eine Brücke zwischen dem Elternhaus und der Schule, die die Schüler, ihre Eltern und die Lehrerin als wohltuend empfanden und die sich auch in Konfliktfällen als hilfreich erwies.[3]

Praktische Übung (NIG): Der Pädagoge, das Kind und seine Eltern

Mithilfe dieser praktischen Übung aus dem Neuro-Imaginativen Gestalten können Sie erproben, welchen Unterschied es für alle Beteiligten macht, wenn Sie als Pädagoge nicht nur das Kind im Blick haben, sondern auch seine Eltern mit in den Blick nehmen. Sie können mit dieser Übung herausfinden, wie sich dieser »weite« systemische Blick für Sie selber, für das Kind und für seine Eltern auswirkt, indem Sie »durch die Augen« jeder dieser Personen schauen. Unterstützend steht Ihnen dabei die sogenannte Metaposition zur Verfügung, die in dieser Übung der »neutrale Berater« genannt wird. Bitte passen Sie die Übung sprachlich Ihrem Kontext an: Beispielsweise können Sie das hier sogenannte »Kind« auch als Schüler(in) oder Jugendliche(n) bezeichnen; den Pädagogen können Sie durch die Erzieherin oder den Lehrer ersetzen; der neutrale Berater kann auch die »weise alte Frau«, die »neutrale Beobachterin« oder Ähnliches genannt werden.

Sie können diese Übung für sich allein oder unter Anleitung einer Kollegin, eines Begleiters oder eines Partners machen. Gut möglich ist die Verwendung dieser Übung auch in einer Gruppe, zum Beispiel im Team oder im Kollegium. In diesem Fall führt ein Gruppenleiter die Teilnehmer gemeinsam von Punkt zu Punkt.

Es ist nicht immer nötig, die gesamte Übung vollständig durchzuführen, Sie können die Übung auch nur von Punkt 1 bis 4 durchführen und dann abschließen. Je nach Situation können Sie aber auch Punkt 5 und 6 hinzunehmen.

 Verlaufsbeschreibung

Material: Vier DIN-A4-Blätter, farbige Stifte oder Kreiden

1. Nehmen Sie Ihre nicht dominante Hand und fertigen Sie, jeweils auf einem gesonderten Blatt, eine Skizze von sich selber als Pädagoge und einem Ihnen anvertrauten Kind an, mit dem Sie sich gerade auf die eine oder andere Weise beschäftigen. Es kann ein Kind sein, zu dem Sie guten Kontakt haben, es kann aber auch ein Kind sein, mit dem der Kontakt im Moment schwierig ist. Fühlen Sie sich ganz frei in der Gestaltung, es kann ein konkretes oder abstraktes Bild werden oder vielleicht auch ein Symbol. Wenn Sie fertig sind, legen Sie die bei-

den Blätter so auf dem Boden aus, wie es für Sie stimmig ist. Ein leeres, unbemaltes Blatt legen Sie in größerer Entfernung als neutralen Berater aus.

2. Stellen Sie sich zunächst auf das Blatt des neutralen Beraters. Was fällt Ihnen als neutraler Berater auf, wenn Sie auf den Pädagogen und das Kind schauen? Wie erscheint Ihnen der Abstand? Wie ist die Blickrichtung der beiden? Wie wirkt die Beziehung der beiden von diesem Platz aus?
Betreten Sie Ihre eigene Position und achten Sie auf Ihre körperlichen und emotionalen Reaktionen. Wie ist Ihr Stand und Ihre Haltung auf diesem Platz? Können Sie das Ihnen anvertraute Kind sehen? Wie erscheint Ihnen der Abstand zum Kind? Wie empfinden Sie die Beziehung zum Kind von diesem Platz aus? Möchten Sie die Position Ihres Blattes verändern?
Betreten Sie dann die Position des Kindes und achten Sie ebenfalls auf Ihre körperlichen und emotionalen Reaktionen. Nehmen Sie Unterschiede wahr zur Sichtweise des Pädagogen!
3. Fertigen Sie jetzt mit Ihrer nicht dominanten Hand eine Skizze der leiblichen Eltern des Kindes auf einem Blatt an. Es spielt dabei keine Rolle, ob Sie die Eltern persönlich kennen oder nicht. Legen Sie die fertige Zeichnung hinter das Kind, sodass das Kind seine Eltern im Rücken hat.

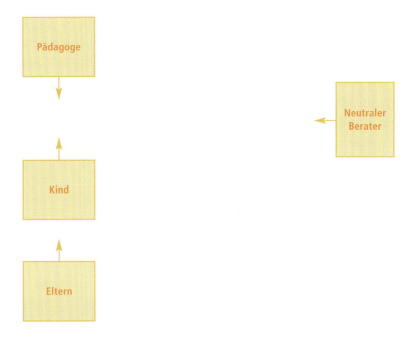

4. Betreten Sie das Blatt des neutralen Beraters – was hat sich aus dessen Sicht dadurch geändert, dass die Eltern dazugekommen sind? Wie wirkt die Beziehung des Pädagogen und des Kindes jetzt auf Sie?
Betreten Sie Ihre eigene Position und achten Sie auf Ihre körperlichen und emotionalen Reaktionen. Was hat sich aus Ihrer Sicht dadurch geändert, dass die Eltern dazugekommen sind? Wie empfinden Sie die Entfernung und die Beziehung zum Kind jetzt? Möchten Sie die Position Ihres Blattes verändern?
Betreten Sie dann die Position des Kindes und achten Sie hier ebenfalls auf Ihre körperlichen und emotionalen Reaktionen. Was hat sich aus der Sicht des Kindes dadurch geändert, dass die Eltern dazugekommen sind?
Betreten Sie dann die Position der Eltern und achten Sie wieder auf Ihre körperlichen und emotionalen Reaktionen. Wie schauen Sie auf Ihr Kind, wie auf den Pädagogen?
5. Sollten Sie sich auf irgendeinem der Blätter unbehaglich fühlen, können Sie die Position der Blätter verändern, bis Sie sich wohl fühlen.

Erproben Sie auch die Wirkung des folgenden »lösenden« Satzes. Stellen Sie sich auf Ihren eigenen Platz und wenden Sie sich an die Eltern: »Danke, dass Sie mir Ihr Kind anvertrauen. Ich achte Sie als die Eltern dieses Kindes und ich achte das, was das Kind von Ihnen mitbringt.« Spüren Sie der körperlichen und emotionalen Wirkung nach, die dieser Satz für Sie auf Ihrer eigenen Position, auf dem Platz des Kindes und der Eltern hat.
6. Betreten Sie zum Abschluss noch einmal die Position des neutralen Beraters. Fällt Ihnen von hier aus noch etwas auf? Haben Sie als neutraler Berater eine Einsicht oder einen Ratschlag für den Pädagogen?

Erfahrungen mit der NIG-Übung

Die hier beschriebene NIG-Übung »Der Pädagoge, das Kind und seine Eltern« hat im pädagogischen Bereich Tätigen, die zu mir zur Supervision kommen, schon häufig gute Dienste geleistet. Viele Erzieherinnen, Lehrerinnen und andere Pädagogen konnten in dieser Übung ganz deutlich spüren, dass die Bindung von Eltern und Kind absoluten Vorrang hat vor der Beziehung von Pädagoge und Kind. Durch diese Erfahrung fühlten sie sich aber durchaus nicht »überflüssig«, sondern im Gegenteil auf eine gute Art entlastet, die ihnen die Kraft gibt, sich ihrer eigentlichen Aufgabe, zum Beispiel dem Unterricht, zu widmen. Auf dem Platz des Kindes ergab sich eine ähnliche Erfahrung: Das Kind fühlte sich durch die Eltern im Rücken ebenfalls entlastet und eher motiviert oder fähig, sich dem zuzuwenden, was der Pädagoge zu bieten hat.

Der Schritt zurück

Frau Schmittbauer ist eine sehr engagierte Grundschullehrerin einer 2. Klasse. Sie erzählt von Jens, einem Schüler, der ihr besonders am Herzen liegt: »Das Kind ist so begabt und hat so viele Fähigkeiten! Nur leider bekommt er nicht genügend Unterstützung von zu Hause«, sagt sie. »Oft kommt er ohne Hausaufgaben in die Schule oder hat wichtige Bücher oder Hefte nicht dabei. Ich habe die Eltern schon mehrmals gebeten, sich mehr um die schulischen Dinge ihres Sohnes zu kümmern – aber vergeblich!« Ich bitte Frau Schmittbauer, je eine Skizze von sich und Jens anzufertigen.

Als sich Frau Schmittbauer auf ihren eigenen Platz stellt, fühlt sie sich ganz machtlos und bittet ihren Schüler: »Schau doch wenigstens mal zu mir her!« Auf dem Platz von Jens stehend verspürt sie jedoch keinerlei Impuls, in Richtung der Lehrerin zu schauen, sie ist mehr damit beschäftigt, sich auf den Beinen zu halten, ihr Stand ist sehr wackelig. Ich bitte Frau Schmittbauer, noch eine Skizze von den Eltern anzufertigen und so hinzulegen, dass sie im Rücken des Sohnes stehen.

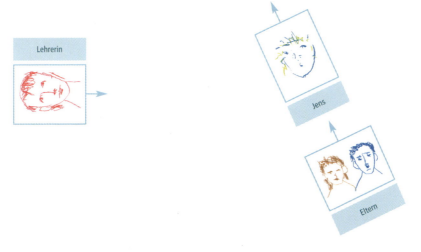

Als sich die Lehrerin nun noch einmal auf ihren eigenen Platz stellt, ist sie sehr verwundert: Sie fühlt sich entlastet durch die Anwesenheit der Eltern. »Am liebsten würde ich einen Schritt zurückgehen«, sagt sie, und ich ermuntere sie, es auch zu tun. Nun, da sich der Abstand zu ihrem Schüler vergrößert hat, fühlt sich Frau Schmittbauer erleichtert und als Lehrerin auf dem richtigen Platz: »Dort ist der Hauptschauplatz«, sagt sie mit Blick auf Jens und dessen Eltern.

Als Nächstes stellt sie sich auf den Platz ihres Schülers und auch hier ist sie verwundert: Sie fühlt sich durch die Eltern im Rücken ebenfalls erleichtert und außerdem stärker, auch wenn sie immer noch etwas hin und her schwankt. Sie bemerkt jetzt auch ein deutliches Interesse an dem, was die Lehrerin anbietet, und dreht sich vorsichtig in deren Richtung. Auf dem Platz der Eltern stehend empfindet Frau Schmittbauer ein ähnliches Schwanken wie auf dem Platz des Sohnes, aber sie verspürt auch auf diesem Platz den Wunsch, sich vorsichtig dem zuzuwenden, was die Lehrerin anbietet.

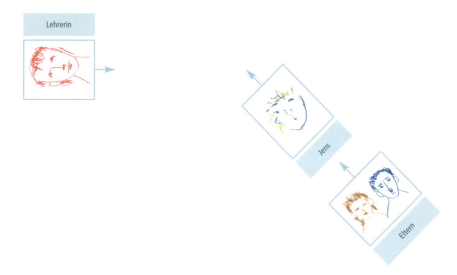

Ich bitte Frau Schmittbauer, sich noch einmal auf ihren eigenen Platz zu stellen und mit einer leichten Verneigung auszudrücken, dass sie der Familie und dem Problem, das diese Familie offensichtlich beschäftigt, mit Achtung begegnet. Als

sie sich wieder aufrichtet, fühlt sie sich entlastet und tatkräftig zugleich, sie sagt: »Ja, jetzt spüre ich meine Aufgabe als Lehrerin.«
Zum Abschluss bitte ich Frau Schmittbauer, noch ein Blatt für die Beraterin auszulegen und das Ganze noch einmal durch deren Augen zu betrachten.

Das Fragezeichen

Die Lehrerin einer 8. Realschulklasse, Frau Schütze, macht mit der NIG-Übung ebenfalls eine interessante Erfahrung, von der ich gern berichten möchte, da sie ein Phänomen widerspiegelt, das viele Pädagogen kennen: Der Vater der Kinder bleibt im Kontakt mit den Eltern häufig »unsichtbar«, es sind meist die Mütter, die die Kinder bringen und abholen oder die Sprechstunden besuchen. »Weil ich euch beide liebe« – dieses elementare Bedürfnis hat das Kind aber nicht nur in der Familie, sondern es nimmt beide Eltern in seinem Herzen auch mit in den Kindergarten und in die Schule. Wie wichtig es für Lehrer und Erzieherinnen ist, auch dem Vater des Kindes einen Platz zu geben, ihn sich hinter dem Kind stehend vorzustellen, das zeigt Frau Schützes Erfahrung beispielhaft für viele andere.
Frau Schütze skizziert sich selber und Andreas, einen Schüler, zu dem sie nach eigenem Bekunden bisher »keinen so rechten Draht« bekam. Auf dem Blatt der Eltern skizziert sie nur die Mutter und für den Vater zeichnet sie ein Fragezeichen, da sie ihn noch nicht persönlich kennengelernt hat.

Auf der Position des Schülers stehend, fühlt sich Frau Schütze merkwürdig zerstreut, unkonzentriert und unberührt, sie schaut an der Lehrerin vorbei. Auf ihrer eigenen Position stehend, ergeht es der Lehrerin ähnlich wie ihrem Schüler Andreas. Das »Elternblatt« mit dem Fragezeichen-Vater fühlt sich instabil an, die Eltern schauen in Richtung ihres Sohnes. Ich bitte Frau Schütze daraufhin, ein zweites »Elternblatt« zu zeichnen, auf dem beide, Vater und Mutter, als Personen zu sehen sind. Frau Schütze tauscht diese Skizze dann gegen das erste »Elternblatt« aus.

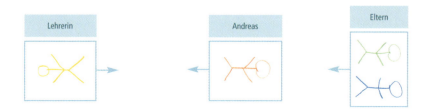

Als sich Frau Schütze nun erneut auf die Elternposition stellt, ist sie von ihren veränderten körperlichen und emotionalen Reaktionen sehr überrascht: Auf dem Platz von Andreas stehend, schaut sie jetzt interessiert und neugierig auf die Lehrerin und möchte gern näher an sie heran. Als Frau Schütze sich auf ihren eigenen Platz als Lehrerin stellt, hat sie das Gefühl, Kontakt zu ihrem Schüler zu bekommen, und nimmt die Eltern hinter ihm wahr. Auf dem Platz der Eltern erlebt sie sich jetzt als sehr stabil hinter dem Kind stehend. Die Eltern haben die Lehrerin im Blick und fühlen sich auch von ihr gesehen.

Wenn Engagement allein nicht reicht – das Kind und sein Familiensystem

Menschen, die im pädagogischen Bereich arbeiten, bringen in der Regel viel Liebe für Kinder und eine große Bereitschaft mit, sich für sie zu engagieren. Kaum eine andere Tätigkeit verlangt so viel Flexibilität und Organisationstalent, Hingabe, Geduld und Klarheit wie die Arbeit mit Kindern. Ich bin immer beeindruckt davon, was Tag für Tag in Kindertagesstätten, Schulen und an anderen Orten der Betreuung, des Unterrichts und der Erziehung geleistet wird.

Nun sind es aber gerade die sehr engagierten Pädagogen, die zu mir enttäuscht oder sogar verbittert in die Supervision und Beratung kommen, weil sie das Gefühl haben, eine Sisyphusarbeit zu leisten oder gegen Windmühlen zu kämpfen. »Ich engagiere mich so für die Kinder, aber bei manchen komme ich einfach nicht durch, all mein Engagement fruchtet nicht«, so oder ähnlich klingt das dann, manchmal eher resigniert, manchmal eher wütend. Wenn wir in Gesprächen und Aufstellungen nach Lösungen für dieses Anliegen suchen, so finden wir sie häufig im eigenen Familiensystem der Rat suchenden Pädagogin – darauf gehe ich in einem späteren Abschnitt noch ein – oder aber im erweiterten Familiensystem des Kindes: Dies ist das Thema des nun folgenden Kapitels.

Schwierige Kinder?

Wenn wir als Pädagogen einen Schützling oder Schüler mit unseren pädagogischen Möglichkeiten nicht »erreichen«, geht unser erster Impuls häufig in die Richtung, sich auf die Suche nach dem »Schuldigen« zu machen. Je nach Wesensart des betroffenen Pädagogen trifft diese Suche dann den schwierigen Schüler, das problematische Elternhaus, das verkrustete Schulsystem oder aber die eigene Unfähigkeit und mangelnde Kompetenz. Ich selber kenne dieses »Schuldspiel« aus eigener Erfahrung recht gut!
Die systemische Betrachtungsweise gibt uns ein Werkzeug an die Hand, aus diesem Karussell auszusteigen. Mit ihrer Hilfe können wir mit »weitem Blick« nach Lösungen suchen, statt uns an den Problemen und an der Suche nach einem Schuldigen festzubeißen. Wohin sollten wir nun aber bei unserer Suche nach Lösungen schauen, wenn wir Schwierigkeiten mit einem uns anvertrauten Kind oder einem Schüler haben? »Natürlich spielen bei Problemen von Kindern und Jugendlichen auch die Klasse oder die Lehrer eine Rolle, doch ihre Bedeutung ist nicht so elementar wie die der Familie. Insofern liegen die Ressourcen zur Veränderung eher in der Familie als in den Schulsystemen.«[4]
Im Kapitel »Für euch tu ich alles – das Kind und sein Familiensystem« haben wir bereits ausführlich darüber gesprochen, dass Kinder nicht nur ihre Eltern und Ge-

schwister bedingungslos lieben, sondern diese Liebe auch dem ganzen erweiterten Familiensystem und seinem Schicksal gilt. Wir haben die Bereitschaft des Kindes gesehen, ungelöste Probleme sowohl seiner aktuellen Familie als auch seiner Vorfahren mitzutragen und auszugleichen. Durch ein Verhalten, das sie selber oder andere schädigt, machen Kinder oft auf Unerledigtes und Schweres in ihren Familien aufmerksam, wollen an ausgeschlossene Personen erinnern oder übernehmen aus Liebe Gefühle, die zu einer anderen Person im Familiensystem gehören. Verhält sich ein Kind dauerhaft problematisch, hat es sichtbare Schwierigkeiten mit seinen Altersgenossen. Gelingt die Beziehung zu Lehrern oder Erzieherinnen nicht, so sollte man immer auch die Möglichkeit einer familiären Verstrickung in Betracht ziehen.

Ein Indiz, dass ein Kind oder ein Jugendlicher in ein schweres oder schicksalhaftes Geschehen seiner Familie verstrickt ist, ist für Pädagogen das eigene Gefühl der Hilflosigkeit oder Machtlosigkeit. Das Kind entzieht sich den pädagogischen Bemühungen, sein Verhalten erscheint nicht erklärbar und irrational. »Warum nur ist das Kind so unbelehrbar?«, so oder so ähnlich ist es wohl jedem Pädagogen schon mit einem Kind oder Jugendlichen ergangen.

Das ist die eine Seite: der Blick des Pädagogen auf das Kind. Die andere Seite, nämlich das Kind selber, nimmt die meist negativen Reaktionen auf sein Verhalten durchaus wahr – aber: Es fühlt sich mit seinem Verhalten »richtig« und in Ordnung. Aus seiner Sicht steht es »im Dienst« seiner Familie, es fühlt sich in einem Auftrag stehend, auch wenn ihm der von niemandem bewusst erteilt wurde.

Nehmen wir beispielsweise Vedo, der als Baby mit seinen Eltern aus dem Krieg im ehemaligen Jugoslawien geflüchtet ist. Viele seiner Verwandten blieben zurück und hatten sehr unter dem Krieg zu leiden. Vedos Seele ist so sehr mit dem Leid in seinem Land verbunden, dass er das schöne Leben, das er jetzt in Deutschland haben könnte, nicht annehmen kann. Er strebt keinen Schulabschluss an, ist perspektivlos, die Bemühungen seiner Lehrer bleiben ohne Wirkung. Obwohl Vedos Verwandte seinen Verzicht auf ein gutes Leben bestimmt nicht wollen, fühlt sich Vedo ihnen auf diese Weise nahe, und er weiß sich in Ordnung so.

Ein anderes Beispiel ist die fünfjährige Benita. Sie ist in sich gekehrt und wirkt oft traurig. Die Hoffnung der Erzieherinnen, dass der Kindergarten mit seiner Umtrie-

bigkeit dem Mädchen zu mehr Fröhlichkeit verhelfen könnte, erfüllt sich nicht. Benita bleibt zurückgezogen. Als im Kindergarten das Thema »Meine Großeltern« behandelt wird, verstärkt sich ihr Verhalten: Alle Kinder malen ein Bild von ihrer Oma und ihrem Opa, nur Benita verkriecht sich im Spielhaus. Als die Erzieherin die Mutter beim Abholen darauf anspricht, sagt diese: »Meine Mutter ist gestorben, als ich selber im Kindergarten war.« Benita hat die Gefühle übernommen, die ihre Mutter als kleines Mädchen hatte, in der Hoffnung, ihrer Mutter damit etwas von ihrer Traurigkeit abnehmen zu können. Aus Liebe zu ihrer Mutter und zu ihrer Großmutter schneidet sich Benita vom lebendigen Miteinander in der Kindergartengruppe ab und fühlt sich mit diesem Verhalten als »gutes Kind«.
Wie kann nun eine systemische Begleitung, die nicht nur auf das Kind schaut, sondern das Familiensystem des Kindes mit in den Blick nimmt, für Pädagogen aussehen? Pädagogen haben einen erzieherischen, keinen therapeutischen Auftrag, mit mehr oder weniger klar formulierten fachlichen und sozialen Zielen. Wie können sie angemessen darauf reagieren, wenn das schwierige Verhalten eines Kindes auf eine familiäre Verstrickung hinweist?

Die Grenzen des Helfens – Helfen im Einklang

Als im pädagogischen Bereich Tätige sehen wir unseren Auftrag manchmal darin, dass wir den Kindern zu einem besseren Leben verhelfen können, besser, als ihre Familien es vermögen. Dass einem so verstandenen Helfen Grenzen gesetzt sind, zeigt der pädagogische Alltag immer wieder deutlich, wenn der Erziehende merkt, dass seine Bemühungen und sein Engagement das Kind nicht so erreichen, wie er sich das wünschen würde. Diese Grenzen des Helfens sind ein Teil der »Ordnungen des Helfens«, mit denen sich Bert Hellinger in seinem gleichnamigen Buch befasst: »Es gehört zur Kunst des Helfens, diese Grenzen wahrzunehmen und sich ihnen zu fügen.«[5]
Die Bindung des Kindes an seine Familie besteht schon lange, bevor wir als Pädagogen in das Leben des Kindes treten, und sie wird weiter bestehen, wenn unsere zeitlich begrenzte Beziehung zum Kind aufhört. Jede einzelne Familie, mit der wir

in Kontakt treten, ist vollkommen unterschiedlich, und wir tun gut daran, sie nicht an der »idealen Familie«, wie wir sie uns vielleicht vorstellen, zu messen. Ein Pädagoge, der die Familie des Kindes achtet, so wie sie ist, erkennt die Grenzen seiner eigenen Bemühungen an. Für ihn selber ist das zunächst ein Verzicht – ein Verzicht darauf, das Kind, so wie es in seine Familie eingebettet ist, ändern oder verbessern zu wollen. Gelingt es dem Pädagogen aber, das Kind und seine Herkunft wirklich vom Herzen her anzunehmen und auf dieser Basis zu begleiten und zu fördern, dann können aus diesem Verzicht neue Möglichkeiten wachsen, die allen Beteiligten zugutekommen. Das eingangs erwähnte Gefühl der »Sisyphusarbeit« oder des »Kampfes gegen die Windmühlen«, das Pädagogen so manches Mal empfinden, kann dann dem Gefühl des »Helfens im Einklang mit den Kräften der Familie« Platz machen.

»Helfen im Einklang« bedeutet anzuerkennen, dass die Bindung des Kindes an sein Familiensystem vorrangig ist vor dem Beziehungsangebot der Lehrerin, der Erzieherin oder anderer pädagogischer Bezugspersonen, auch wenn diese es von Herzen gut meinen mit dem Kind. Diese Anerkennung der Prioritäten schmälert nicht die Verdienste des Pädagogen – im Gegenteil! Die erzieherische Arbeit des Pädagogen wird umso reichere Früchte tragen, je mehr sich ein Kind mit seiner Familie und ihrem Schicksal angenommen fühlt.

Als Lehrerin oder Erzieherin haben Sie sich sicher über die aktuelle Familiensituation der von Ihnen betreuten Kinder informiert, aber Sie fragen sich vielleicht, ob Sie nicht Ihre Möglichkeiten und Ihre Kompetenzen überschreiten, wenn Sie sich neben all Ihren anderen Aufgaben auch noch um den gesamten Familienhintergrund der Kinder kümmern. Ich sehe das so: Es gehört mit Sicherheit nicht zu den Aufgaben eines Pädagogen oder einer Pädagogin, die gesamte Familiengeschichte eines Kindes zu kennen oder zu erforschen, das wäre eine Überforderung und auch eine Grenzüberschreitung. Wissen Sie aber um die systemischen Ordnungen, die in Familien und in Ihrer Arbeit mit den Kindern wirken und lassen Sie dieses Wissen in Ihren pädagogischen Alltag mit einfließen, kann sich eine systemische Haltung entwickeln: Sie nehmen die Familien aller Ihnen anvertrauten Kinder mit in den Blick und in Ihr Herz. Die Kinder und die Eltern spüren das und Sie erfahren im Kontakt mit ihnen manches aus dem Familienhintergrund, das hilft, auch »schwierige« Kinder besser zu verstehen. Eine so verstandene systemische Begleitung bringt das Mobile, das uns als Bild für das vielfältige Miteinander von Kindern, ihren Familien und den sie begleitenden Pädagogen dient, zum Schwingen. In diesem Zusammenhang möchte ich auch Eltern darin bestärken, sich vertrauensvoll an die Erzieherin oder den Lehrer ihres Kindes zu wenden. Ein Pädagoge kann einem Kind oder Schüler ganz anders begegnen, wenn er den Familienhintergrund seines Schützlings kennt.

Welche Möglichkeiten hat ein Pädagoge noch, um einem Kind, das die Not in seiner Familie durch schwieriges Verhalten zum Ausdruck bringt, zu helfen? Er spricht mit den Eltern darüber und berät sie, was sie für ihr Kind tun können: wie sie beispielsweise eine Familienberatungsstelle oder einen qualifizierten systemischen Therapeuten, der auch Familienaufstellungen macht, finden können. Der Pädagoge begreift sich dabei nicht als Einzelkämpfer, sondern nutzt das berufliche Beziehungsgeflecht, in dem er steht: Er bittet um die Unterstützung seines Teams oder Kollegiums, der Leitung seiner Einrichtung oder Schule, von Supervisoren und Beratungsstellen. Erfreulicherweise gibt es mittlerweile auch im Beratungsbereich etliche Ansätze für systemisch orientiertes Arbeiten. Beispiele für den erfolgreichen Einsatz von Familienaufstellungen in sozialen und pädagogischen Berufsfeldern finden sich auch in der Literatur.[6] Ich halte es für sehr wünschenswert, dass systemische Beratung und Supervision für Pädagogen eine weitere Verbreitung finden und auch durch öffentliche Mittel gefördert werden!

In extremen Fällen, wenn ein Kind in seiner Familie verwahrlost oder wenn ihm von seinen Eltern Gewalt angetan wird, ist der Pädagoge verpflichtet, gesetzlich vorgeschriebene Maßnahmen einzuleiten, die das Kind vor den Eltern schützen. Es ist eine schwere Aufgabe für den Pädagogen, auch dies in Achtung vor den Eltern und den mächtigen Kräften, die in dieser Familie wirken, zu tun. Eine solche Haltung steht dem Kind, das seinen Eltern und seiner Familie trotz allem verbunden bleibt, in seiner äußerst schweren Situation bei. Auch so kann »Helfen im Einklang mit der Familie« aussehen.

Praktische Übung (NIG): Der Pädagoge, das Kind und sein Familiensystem

Diese NIG-Übung ist eine Variation der Übung »Der Pädagoge, das Kind und seine Eltern«. Mithilfe dieser Übung aus dem Neuro-Imaginativen Gestalten können Sie erproben, welchen Unterschied es für alle Beteiligten macht, wenn Sie als Pädagoge nicht nur das Kind im Blick haben, sondern auch seine erweiterte Familie, sein Familiensystem. Es spielt dabei keine Rolle, wie genau Sie über einzelne Familienmitglieder und deren Schicksal informiert sind. Passen Sie die Übung sprachlich Ihrem Kontext an: Beispielsweise können Sie das hier sogenannte »Kind« auch als Schüler(in) oder Jugendliche(n) bezeichnen; den Pädagogen können Sie durch die Erzieherin oder den Lehrer ersetzen; der neutrale Berater kann auch die »weise alte Frau«, die »neutrale Beobachterin« oder Ähnliches genannt werden.
Sie können diese Übung für sich allein oder unter Anleitung einer Kollegin, eines Begleiters oder eines Partners machen. Gut möglich ist die Verwendung dieser Übung auch in einer Gruppe, zum Beispiel im Team oder im Kollegium. In diesem Fall führt ein Gruppenleiter die Teilnehmer gemeinsam von Punkt zu Punkt.

Verlaufsbeschreibung

Material: Vier DIN-A4-Blätter, farbige Stifte oder Kreiden

1. Nehmen Sie Ihre nicht dominante Hand und fertigen Sie, jeweils auf einem gesonderten Blatt, eine Skizze von sich selber als Pädagoge und einem Ihnen anvertrauten Kind an, das ein schwieriges Verhalten zeigt. Fühlen Sie sich ganz frei in der Gestaltung, es kann ein konkretes oder abstraktes Bild werden oder vielleicht auch ein Symbol. Wenn Sie fertig sind, legen Sie die beiden Blätter so auf dem Boden aus, wie es für Sie stimmig ist. Ein leeres, unbemaltes Blatt legen Sie in größerer Entfernung als neutralen Berater aus.
2. Stellen Sie sich zunächst auf das Blatt des neutralen Beraters. Was fällt Ihnen als neutraler Berater auf, wenn Sie auf den Pädagogen und das Kind schauen? Wie erscheint Ihnen der Abstand? Wie ist die Blickrichtung der beiden? Wie wirkt die Beziehung der beiden von diesem Platz aus?

Betreten Sie Ihre eigene Position und achten Sie auf Ihre körperlichen und emotionalen Reaktionen. Wie ist Ihr Stand und Ihre Haltung auf diesem Platz? Können Sie das Ihnen anvertraute Kind sehen? Wie erscheint Ihnen der Abstand zum Kind? Wie empfinden Sie die Beziehung zum Kind? Möchten Sie die Position Ihres Blattes verändern?

Betreten Sie dann die Position des Kindes und achten Sie ebenfalls auf Ihre körperlichen und emotionalen Reaktionen. Nehmen Sie Unterschiede wahr zur Sichtweise des Pädagogen!

3. Fertigen Sie jetzt mit Ihrer nicht dominanten Hand eine Skizze der erweiterten Familie des Kindes, also seines Familiensystems, auf einem Blatt an. Es spielt dabei keine Rolle, ob Sie über Einzelheiten in diesem Familiensystem genauer informiert sind oder nicht. Legen Sie die fertige Zeichnung hinter das Kind, sodass das Kind sein Familiensystem im Rücken hat.

4. Betreten Sie das Blatt des neutralen Beraters – was hat sich aus dessen Sicht dadurch geändert, dass die Familie dazugekommen ist?

Betreten Sie Ihre eigene Position und achten Sie auf Ihre körperlichen und emotionalen Reaktionen. Was hat sich aus Ihrer Sicht dadurch geändert, dass die Familie dazugekommen ist? Wie empfinden Sie die Entfernung und die Beziehung zum Kind jetzt? Möchten Sie die Position Ihres Blattes verändern?

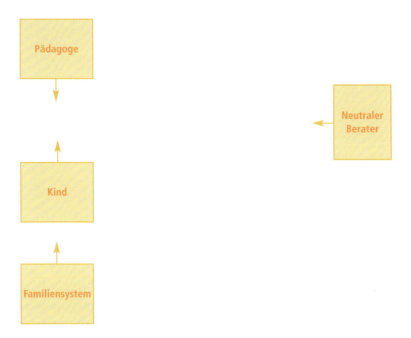

Betreten Sie dann die Position des Kindes und achten Sie hier ebenfalls auf Ihre körperlichen und emotionalen Reaktionen. Was hat sich aus der Sicht des Kindes dadurch geändert, dass seine Familie hinter ihm steht?
Betreten Sie dann die Position der Familie und achten Sie wieder auf Ihre körperlichen und emotionalen Reaktionen. Wie schauen Sie auf das Kind, wie auf den Pädagogen?
5. Sollten Sie sich auf irgendeinem der Blätter unbehaglich fühlen, können Sie die Position der Blätter verändern, bis Sie sich wohler fühlen.
Erproben Sie auch die Wirkung der Verneigung. Stellen Sie sich auf Ihren eigenen Platz und drücken sie Ihre Achtung vor dem Schicksal dieser Familie in einer Verneigung aus. Es spielt dabei keine Rolle, wie genau Ihre Informationen über das Schicksal dieser Familie sind. Spüren Sie der körperlichen und emotionalen Wirkung nach, die diese Verneigung für Sie als Pädagoge hat. Betreten Sie dann auch den Platz des Kindes und der Familie, um die Wirkung der Verneigung zu spüren.

6. Betreten Sie zum Abschluss noch einmal die Position des neutralen Beraters. Fällt Ihnen von hier aus noch etwas auf? Haben Sie als neutraler Berater eine Einsicht oder einen Ratschlag für den Pädagogen?

Fallbeispiel: Die vier Geschwister

Frau Beyer, Heilpädagogin in einer integrativen Kindertagesstätte, berichtet im Arbeitskreis »Systemische Pädagogik«, einem von mir geleiteten Weiterbildungs- und Supervisionsangebot für Pädagogen, von folgendem Problem: Frau Beyer ist für die Betreuung der kleinen Gruppe der behinderten Kinder und ihre Integration in die Gruppe der Kinder ohne Behinderung zuständig. Die fünfjährige Sandra, die geistig altersgemäß, aber sozial wenig entwickelt ist, hängt nun aber dauernd am »Rockzipfel« der Heilpädagogin und spielt mit keinem der anderen Kinder. Frau Beyer nimmt sich für Sandra sehr viel Zeit, aber ihre Bemühungen, das Mädchen zum Spielen mit anderen Kindern zu ermuntern, zeigen keinen Erfolg. Durch die intensive Beschäftigung mit Sandra findet Frau Beyer kaum noch Zeit, sich um die anderen Kinder der Gruppe zu kümmern. Mittlerweile ist sie ärgerlich und wütend auf Sandra, sie äußert diese Gefühle aber nicht, um dem Kind nicht wehzutun.

Ich schlage Frau Beyer zu diesem Thema eine Aufstellung mit Stellvertretern aus dem Arbeitskreis vor, und sie sucht eine Stellvertreterin für sich selber und für Sandra. Zusätzlich sucht sie noch je einen Stellvertreter für die »anderen Kinder der Gruppe« und das »soziale Erziehungsziel der Kindertagesstätte« aus und stellt alle Stellvertreter im Raum so auf, wie es ihrem Gefühl nach stimmig ist. Kaum aufgestellt, klammert sich die Stellvertreterin von Sandra an den Rücken von Frau Beyer, was diese als sehr belastend erlebt (Abbildung Seite 125).

Weder die Stellvertreterin von Frau Beyer noch die von Sandra können die anderen Kinder der Gruppe und das soziale Ziel, die seitlich von ihnen stehen, wahrnehmen. Um Frau Beyer zu entlasten, stelle ich ihr Sandra gegenüber, sodass die beiden sich sehen können: Da sackt Sandra in sich zusammen – sie kann nicht allein stehen.

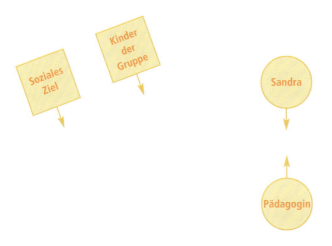

Da das Mädchen gar so haltlos wirkt, frage ich die am Rande sitzende »reale« Frau Beyer nach der Familie des Mädchens. Ich erfahre, dass Sandra das einzig lebende Kind ihrer Eltern ist, vier Geschwister sind vor ihr gestorben. Auf diese Information hin stelle ich vier Vertreter für die toten Geschwister hinter Sandra.

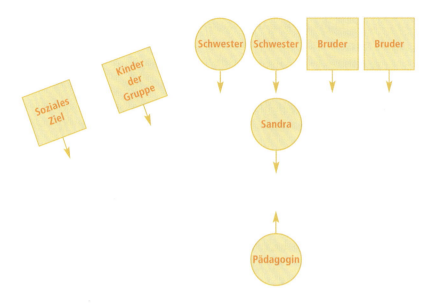

Kaum stehen die Geschwister hinter Sandra, geht eine enorme Veränderung in ihr vor: Sie seufzt erleichtert auf und lehnt sich an ihre Geschwister, die wie eine Schutzmauer hinter ihr stehen. Sie sagt: »Hier bin ich richtig!« Für die Stellvertreterin von Frau Beyer, die immer noch gegenüber von Sandra steht, bedeutet das eine große Erleichterung und sie tritt einen Schritt zurück. Dadurch wird es ihr möglich, gleichzeitig Sandra, die anderen Kinder der Gruppe und das soziale Ziel im Blick zu haben. Auf meine Bitte hin verneigt sie sich leicht vor dem Schicksal von Sandras Familie und sagt sehr bewegt zu Sandra: »Jetzt sehe ich, wo dein Herz hingeht, und ich achte das. Du darfst bei deinen Geschwistern sein. Ich bin weiterhin für dich da und ich schaue gleichzeitig auch auf die anderen Kinder der Gruppe und unser gemeinsames Ziel. Wenn du magst, kannst du auch mal mit mir dahin schauen.«
Die Stellvertreterin von Frau Beyer fühlt sich nach diesen Sätzen frei, sich auch den anderen Kindern der Gruppe und dem sozialen Erziehungsziel ihrer Kindertagesstätte zuzuwenden. Sandra schaut jetzt ganz ruhig auf die Stellvertreterin von Frau Beyer und freut sich, dass sie da ist. Sandra möchte aber noch nicht zum sozialen Ziel und den anderen Kindern der Gruppe schauen. »Bitte lass mich noch bei meinen Geschwistern«, sagt sie zur Stellvertreterin von Frau Beyer.

Als ich Frau Beyer nach einem halben Jahr wieder treffe, erzählt sie mir, dass Sandra nun für sie ein Kind der Gruppe sei wie die anderen Kinder auch, Sandra habe keine »Sonderstellung« mehr bei ihr. Dies entlaste sie und sie habe mehr das Gefühl, Sandra so annehmen zu können, wie sie im Moment ist. Obwohl sich ihr Sozialverhalten in der Gruppe nicht deutlich sichtbar verändert hat, geben die Eltern von sich aus das Feedback, dass Sandra beispielsweise auf dem Spielplatz mehr auf Kinder zugeht und »so eher nebenher« mit ihnen in Kontakt tritt.

 Fallbeispiel: Das Ziel

Frau Reitinger, Leiterin eines Lernstudios, bittet um Supervision für ihre Arbeit mit dem zehnjährigen Marinus. Obwohl sich Frau Reitinger im besonderen Maße um diesen Jungen kümmert, erlebt sie sich ihm gegenüber als hilflos und manchmal auch wütend. Die Eltern von Marinus haben ihn in dem Lernstudio angemeldet, weil sowohl sie als auch ihr Sohn den Übertritt ins Gymnasium wünschen, seine Leistungen aber bisher dafür nicht ausreichen. Frau Reitinger hat jedoch den Eindruck, Marinus nicht erreichen zu können, er wittere hinter jeder Äußerung Kritik, heute beispielsweise habe er 15 Minuten geweint, weil sie ihn auf einen Fehler im Aufsatz aufmerksam gemacht habe. Ständig habe er das Gefühl, schlechter beurteilt zu werden, als er in Wirklichkeit sei. Frau Reitinger hat in seiner Gegenwart das Gefühl, inkompetent zu sein und an ihre Grenzen zu kommen.

Ich bitte Frau Reitinger, mit ihrer nicht dominanten Hand je eine Skizze von sich und Marinus anzufertigen und auf dem Boden entsprechend ihres inneren Bildes auszulegen. Das weiße Blatt, die Metaposition, stellt für Frau Reitinger eine Beraterin dar.

Auf dem Blatt der Beraterin stehend, stellt Frau Reitinger fest: »Der Abstand zwischen Frau Reitinger und Marinus ist sehr groß, das ist mit anderen Schülern sonst nicht so, aber in diesem Fall stimmt es!« Die Zeichnung der Lehrerin von sich selber wirkt auf die Beraterin rund mit frohen Farben, das Dunkelblau, das sich auch bei Marinus findet, empfindet sie aber als disharmonisch. »Von Marinus geht eine düstere Stimmung aus, Chaos und Traurigkeit«, sagt die Beraterin.

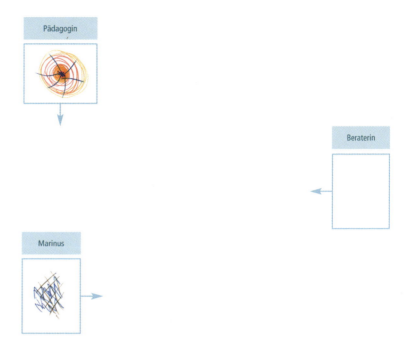

Als sich Frau Reitinger dann auf die Skizze von Marinus stellt, schließt sie die Augen, Hände und Füße werden ganz kalt, sie fühlt sich im Brustbereich traurig. Die Lehrerin sieht er nicht: »Es ist okay, dass sie da ist, aber helfen kann sie mir nicht.« Auf ihrer eigenen Skizze stehend, fühlt sich Frau Reitinger gelähmt, wenn sie zu Marinus schaut, es krampft sich ihr Magenbereich zusammen, deswegen schaut sie lieber über ihn hinweg. Ich bitte Frau Reitinger, eine Skizze von Marinus' Eltern anzufertigen und sie hinter Marinus auf den Boden zu legen.

Frau Reitinger stellt sich zunächst auf ihren eigenen Platz und fühlt sich sofort entlastet: »Gut zu sehen, dass die Eltern da sind«, sagt sie, »die sind näher dran an Marinus!« Auf Marinus' Platz stehend, fühlt sie sich durch die Eltern im Rücken nicht besser, der Stand ist weiterhin unsicher, das Gefühl in der Brust ist eher noch trauriger geworden. Auf dem Platz der Eltern stehend, bemerkt Frau Reitinger den gleichen unsicheren Stand und die gleiche Traurigkeit in der Brust wie bei Marinus, zusätzlich fühlt sich der Rücken schutzlos und verwundbar an.

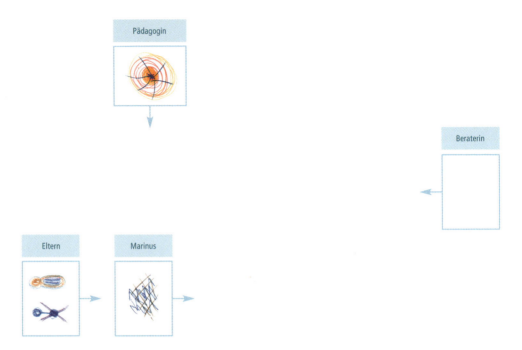

Diese Gefühle sind auf ihrer linken Körperseite besonders stark, auf der Skizze ist links die Mutter ohne Arme und Beine zu sehen. Auf dem Platz der Beraterin fasst Frau Reitinger anschließend ihre Wahrnehmungen auf den verschiedenen Positionen zusammen, sie sagt: »Nun ist es mir klar: Die Eltern und das Kind sind mit einem ganz traurigen Thema beschäftigt!« Ich ergänze, dass das schutzlose Gefühl im Rücken der Eltern darauf hinweist, dass das Thema zu Marinus' Großeltern oder noch weiter zurück in die Familie gehört. Da das Gefühl von Traurigkeit auf der linken Körperseite stärker war, scheint die Familie der Mutter mehr betroffen zu sein als die Familie des Vaters.

Zum Abschluss bitte ich Frau Reitinger, noch ein Blatt von dem Ziel »Übertritt auf das Gymnasium« zu zeichnen und auf dem Boden auszulegen.

Als sich Frau Reitinger auf ihr eigenes Blatt stellt, sagt sie verwundert: »Was soll denn das Ziel bei mir hier? Das müsste doch bei Marinus liegen!« Auf Marinus' Platz stehend, ist das Ziel jedoch weder im Blick noch auf irgendeine andere Weise

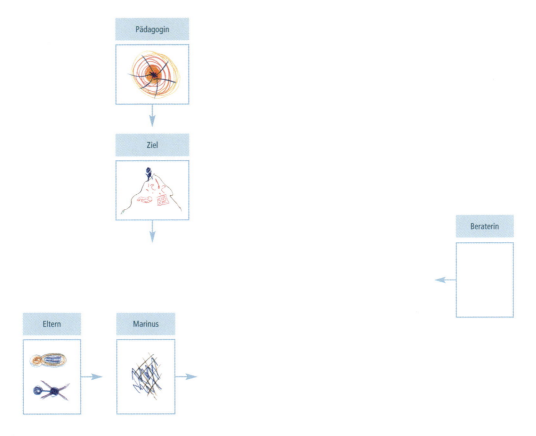

wahrnehmbar. Die gleiche Erfahrung macht Frau Reitinger auf dem Platz der Eltern: Das Ziel ist nicht im Blick und nicht von Interesse! Als ich das Ziel direkt vor Marinus auf den Boden lege, macht er einfach die Augen zu.

Zum Abschluss bitte ich Frau Reitinger, noch einmal den Platz der Beraterin aufzusuchen. »Nun ja«, meint diese, »das Ziel ist im Moment nicht angesagt! Frau Reitinger sollte das den Eltern mitteilen und sie darauf aufmerksam machen, dass ihr Sohn im Moment nicht in der Lage ist, sich auf den Übertritt ins Gymnasium vorzubereiten, da es etwas gibt, was die Familie belastet. Vielleicht kann Frau Reitinger eine Empfehlung aussprechen, wohin sich die Eltern wenden können, wenn sie eine Unterstützung wünschen.«

Diesen Rat der Beraterin beherzigt die Leiterin des Lernstudios tatsächlich, das Gespräch mit den Eltern erleichtert sie sehr. Ob die Eltern ihre Empfehlung aufgreifen und sich therapeutische Unterstützung suchen, weiß sie nicht. Für sie ist es jetzt aber in Ordnung, diese Entscheidung in die Hände der Eltern gelegt zu haben.

Gemeinsam sind wir stark – das Kind in der Gemeinschaft

Im großen »Beziehungsmobile« der öffentlichen Erziehung spielt für das Kind nicht nur die Erzieherin oder die Lehrerin eine wichtige Rolle, sondern auch die Gemeinschaft der Gleichaltrigen. Viele Kinder erleben eine solche Gemeinschaft bereits als Baby oder Kleinkind in einer Krabbelgruppe, einer Krippe oder in einer Elterninitiative, später kommt für die meisten Kinder die Kindergartengruppe hinzu und mit dem Schulbeginn ist dann die Klassengemeinschaft der soziale Rahmen, in dem Lernen geschieht. All diese Gruppen haben eine gewisse Ähnlichkeit mit Geschwistergruppen in Familien: Die Kinder gehören der gleichen Generation an und werden von einer Generation vor ihnen, also den Eltern und den Pädagogen, betreut und erzogen. Im Kapitel »Gemeinsam sind wir stark – das Kind und seine Geschwister« haben wir gesehen, wie gut sich Geschwister gegenseitig stärken können, wenn sie sich auf ihrem Platz in der Familie sicher und »richtig« fühlen. Auch Kinder in Gruppen oder Klassen können sich gegenseitig Halt geben und unterstützen, wenn sich das einzelne Kind gut in seiner Gruppe aufgehoben fühlt. Wie können Pädagogen nun einen guten Nährboden schaffen für solche Gemeinschaften, wie können sie Kinder auch in dieser Beziehung systemisch begleiten? In Kinder- und Jugendlichengruppen und in Schulklassen wirken – ähnlich wie in der Geschwisterreihe – einige Grundordnungen. Ein Pädagoge, der diese Ordnungen kennt und in seinem Erziehungsalltag beachtet, kann viel zum Klima der von ihm betreuten Gruppe oder Klasse beitragen. Er kann den Kindern ein soziales Lernfeld und ein soziales Netz ermöglichen, das geprägt ist von Achtsamkeit, Respekt und Wertschätzung. Natürlich fallen diese Werte nicht vom Himmel, sondern müssen immer wieder aufs Neue geduldig erarbeitet und manchmal auch erkämpft werden. Konkurrenz, Mobbing, Gewalt und anderes destruktives Verhalten haben viele Wurzeln. Die systemische Begleitung von Gruppen und Klassen ist in diesem Zusammenhang ein wichtiges Steinchen im großen Mosaik, das die positive Entfaltung des einzelnen Kindes und das friedliche soziale Miteinander zum Ziel hat.

Recht auf Zugehörigkeit

Wie wir bereits mehrfach gesehen haben, spielt das Recht, zu seiner Familie dazuzugehören, für das Kind eine überaus wichtige Rolle. Auch in Kindergartengruppen, Schulklassen oder anderen Gruppen Gleichaltriger gibt es – allerdings in abgeschwächter Form – das Recht auf Zugehörigkeit. Jedes Kind und jeder einzelne Jugendliche möchte sicher sein, dass er dazugehören darf und dazugehört. Braucht das Kind keine Angst zu haben, diese Zugehörigkeit zu verlieren, dann kann es – auch das ist ähnlich wie in der Familie – seine Eigenständigkeit und seine besonderen Fähigkeiten in diesem Rahmen gut entwickeln.

Nun ist es aber so, dass die Zugehörigkeit zur Familie für das ganze Leben gilt, während die Zugehörigkeit zu den verschiedenen Gruppen zeitlich begrenzt ist. Hierin unterscheiden sich Geschwisterreihen und Gemeinschaften wie Gruppen oder Klassen deutlich: Die Geschwister gehören immer dazu, aber die Besetzung der Schulklasse, der Kindergartengruppe, der Fördergruppe oder der Trainingsgruppe im Sportverein ist einem Wandel unterworfen. Das hat Konsequenzen für die Qualität der Beziehung: Obwohl die Kinder einer Kindergartengruppe oder Klasse sich häufig sehen und viele Stunden miteinander verbringen, sind sie doch weniger stark miteinander verbunden als Geschwister. Auch hier gilt also, was wir in der Beziehung des Kindes zum Pädagogen bereits gesehen haben: Die Bindung an die Familie ist die Basis, die weiteren sozialen Beziehungen bauen sich darauf auf.

Obwohl die Zeit, die Kinder in einer bestimmten Gruppe oder Klasse verbringen, begrenzt ist, erleben Kinder diese Zeit mit ihren Kameraden und Mitschülern sehr intensiv. In der Gemeinschaft mit Gleichaltrigen begegnet einem Kind oder Jugendlichen das ganze Spektrum der Gefühlswelt: Begeisterung, Ansporn, Freundschaft, Zuneigung – aber auch Enttäuschung, Ablehnung, Aggression, Ausgrenzung. Um bei diesem emotionalen »Drahtseilakt« nicht abzustürzen, braucht das Kind ein Netz, das ihm Sicherheit gibt. Der Satz »Du gehörst zu uns!«, immer mal wieder ausgesprochen, aber auch ohne Worte vermittelt, ist ein solches Netz für das Kind.[7] Hat das Kind die Sicherheit, zu seiner Gruppe oder Klasse eindeutig dazuzugehören, so kann es mit diesem Netz so manchen emotionalen Sturm bestehen.

Ein praktisches Beispiel, wie die Zugehörigkeit der Schüler zu ihrer Klasse ohne Worte ausgedrückt werden kann, schildert Marianne Franke-Gricksch: Als Lehrerin einer Hauptschulklasse führte sie ein, dass sich immer zwei Schüler zu Unterrichtsbeginn vor der Klasse verneigten. Mit diesem Ritual, an dem sich alle der Reihe nach beteiligten, lernten die Schüler ihre Wertschätzung gegenüber der Klassengemeinschaft auszudrücken. Auf diese Weise entstand morgens eine ruhige, achtungsvolle Atmosphäre und der Unterricht konnte in Ruhe beginnen.

Der Beginn und das Ende einer Gruppenzugehörigkeit sind wichtige Ereignisse, sie haben eine große Bedeutung sowohl für das einzelne Kind als auch für die ganze Gruppe oder Klasse. Wie freudig und gleichzeitig ängstlich ein Kind dem ersten Tag im Kindergarten entgegensieht! Wie ungeduldig es dem ersten Schultag entgegenfiebert! Wie aufregend ein Schul- oder Klassenwechsel auch noch für einen Jugendlichen ist! Die Zugehörigkeit zu einer Gruppe beginnt mit dem Eintritt des Kindes in diese Gruppe und es kann sehr entscheidend sein, wie sich dieser Eintritt gestaltet. Mit einem Willkommensritual, das der jeweiligen Altersstufe angemessen ist, erhält das Kind oder der Jugendliche von Anfang an die Botschaft: »Du gehörst zu uns!«

Auch die Gestaltung des Abschieds von einer Gruppe oder Klasse ist enorm wichtig. Wird das Ende der Kindergarten- oder der Grundschulzeit oder auch ein Schulabschluss mit einer Feier, einem Rückblick und einem Dank an alle Beteiligten begangen, so ist das Kind genauso wie der Pädagoge frei für den nächsten Schritt in eine neue Gemeinschaft. Verlässt ein einzelnes Kind seine Gruppe oder Klasse, ist ein Abschiedsritual mit einer Würdigung des Kindes sowohl für das scheidende

Kind als auch für die Gemeinschaft sehr wichtig. Gelingt der Abschied in gutem Einvernehmen und gegenseitiger Achtung, dann fühlen sich beide frei für einen Neuanfang, beide gehen ihren Weg gestärkt weiter. Gelingt dies hingegen nicht, tritt das Kind mit einem geschwächten Selbstwertgefühl, mit Enttäuschung oder vielleicht sogar voller Groll in die nächste Gruppe ein. Auch die zurückbleibende Gruppe fühlt sich unbehaglich, es kann sich mangelndes Vertrauen in die Kräfte der Gruppe breitmachen, das sich in der Folgezeit in Motivations- und Leistungsschwächung äußert.

Trotz der Bemühungen von Pädagogen und Gruppenmitgliedern sind jedoch in einigen Fällen die Grenzen der Zugehörigkeit erreicht. Die Gruppe oder die Klasse ermöglicht es dem einzelnen Kind, bestimmte soziale, emotionale und fachliche Ziele zu verfolgen. Zeigt nun ein Kind oder ein Jugendlicher ein so stark destruktives Verhalten, dass die Mitglieder einer Gruppe am Verfolgen dieser Ziele gehindert werden, so gefährdet das Kind oder der Jugendliche seine Zugehörigkeit zu dieser Gruppe und muss diese gegebenenfalls verlassen. In einem solchen Fall sollte sich der Pädagoge die Unterstützung seiner Kollegen, der Leitung der Schule oder Einrichtung und von Beratungspersonen einholen, um eine gute Lösung für das betroffene Kind und seine Klasse oder Gruppe zu finden. Mit einem erzieherischen Alleingang überfordert sich ein Pädagoge in einem solchen Fall!

Ein beeindruckendes Beispiel, wie es eine Lehrerin mithilfe des Beratungslehrers und der Mitschüler schaffte, einen gewaltbereiten Schüler in der Klasse zu behalten, schildert Bernd Mumbach in seinem Aufsatz »Der Kemal fährt mit!«[8] Zum einen erarbeitete er als Beratungslehrer mit Kemal Verhaltensstrategien, die ihm halfen, mit seinen Aggressionen besser fertig zu werden. Zum anderen führte er mit der Klasse verschiedene kleine Aufstellungsübungen durch, mit deren Hilfe sich die Schüler in Kemals Lage versetzen konnten. Obwohl die Bereitschaft der Schüler, ihren Mitschüler in ihren Reihen zu behalten, zunächst äußerst gering war, verbesserte sich das Verhältnis zu Kemal. Nach einigen Wochen setzte sich die Lehrerin dafür ein, Kemal auch ins Schullandheim mitzunehmen.

Rangordnung

Grundsätzlich gilt in Gemeinschaften wie Kindergartengruppen, Schulklassen oder anderen Kinder- und Jugendlichengruppen die Gleich-Wertigkeit jedes Mitglieds. Jeder Einzelne ist für die Gemeinschaft wichtig und prägt auf seine Weise die Gruppe mit – sei es nun als »Opinionleader«, als »Klassenclown«, als »unauffälliges« Mitglied oder als »schwarzes Schaf« der Gruppe. Jedes Kind leistet auf seine einzigartige Weise einen Beitrag für die Gemeinschaft, auch wenn seine positive Absicht dabei nicht immer auf den ersten Blick erkenntlich ist. Ein Pädagoge, der von der Gleich-Wertigkeit der ihm anvertrauten Kinder überzeugt ist, gibt keinen Raum für die Ab- oder Aufwertung Einzelner, auch wenn ihm persönlich ein Kind mehr oder weniger liegen mag.

Neben dieser Gleich-Wertigkeit aller Mitglieder einer Gruppe oder Klasse ist aber gleichzeitig auch die Wertschätzung der Fähigkeiten und Leistungen des Einzelnen sehr wichtig. Diese sind natürlich nicht gleich, die Bandbreite der Begabungen und Leistungen in einer Klasse oder Gruppe ist in der Regel sehr groß. Jedes Kind und jeder Jugendliche hat aber das Bedürfnis, in seinen einzigartigen Fähigkeiten und Leistungen gesehen und anerkannt zu werden.

Besonders gewürdigt werden sollten Verantwortungsgefühl und Engagement für die Gemeinschaft: Klassensprecher, Hilfsbereitschaft und Einsatz für andere, soziale Aktivitäten für die Schule oder die Einrichtung, Kreativität bei Gemeinschaftsprojekten wie Theateraufführungen, Feiern, Schulzeitungen oder Ähnliches – dies sind Leistungen, die allen Mitgliedern der Gruppe zugutekommen und den »guten Geist« einer Gemeinschaft entscheidend prägen.

In Gruppen von annähernd Gleichaltrigen, wie beispielsweise in Klassen, gibt es kein Vorrecht des Früheren, wie wir das in der Geschwisterreihe kennengelernt haben. Das Vorrecht der Früheren spielt aber im Gesamtgefüge der Schule durchaus eine Rolle: So kümmern sich ältere Schüler als Tutoren um ihre jüngeren Mitschüler, haben aber als Ältere auch andere Rechte: Sie dürfen beispielsweise in Freistunden das Schulgelände verlassen. Auch in altersgemischten Gruppen, wie man sie zum Beispiel im Kindergarten findet, haben die älteren Kinder gewisse Vorrechte gegenüber den jüngeren: Während beispielsweise die Dreijährigen mit bestimmten Materialien nur unter Aufsicht spielen, haben die Vorschulkinder freien Zugang und experimentieren selbstständig damit. Die Wirkungen einer klaren und auch nach außen sichtbaren Ordnung in einer Gruppe oder Klasse sind ähnlich wie in der Geschwisterreihe: Das Kind kann sich wertvoll und durch die Gemeinschaft gestärkt fühlen.

Fallbeispiel: »Alle gehören dazu«

Der zwölfjährige Fabian besucht die 7. Klasse des Gymnasiums. Er geht recht gern in die Schule und war bis zum Abschluss der 6. Klasse auch mit seinen Leistungen zufrieden. Nun kommt er drei Monate nach Beginn des 7. Schuljahrs zu mir in die Praxis, da er in diesem Schuljahr bisher nur Fünfen und Sechsen in fast allen Fächern geschrieben hat. Er würde seine Leistungen gern wieder verbessern, trotz aller Anstrengung gelingt ihm das jedoch nicht. Schwierigkeiten oder Veränderungen in der Familie oder mit seinen Lehrern sind ihm keine bewusst, aber in seiner Klasse, ja, da gäbe es eine Menge Neues: Die Klasse sei zu Schuljahresbeginn neu zusammengestellt worden und da gäbe es jetzt sechs ganz »coole« Jungen. Zwei dieser coolen Jungen hätten zwar ständig Probleme mit den Lehrern wegen ihres Verhaltens und es sei ihnen auch schon der zeitweilige Ausschluss vom Unterricht angedroht worden, er fände sie aber eigentlich sehr nett. »Dann gibt es aber auch noch sechs andere Buben, die nicht so coolen! Die kenne ich noch aus der alten Klasse und die mag ich auch gern!«, meint Fabian nach einigem Zögern. Ich bitte Fabian, die Gruppe der »Coolen«, der »nicht so Coolen« und sich selbst auf ein Blatt zu zeichnen. Mein Vorschlag, farbige Stifte oder Ölkreiden zu verwenden, gefällt ihm nicht, er nimmt nur einen schwarzen Filzstift.

Als Fabian sich seine fertige Zeichnung ansieht, seufzt er: »Die wollen beide ganz woandershin, die mögen sich nicht. Die zusammenzuhalten, ist ganz schön anstrengend!« Der Eindruck der Anstrengung bestätigt sich, als Fabian die Zeichnung auf den Boden legt und sich draufstellt: Er hat schwere Arme, fühlt sich zerrissen und weiß nicht, wo er hingehört.

Ich schlage ihm vor, ein Bild zu zeichnen, auf dem es weniger anstrengend für ihn zugeht.

»Da renn ich immer hin und her zwischen den beiden«, meint Fabian, als er sich seine Zeichnung anschaut. Er legt die zweite Zeichnung oberhalb der ersten Zeichnung auf den Boden und stellt sich drauf. »Nein, das ist nicht weniger anstrengend. Ich bin ganz müde vom vielen Hin- und Herrennen.« Ich frage ihn, ob er vielleicht noch eine andere Idee hat, damit es für ihn leichter würde. Fabian überlegt: »Jetzt nehm ich mein Lasso und zieh die zu mir her. Ich will, dass sie zusammen sind!«

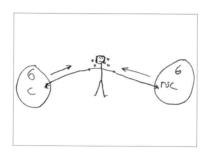

Als Fabian auf dieser Zeichnung steht, die er in fortlaufender Linie oberhalb der ersten beiden Zeichnungen auslegt, merkt er, wie sehr ihn auch dieser Lösungsversuch ermüdet. Mit hängenden Schultern steht er schlapp und energielos da. Ich frage ihn: »Was würde denn passieren, wenn du aufhörst, diese beiden Gruppen zusammenzuhalten?« Jetzt schon ganz vertraut mit dem Kommunikationsmedium, setzt sich Fabian hin und zeichnet als Antwort das nächste Bild.

»Wenn ich die beiden nicht mehr zusammenhalte, sind sie ganz weit auseinander und ich bin eingesperrt«, stellt Fabian beim Betrachten seiner Zeichnung zunächst sachlich fest. Als er das Blatt dann an die oberste Stelle der Lösungsversuche legt und sich draufstellt, spürt er, wie traurig ihn diese Situation macht. Er geht auf seinen Zeichenplatz zurück und murmelt: »Nein, das ist zu traurig. Ich male jetzt etwas anderes.«

»Jetzt sind hier die Bremsklötze, die halten die Coolen und die nicht so Coolen auf ihrem Platz fest. Jetzt geht es mir gut!« Mit diesen Worten erklärt mir Fabian seine Zeichnung, die er dann in die Reihe der anderen legt. Als er sich auf das Papier stellt, fühlt er sich leichter und kräftiger als auf den bisherigen Plätzen beziehungsweise Lösungsversuchen. Im Brustraum regen sich aber auch Zweifel und er fragt sich leicht entmutigt: »Was ist, wenn sie die Bremsklötze einfach wegnehmen?«

Als er zurückkommt an seinen Zeichentisch, setze ich mich zu ihm und überlege mit ihm gemeinsam, ob es etwas anderes gibt als Bremsklötze, das die alten und die neuen Freunde zusammenhalten könnte. Wir unterhalten uns darüber, dass in der Klasse auch noch zwölf Mädchen sind und die Klasse am Schuljahresanfang einen neuen Namen bekommen hat, nämlich 7b. Ich frage Fabian, ob er die Klasse und ihren neuen Namen auch zeichnen könne. Plötzlich kommt Bewegung in ihn. Mit flüssigem Strich zeichnet er ein Oval, hängt ein Schildchen »7b« dazu und gibt ohne langes Nachdenken jedem seinen Platz in der Klasse: sich selbst, den Mädchen (M), den »Coolen« und den »nicht so Coolen«.

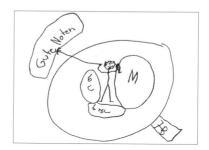

Sichtbar erleichtert und entlastet betrachtet Fabian die verschiedenen Gruppierungen, die, obwohl deutlich voneinander getrennt, doch miteinander verbunden sind. Fast abrupt sagt er dann: »Jetzt hole ich mein Lasso wieder raus!« Ich schaue ihn verwundert an, denn das Lasso hatte sich ja im Versuch, die beiden Gruppen zusammenzuhalten, nicht so bewährt, aber Fabian lächelt mich verschmitzt an: »Damit ziehe ich mir jetzt die guten Noten an Land!« Als Fabian diese Zeichnung als oberste in die Reihe der Lösungsversuche legt und sich darauf stellt, wird klar, wie sehr er mit dieser Lösung im Einklang ist: Er steht aufrecht und gelöst da und meint: »Ja, so ist es gut.«

Danach bitte ich Fabian, an den Anfang seiner »Lösungslinie« zurückzukehren, die Blätter der Reihe nach einzusammeln und unter die »gute Lösung« zu legen. Fabian stellt sich noch einmal auf das Gesamtpaket, auf dem oben drauf die »gute Lösung« liegt. »Jetzt bin ich stark«, bemerkt er und schaut sich unternehmungslustig im Raum um.

Zum Schluss unterhalte ich mich mit Fabian kurz darüber, ob er noch andere Gruppen kennt, in denen alle dazugehören, egal, ob sie sich mögen oder nicht. Ja klar, beim Judo ist das so und beim Fußballspielen, in der ganzen Schule gehören alle dazu und beim Papa im Büro auch, meint Fabian. Bevor wir uns verabschieden, erwähne ich noch, dass es auch in Familien manchmal so ist, dass sich nicht alle gleich gut verstehen und trotzdem alle dazugehören.

Von Fabians Mutter erfahre ich nach dem Halbjahreszeugnis, dass Fabian seinen alten Leistungsstand zwar noch nicht ganz erreicht habe, aber auf dem besten Wege dazu sei. Er lerne mit Energie und Motivation und sei im neuen Halbjahr zum Klassensprecher gewählt worden.

Dieses Fallbeispiel zeigt, wie sehr ein Kind darunter leiden kann, wenn das Recht auf Zugehörigkeit in einer Schulklasse ungeklärt ist. Es zeigt den hohen persönlichen Einsatz eines einzelnen Kindes, das diese Situation ändern möchte, damit aber völlig überfordert ist. Gleichzeitig zeigt dieses Fallbeispiel aber auch, wie wohl und auch leistungsfähig sich ein Kind fühlen kann, wenn es die Kraft einer Gemeinschaft spürt, in der alle dazugehören. Fabian findet eine Lösung, die sich zunächst nur auf das »System Schulklasse« bezieht, am Ende aber wird diese Lösung »ganz nebenbei« auf andere ihm bekannte Systeme übertragen: auf Sportgruppen, die Schulgemeinschaft, die Kollegen des Vaters und – natürlich – auch auf die Familie.

Wir wirken zusammen – die Gemeinschaft der Kollegen

In Bereichen außerhalb des Erziehungswesens, beispielsweise in der Wirtschaft, ist die Zusammenarbeit und der Austausch mit Kollegen ganz selbstverständlich und Teamarbeit spielt eine wesentliche Rolle sowohl im Arbeitsalltag des einzelnen Arbeitnehmers als auch für die Effizienz eines Unternehmens. Im Erziehungsbereich, und hier vor allem in der Schule, ist jedoch für den Austausch von Kollegen untereinander meist wenig Zeit. Viele Lehrer erleben sich in ihrer Arbeit als Einzelkämpfer: »Lehrer arbeiten mit individuellen Unterrichtsplänen in ihren Klassen, Teamarbeit ergibt sich nur punktuell. Die Arbeit in kollegialen Gremien, zum Beispiel am Schulprogramm, wird oft als unproduktive Mehrbelastung, manchmal als Schauplatz der Selbstdarstellung erlebt.«[9] In Erziehungseinrichtungen außerhalb der Schule, beispielsweise in Kindertagesstätten, findet Arbeit im Team durchaus statt, aber auch hier sind Teams oder Kollegien so manches Mal Quelle von Verdruss oder Ärger. Die Vorstellung, Teams und Kollegien als Kraftquellen für die Kinder, die Kollegen selber und die ganze Einrichtung oder Schule zu sehen, wird noch viel zu wenig genutzt. Welche Bedingungen sollten nun erfüllt sein, damit die Gemeinschaft der Kollegen zur Kraftquelle für alle Beteiligten werden kann? Dieser Frage gehen wir in diesem Kapitel nach.

Gleich-wertige Kollegen

Mit einem Kollegium oder Team verhält es sich im Prinzip genauso wie mit einer Schulklasse oder einer Kindergruppe: Jedes einzelne Mitglied hat das Recht auf Zugehörigkeit und alle Kollegen sind in diesem Sinn gleich-wertig.[10] Der Klassenlehrer genauso wie der Fachlehrer, die Erzieherin genauso wie die Kinderpflegerin: Jeder und jede von ihnen ist ein Teil des Kollegiums oder des Teams und möchte sich in seiner Zugehörigkeit sicher fühlen. Ist diese Zugehörigkeit nicht in Frage gestellt und wird gleichzeitig jedem Einzelnen die Möglichkeit eines eigenen Freiraums gegeben, dann kann sich auf dieser Grundlage ein kraftvoll-solidarisches Team oder Kollegium entwickeln.

In einer Familie sind die Eltern die »Großen« und geben den »Strom des Lebens« an ihre Kinder, die »Kleinen«, weiter. Dieses System des Gebens und Nehmens gerät in Unordnung, wenn die Eltern nicht zusammenstehen, sondern sich ein Elternteil mit einem Kind gegen das andere Elternteil verbündet, wie das bei Unstimmigkeiten oder Trennung der Eltern häufig geschieht. Das Kind gerät dadurch in Spannung und nicht selten in Not.

Ähnliches gilt – allerdings in abgeschwächter Form – für die Gemeinschaft der Erziehenden: Sie sind die »Großen« und geben je nach ihrem Auftrag fachliche, soziale und emotionale Inhalte an die ihnen anvertrauten Kinder weiter. Genauso, wie Vater und Mutter häufig unterschiedliche Erziehungsstile haben, so kommen auch die Pädagogen ihrem Auftrag auf unterschiedliche Art und Weise nach. Entscheidend für die Kinder ist es, dass die für sie zuständigen Erziehenden sich gegenseitig respektieren und in ihrer Unterschiedlichkeit tolerieren. Gibt es Meinungsverschiedenheiten im Kollegium oder Team, so ist die Versuchung für den Einzelnen groß, sich insgeheim als »der oder die Bessere für die Kinder« zu fühlen und zu versuchen, die Gruppe oder die Klasse innerlich auf die eigene Seite zu ziehen. Die Kinder haben dafür feine Antennen und geraten dadurch in eine Zwickmühle. Was sollen sie tun? Sie sind ja in gewisser Weise von allen ihren Betreuern, Erzieherinnen oder Lehrern abhängig, haben sie gerne und möchten mit ihnen gut auskommen oder spüren zumindest den Wunsch, sich mit ihnen zu arrangieren. Empfinden Kinder oder Jugendliche die sie betreuenden Pädagogen als Gemeinschaft, in der jeder auf seine Weise für das Wohl seiner Schützlinge sorgt, dann fühlen sich die Kinder gut aufgehoben. Sie sind motiviert, die Angebote der Pädagogen anzunehmen. Spüren Kinder jedoch, dass einer ihrer Erzieher oder Lehrer nicht anerkannt ist oder ausgegrenzt wird, dann reagieren sie entweder mit Mitleid für diesen Pädagogen oder sie werden gegen ihn aufsässig und aggressiv. Beide Verhaltensweisen geben den Kindern ein unangemessenes Gefühl von Macht, der »Strom des Gebens und Nehmens« wird dadurch behindert.

Für jede Klasse oder Gruppe ist es stärkend, einmal alle Erzieherinnen, Kinderpflegerinnen und Heilpädagogen, die für sie zuständig sind, oder alle unterrichtenden Lehrer gemeinsam vor sich zu sehen. Dieses Bild der Gemeinschaft prägt sich den Kindern ein und übermittelt ihnen die Botschaft: »Wir sind für euch da!«

Die Lehrerin Marianne Franke-Gricksch hat dies an einer Schule verwirklicht, obwohl es organisatorisch nicht einfach war. Sie fasst ihre Erfahrungen damit folgendermaßen zusammen: »Der Klassenleiter sagt: Wir wirken zusammen. Alle beteiligten Pädagogen sind immer zusammen da. Wenn du einen nicht so gern magst, dann wende dich innerlich an den, der dich besser versteht, er hilft dir dann in Mathe, auch wenn er vielleicht Sportlehrer ist. Die Pädagogen werden dann nicht nur gegeneinander ausgespielt, sie sind als Team immer für alle Schüler hilfreich vorhanden. Die unbedingte Loyalität aller am Erziehungsprozess Beteiligten ist für die Kinder sehr gut, sie bekommen ein Bild vom Kollegium, dem sie sich gerne anvertrauen.«[11]

Eine andere Möglichkeit, die Gemeinschaft aller am Erziehungsprozess Beteiligten zu dokumentieren, ist es beispielsweise, im Klassenzimmer oder Gruppenraum Fotos oder Bilder dieser Pädagogen aufzuhängen und im Gespräch immer wieder einmal auf die Zusammenarbeit aller Bezug zu nehmen.

Die Art und Weise, wie ein Kollegium oder ein Team miteinander umgeht, prägt nicht nur das soziale Verhalten und die Lernbereitschaft in einer Gruppe oder Klasse, sondern wirkt auch be- oder eben entlastend auf den einzelnen Pädagogen. Wenn das Team oder Kollegium es schafft, Meinungsverschiedenheiten und Animositäten anzusprechen und in den eigenen Reihen zu lösen, kann der Einzelne die Kraft und Unterstützung, die eine solche Gruppe geben kann, erleben. Wie die Erfahrungen aus unserem Arbeitskreis »Systemische Pädagogik« zeigen, entlastet es einen Pädagogen außerordentlich, sich nicht als allein Zuständigen für seine Schützlinge zu sehen, sondern sich in den Kreis der Kollegen eingebunden zu fühlen, die ebenfalls für das Kind da sind. Hat er mit einem Kind, einem Jugendlichen oder einer Klasse ernsthafte Probleme, so muss er das nicht allein durchstehen, sondern kann seine Kollegen um Unterstützung bitten. Die Angst, als inkompetent betrachtet zu werden, hält viele Kollegen von diesem Schritt ab und verführt dazu, schwierige Situationen als Einzelkämpfer meistern zu wollen. Aber nicht nur bei der Meisterung von Schwierigkeiten kann das Kollegium oder Team eine Ressource sein: Die Bestätigung und Anerkennung, die ein Pädagoge von seinen Kollegen bekommt, machen ihn unabhängiger von der Anerkennung durch die ihm anvertrauten Kinder. Natürlich ist es schön, wenn Kinder ihre Erzieherin oder ihren Lehrer gern mögen. Eine gute Beziehung zu den Kindern gibt jedem Pädagogen immer wieder neue Kraft für seinen Beruf. Bekommt der Pädagoge aber Anerkennung auch durch Erwachsene, durch seine Fachkollegen, so braucht er sich nicht von der Bestätigung durch die Kinder »ernähren« – der »Strom des Gebens« fließt in die richtige Richtung!

Nun ist es natürlich im pädagogischen Alltag durchaus so, dass es Verhaltensweisen von Kollegen gibt, die schwer zu akzeptieren oder zu respektieren sind. Auch in solchen Fällen findet sich leichter eine gute Lösung für alle, wenn das Kollegium oder Team vertrauensvoll zusammensteht. Auf die wichtige Rolle, die die Leitung der Einrichtung oder Schule dabei spielt, werde ich im folgenden Abschnitt noch eingehen. In schwierigen Fällen sollte auch immer an die Möglichkeit einer Supervision, die sich der Einzelne oder das ganze Team holt, gedacht werden. In systemisch orientierten Supervisionen werden hierzu sogenannte Organisationsaufstellungen angeboten. Diese Aufstellungsform hat sich aus den Familienaufstellungen entwickelt, sie ist aber auf die speziellen Erfordernisse von Firmen, Schulen, Kindertagesstätten oder anderen Organisationen zugeschnitten. Wie Schulklassen oder Kindergruppen, so haben auch Kollegien oder Teams eine zeitliche Begrenzung: Die Mitgliedschaft in einem solchen System ist nicht wie in der Familie unauflösbar, sondern sie hat einen Anfang und ein Ende. Die Gestaltung dieser beiden Ereignisse ist von Bedeutung für den einzelnen Kollegen, für die ganze Schule oder Einrichtung und für die Kinder. Wird ein Kollege mit einem kleinen Ritual in die Gemeinschaft aufgenommen, so sind er und alle Beteiligten sich sicher, dass er ab jetzt dazugehört. Verlässt ein Pädagoge die Gemeinschaft der Kollegen, ganz gleich, aus welchem Grund, so ist es wichtig, dass seine Leistungen ausreichend gewürdigt werden. Das wirkt sich nicht nur auf ihn persönlich, sondern auch auf das ganze Team oder Kollegium stärkend und motivierend aus.

Anerkennen, was ist: Rangordnungen

Einerseits sind die Kollegen einer pädagogischen Einrichtung gleich-wertig in dem Sinn, dass sie alle in gleichem Maße dazugehören, andererseits sind nicht alle Kollegen in einer Institution gleich-rangig. Das klingt paradox – wie lässt sich das erklären? Einerseits ist in einem System wie der Schule oder dem Kindergarten der Beitrag jedes einzelnen Mitarbeiters gleich wertvoll, andererseits braucht ein solches System, in denen Menschen in unterschiedlichen Rollen, Aufgaben und Arbeitsbeiträgen zusammenarbeiten, einige Ordnungsprinzipien. Zu diesen Prinzipien gehören die Rangordnungen: zum einen die Rangordnung, die durch die Position eines Mitarbeiters begründet ist, zum anderen die Rangordnung, die sich daraus ergibt, wie lange er der Institution bereits angehört.[12]

Beginnen wir mit der Rangordnung, die durch die Position vorgegeben ist. An erster Stelle gilt hier das Grundprinzip: Leitung hat Vorrang. Wer sich bereit erklärt, die Leitung einer Schule, einer Kindertagesstätte, einer Gruppe von Kindern oder Kollegen zu übernehmen, übernimmt viel Verantwortung. Um dieser Verantwortung gerecht werden zu können, hat er Vorrang vor seinen Mitarbeitern, die weniger Verantwortung tragen. Vorrang bedeutet also in diesem Zusammenhang: Er hat mehr Pflichten übernommen, deshalb stehen ihm auch größere Rechte zu. Ein Schulleiter beispielsweise steht seinem Kollegium vor, gleichzeitig hat er aber auch die Gesamtheit der Schüler im Blick, hält den Kontakt zur Schulbürokratie, zum Träger und zu der Gemeinschaft der Eltern und vertritt die Schule in der Öffentlichkeit. Um diese Aufgaben erfüllen zu können, braucht er die Anerkennung seiner Mitarbeiter, in diesem Fall also des Kollegiums. Lehrer, die als Einzelpersonen oder auch Kollegengruppe die Position des Schulleiters nicht anerkennen oder untergraben, schwächen die Abläufe und das Beziehungsgeflecht der gesamten Schule. Die notwendige Anerkennung der Leitung fällt einem Kollegium oder Team aber natürlich leichter, wenn der Leiter einer pädagogischen Einrichtung seinen Platz auch ausfüllt, wenn er seine Leitungsfunktion und seine Verantwortlichkeiten wirklich übernimmt. Tut er das nicht, führt dies zu Unsicherheiten im Team und es entsteht Raum für Machtkämpfe: Beispielsweise übernehmen ein oder mehrere Kollegen die »heimliche« Leitung der Einrichtung. Auch die Motivation der Kinder, ihr Verhalten und ihre Leistungen werden von einem solchen »Leitungsvakuum« in Mitleidenschaft gezogen.

Außer der Leitung einer pädagogischen Einrichtung gibt es auch innerhalb des Kollegiums oder Teams leitende Positionen: Der Klassenleiter steht den Fachlehrern einer Klasse vor, der Fachbereichsleiter den Lehrern eines bestimmten Faches, die Gruppenleiterin einer Kindergartengruppe den Mitarbeiterinnen in dieser Gruppe. Die Anerkennung der Rangordnung bezieht sich natürlich auch im größeren Rahmen auf die gesamte Organisationsstruktur der Schule oder der pädagogischen Institution. Hierzu gehören beispielsweise das Schulamt, die Kultusbürokratie, die kirchlichen, kommunalen oder privaten Träger einer pädagogischen Einrichtung.

Wenn jeder einzelne Pädagoge gemäß der »formalen« Ordnungsprinzipien einen anerkannten und sicheren Platz im Kollegium oder Team bekommt, so kann er auf dieser Grundlage seine persönlichen pädagogischen Fähigkeiten zum Wohle der Kinder einsetzen. Dabei ist es für ihn sehr wichtig, dass seine Bemühungen, seine Kompetenz, seine Kreativität und sein Engagement auch gewürdigt werden. Geschieht dies nicht, führt das zu Frustrationen: Er bekommt das berechtigte Gefühl, dass seine Leistungen zu nichts führen. »Im Normalfall wird es von den anderen auch als gerecht empfunden, wenn einer aufgrund seiner Leistung gewürdigt und belohnt wird. Die Anerkennung muss nicht nur über eine Gehaltserhöhung geschehen, sondern kann auch dadurch erfolgen, dass man demjenigen eine andere Aufgabe anvertraut oder ihn besonders auszeichnet.«[13] Hier geht es also auch um den Ausgleich von Geben und Nehmen: Die Bilanz zwischen dem, was ein Pädagoge gibt, und dem, was er dafür bekommt, muss stimmen. Gibt jemand dauerhaft mehr, als er nimmt, führt das zu Unzufriedenheit und langfristig zum Burnout-Syndrom. Nimmt umgekehrt ein Pädagoge langfristig mehr, als er zu geben bereit ist, so führt das zu Beziehungsstörungen mit der Leitung, den Kollegen, den ihm anvertrauten Kindern und deren Eltern.

Kommen wir zum Schluss zu einem weiteren Grundprinzip der Rangordnung: der Vorrang jener Kollegen, die als die »Betriebsälteren« bezeichnet werden können. Gerade bei formal gleichrangigen Kollegen wie der Gruppe der Lehrer an einer Schule oder der Gruppe der Erzieherinnen in einem Kindergarten ist es wichtig zu beachten, wie lange der Einzelne bereits in dieser Institution oder auch in diesem Beruf arbeitet. Kommt beispielsweise eine neue Kollegin ins Team und macht sofort mit viel Engagement Verbesserungsvorschläge für den Kindergarten, so wird sie zunächst einmal von den Kolleginnen gebremst werden, denn sie hat die Grundordnung des Vorrangs derer, die schon vorher da waren, nicht beachtet. Noch bevor sie ihren Platz im Team gefunden hat, hat sie sich in guter Absicht nach vorn gedrängt, ohne das bisher Gewachsene in diesem Kindergarten genau kennengelernt und gewürdigt zu haben. Hätte sie sich Zeit gelassen, ihre Kolleginnen und ihr Zusammenwirken erst einmal kennenzulernen, dann hätte sie auch als junge Kollegin eine Chance gehabt, frischen Wind in das alteingesessene Team zu bringen. Auch die »Betriebsälteren« brauchen schließlich Zeit, die besonderen Fähigkeiten ihrer neuen Kollegin kennen- und schätzen zu lernen!

Manchmal passiert es, dass der Vorrang der »Betriebsälteren« mit dem Vorrang durch die Leitungsposition kollidiert. Wenn beispielsweise ein relativ junger Rektor in ein Kollegium erfahrener Lehrerinnen versetzt wird, ist er gut beraten, wenn er an die Erfahrungen der älteren Kolleginnen und die Gepflogenheiten dieser Schule anknüpft. Er würdigt die Kolleginnen, die vielleicht schon seit Jahrzehnten in ihrem Beruf tätig sind, wenn er sie bittet, ihren Erfahrungsschatz mit ihm zu teilen. Schafft er es dabei, sich dem Kollegium nicht gleichstellen zu wollen und seine Position als Schulleiter einzunehmen, dann kann diese Zusammenarbeit eine Kraftquelle für alle Beteiligten sein, die last, not least auch den Kindern zugutekommt!

Praktische Übung (NIG): Die Gemeinschaft der Kollegen

Mithilfe dieser Übung aus dem Neuro-Imaginativen Gestalten können Sie erproben, welchen Unterschied es für alle Beteiligten macht, wenn Sie sich als Pädagoge nicht nur als den allein Zuständigen betrachten, sondern sich in der Reihe der Kollegen sehen, die ebenfalls mit dem Kind, der Gruppe oder der Klasse arbeiten. Die Erfahrung der Gleich-Wertigkeit steht also im Mittelpunkt dieser Übung, in der aber auch die Rangfolge der Kollegen eine Rolle spielt.

Bitte passen Sie die Übung sprachlich Ihrem Kontext an: Je nachdem, mit wem Sie arbeiten, bezeichnen Sie die hier sogenannten »Kinder« als Gruppe, Klasse oder auch als einzelnes Kind, einzelnen Jugendlichen oder Schüler. Den Pädagogen können Sie durch die Erzieherin, den Lehrer oder Ihre genaue Berufsbezeichnung ersetzen, das Gleiche gilt für Ihre Kollegen. Der neutrale Berater kann auch die »weise alte Frau«, die »neutrale Beobachterin« oder Ähnliches genannt werden.

Sie können diese Übung für sich allein oder unter Anleitung einer Kollegin, eines Begleiters oder eines Partners machen, zum Beispiel in der Supervision. Vielleicht können Sie sich den Einsatz dieser Übung auch in Ihrem Team oder Kollegium vorstellen. In diesem Fall führt ein Gruppenleiter die Teilnehmer gemeinsam von Punkt zu Punkt.

 Verlaufsbeschreibung

Material: DIN-A4-Blätter, farbige Stifte oder Kreiden

1. Nehmen Sie Ihre nicht dominante Hand und fertigen Sie eine Skizze von sich selber als Pädagoge und eine von den Ihnen anvertrauten Kindern an (es kann auch eine Gruppe, eine Klasse oder ein einzelnes Kind sein). Fühlen Sie sich ganz frei in der Gestaltung, es kann ein konkretes oder abstraktes Bild werden oder vielleicht auch ein Symbol. Wenn Sie fertig sind, legen Sie die beiden Blätter so auf dem Boden aus, wie es für Sie stimmig ist. Ein leeres, unbemaltes Blatt legen Sie in größerer Entfernung als neutralen Berater aus.

2. Stellen Sie sich zunächst auf das Blatt des neutralen Beraters. Was fällt Ihnen als neutraler Berater auf, wenn Sie auf den Pädagogen und die Kinder schauen? Wie erscheint Ihnen der Abstand? Wie ist die Blickrichtung der beiden? Wie wirkt die Beziehung der beiden von diesem Platz aus?
Betreten Sie Ihre eigene Position und achten Sie auf Ihre körperlichen und emotionalen Reaktionen. Wie ist Ihr Stand und Ihre Haltung auf diesem Platz? Fühlen Sie sich eher stark oder eher schwach, eher kompetent oder eher hilflos? Können Sie die Ihnen anvertrauten Kinder sehen? Wie erscheint Ihnen der Abstand zu den Kindern? Möchten Sie die Position Ihres Blattes verändern?
Betreten Sie dann die Position der Kinder und achten Sie ebenfalls auf Ihre körperlichen und emotionalen Reaktionen. Nehmen Sie Unterschiede wahr zur Sichtweise des Pädagogen.
3. Fertigen Sie nun, jeweils auf einem gesonderten Blatt, Skizzen der Kollegen an, die ebenfalls für diese Kinder zuständig sind. Legen Sie die Skizzen der Kollegen so auf dem Boden aus, wie es für Sie stimmig ist.

4. Betreten Sie die Position des neutralen Beraters – was hat sich aus dessen Sicht dadurch geändert, dass die Kollegen dazugekommen sind?
Betreten Sie Ihre eigene Position und achten Sie auf Ihre körperlichen und emotionalen Reaktionen. Was hat sich aus Ihrer Sicht geändert? Fühlen Sie sich geschwächt oder gestärkt durch die Anwesenheit der Kollegen? Wie empfinden Sie die Entfernung und die Beziehung zum Kind jetzt? Fühlen Sie sich als Pädagoge jetzt kompetenter oder eher weniger kompetent? Welche Kollegen haben Sie im Blick, welche nicht? Möchten Sie die Position eines oder mehrerer Blätter verändern?
Betreten Sie dann die Position der Kinder und achten Sie hier ebenfalls auf Ihre körperlichen und emotionalen Reaktionen. Was hat sich für die Kinder dadurch geändert, dass mehrere Pädagogen anwesend sind? Möchten Sie aus der Sicht der Kinder die Position eines oder mehrerer Blätter verändern?
5. Wenn Sie möchten, können Sie zusätzlich noch die Positionen der Kollegen betreten und »durch die Augen der Kollegen« schauen. Wie reagieren Sie körperlich und emotional auf den Plätzen der Kollegen? Bekommen Sie durch diesen Perspektivenwechsel noch Hinweise, wie Sie Ihren eigenen Platz und die Plätze der Kollegen verändern könnten?
6. Betreten Sie zum Abschluss noch einmal die Position des neutralen Beraters. Fällt Ihnen von hier aus noch etwas auf? Haben Sie als neutraler Berater eine Einsicht oder einen Ratschlag für den Pädagogen?

Erfahrungen mit der NIG-Übung

Die Erfahrung, die Pädagogen mit dieser Übung machen, nämlich nicht als Einziger für das Wohl eines Kindes, einer Klasse oder Gruppe zuständig zu sein, ist immer wieder sehr beeindruckend. Natürlich weiß jeder bereits vorher, dass er Teil eines Kollegiums oder Teams ist, aber die Erfahrung »mit allen Sinnen«, im Kreis der Kollegen aufgehoben zu sein, erleben viele Pädagogen auf eine Art und Weise, die ihnen vorher nicht bewusst war. Äußerungen wie »Durch meine Kollegen fühle ich mich entlastet« oder »Jetzt kann ich innerlich einen Schritt zurückgehen« drücken diese Erfahrung aus, manchmal auch der Wunsch, tatsächlich einen Schritt zurückzugehen. Wohlverstanden – mit diesem Schritt zurück verbinden die Pädagogen weder Gleichgültigkeit noch Desinteresse den Kindern gegenüber, sondern eher das Gefühl, ihrer großen pädagogischen Verantwortung mit Unterstützung der Kollegen besser gerecht werden zu können.

Aus der Sicht der Kinder ist es eine sehr beruhigende Erfahrung, alle ihre Betreuer, seien es nun Klassen- und Fachlehrer oder Erzieherinnen und Kinderpflegerinnen, im Blick zu haben. In der Familie fühlt sich das Kind geborgen, wenn beide, Vater und Mutter, für es da sind; in der öffentlichen Erziehung bekommt das Kind Sicherheit, wenn alle seine Betreuer zusammenstehen.

Für die Pädagogen und damit auch für die Kinder ist es wichtig, in welcher Ordnung sie zusammenstehen. So fühlte sich beispielsweise eine Klassenleiterin nicht gewürdigt und am falschen Platz, weil sie hinten in der Reihe stand, weit weg von den Kindern. Erst als sie einen Platz als Erste in der Reihe nahe bei den Kindern bekam, konnte sie die Unterstützung ihrer Kollegen spüren und auch die Kinder waren zufrieden.

Eine Sozialpädagogin, die in einem integrativen Kindergarten tätig ist, empfand so viel Konkurrenz und Kompetenzgerangel im Team, dass die Kinder ganz aus dem Blick gerieten. Durch sorgfältiges Klären der Rangordnung in einer Organisationsaufstellung gelang es, für jede Kollegin in diesem Team einen guten Platz zu finden. Nachdem ein Kontakt der Kolleginnen untereinander angebahnt war, konnte sich auch die Sozialpädagogin den Kindern wieder mit Interesse und Energie zuwenden.

Eine Pädagogin, die Schüler an einer Ganztagesschule außerhalb des Unterrichts betreut, fühlte sich vom Direktor der Schule nicht genügend mit einbezogen. Erst als sie selber den Direktor der Schule als Leiter anerkannte und sein Blatt an die erste Stelle legte, konnte sie sein Wohlwollen spüren und sich selber als wertvolles Mitglied im Kollegenkreis sehen.

Was Pädagogen stärkt – auch sie haben Vater und Mutter

Bisher haben wir Kinder in der öffentlichen Erziehung systemisch begleitet, indem wir die Beziehungen der »direkt« Beteiligten näher angeschaut haben: das Kind, seine Eltern, seine Gruppe oder Klasse, den Pädagogen und sein Team oder Kollegium. Inwiefern gehören in dieses Beziehungsgeflecht nun noch die Eltern der Pädagogen, die doch zumindest rein äußerlich an der öffentlichen Erziehung nicht beteiligt sind?

Sie ahnen es sicher schon: Jeder im pädagogischen Bereich Tätige ist durch den »Strom des Lebens« mit seinen eigenen Eltern verbunden. Auch wenn er inzwischen erwachsen geworden und seinen persönlichen Lebensweg gegangen ist, so bleibt er mit seinen Eltern und dem, was sie ihm auf seinen Weg mitgegeben haben, verbunden. Diese Bindung wirkt auch in die Beziehung zu den ihm anvertrauten Kindern, zu seinen Kollegen und Vorgesetzten hinein – manchmal ist diese Wirkung förderlich, manchmal eher hinderlich. Schauen wir uns also die Rolle, die die Eltern des Pädagogen bei der Ausübung seines Berufes spielen, etwas genauer an!

Kraftquellen? Der Pädagoge und seine eigenen Eltern

Im Kapitel »Was Eltern stärkt – auch sie haben Vater und Mutter« haben wir darüber gesprochen, welche Kraftquelle der »Strom des Lebens« für Eltern sein kann. Wenn Eltern sich von ihren eigenen Eltern gestärkt wissen, dann können sie starke Eltern sein und den Platz der »Großen« einnehmen. Die Kinder können dann als die »Kleinen« von ihren Eltern das nehmen, was sie brauchen: Liebe, Fürsorge, Wertschätzung und Grenzen.

Pädagogen haben nun, wie wir gesehen haben, im Erziehungsprozess eine deutlich andere Aufgabe als Eltern. Aber auch von ihnen wird erwartet, dass sie ihren Platz einnehmen, dass sie »Gebende«, also die »Großen« sind. Lehrer, Erzieherinnen und alle im pädagogischen Bereich Tätigen brauchen, wie die Eltern auch, eine enorme Stärke, um den ihnen anvertrauten Kindern mit Zuneigung, Geduld und den nötigen Grenzen begegnen zu können. Sie brauchen darüber hinaus viel Kraft und soziale Kompetenz, um im vielschichtigen Beziehungsgeflecht ihrer pädagogischen Einrichtung oder Schule einen Platz zu finden, an dem sie »wirksam« werden können.[14]

Genauso wie Eltern die Kraft für die Erziehung ihrer Kinder durch ihre eigenen Eltern bekommen, kann einem Pädagogen die Kraft, die er für seine vielfältigen Aufgaben braucht, von seinem Vater und seiner Mutter zufließen. Im Kapitel »Was Eltern stärkt – auch sie haben Vater und Mutter« habe ich darüber gesprochen, was es bedeutet, die eigenen Eltern als »Rückendeckung« hinter sich zu wissen. Gelingt es dem Pädagogen, seine Eltern so anzunehmen, wie sie sind und waren, mit all ihren Stärken und ihren Schwächen, mit dem Leichten und dem Schweren, dann ist er an eine Energiequelle angeschlossen, die ihn nährt, während er das Empfangene in seinem Beruf weitergibt. Wir haben auch schon über die Hindernisse gesprochen, die auf dem Weg eines solchen Annehmens der Eltern liegen können. Der Weg der inneren Versöhnung mit den Eltern ist nun aber – wie ich an mir selber erfahren habe und auch in der Begleitung meiner Klienten immer wieder erlebe – ein Prozess, der uns manchmal durch das ganze Leben begleitet. Sich diesem Prozess anzuvertrauen und nicht aufzugeben ist nicht immer ganz leicht, aber überaus lohnend.

Ein Pädagoge, der sich mit seiner eigenen familiären Dynamik, vor allem mit dem Verhältnis zu seinen eigenen Eltern, auseinandergesetzt hat, versteht, wie schwer Kinder manchmal an den Belastungen in ihrer Herkunftsfamilie tragen. Es fällt ihm leichter, diese Belastungen der Kinder zu achten, denn er weiß auch, wie viel Kraft den Kindern gleichzeitig aus der Bindung an ihre Eltern zufließt. Hat sich ein Pädagoge mit den Belastungen in seiner eigenen Herkunftsfamilie befasst und Lösungen daraus entwickelt, kann er sich an die Kraft des »Lebensstroms« angeschlossen fühlen. Diese Erfahrung kann ihn persönlich stärken, die Beziehungen im vielfältigen Beziehungsgeflecht seines Arbeitsbereichs entlasten und ihm immer wieder Kraft für die hohen Anforderungen seines Berufs geben.

Praktische Übung (NIG): Der Pädagoge und seine Eltern – das Kind und seine Eltern

Mithilfe dieser praktischen Übung aus dem Neuro-Imaginativen Gestalten können Sie erproben, welchen Unterschied es für Sie als Pädagogen, aber auch für das Kind und seine Eltern macht, wenn Sie Ihre eigenen Eltern hinter sich stehen haben. In dieser Übung verweben sich also Ihr eigenes familiäres »Wirkfeld« mit Ihrem beruflichen »Wirkfeld«. Für diese fortgeschrittene Übung ist eine Vorarbeit sinnvoll, wenn auch nicht unbedingt nötig. Für die Beschäftigung mit Ihren eigenen Eltern empfehle ich Ihnen, zunächst die NIG-Übung »Die Eltern hinter sich spüren« (Seite 85 ff.) zu machen. Eine gute Vorübung für das berufliche Feld hingegen ist die NIG-Übung »Der Pädagoge, das Kind und seine Eltern« (Seite 109 ff.). Bitte passen Sie die Übung sprachlich Ihrem Kontext an: Beispielsweise können Sie das hier sogenannte »Kind« auch als Schüler(in) oder Jugendliche(n) bezeichnen; den Pädagogen können Sie durch die Erzieherin oder den Lehrer ersetzen; der neutrale Berater, also die Metaposition, kann auch die »weise alte Frau«, die »neutrale Beobachterin« oder Ähnliches genannt werden.

Sie können diese Übung für sich allein oder unter Anleitung einer Kollegin, eines Begleiters oder eines Partners machen. Gut möglich ist die Verwendung dieser Übung auch in einer Gruppe, zum Beispiel im Team oder im Kollegium. In diesem Fall führt ein Gruppenleiter die Teilnehmer gemeinsam von Punkt zu Punkt.

 Verlaufsbeschreibung

Material: Sechs DIN-A4-Blätter, farbige Stifte oder Kreiden

1. Nehmen Sie Ihre nicht dominante Hand und fertigen Sie, jeweils auf einem gesonderten Blatt, eine Skizze von sich selber als Pädagoge, einem Ihnen anvertrauten Kind sowie seinen Eltern an. Fühlen Sie sich ganz frei in der Gestaltung, es kann ein konkretes oder abstraktes Bild werden oder vielleicht auch ein Symbol. Wenn Sie fertig sind, legen Sie Ihr eigenes Blatt und das Blatt des Kindes so auf dem Boden aus, wie es für Sie stimmig ist. Die Eltern des Kindes legen Sie dann bitte so auf den Boden, dass sie sich im Rücken des Kindes be-

finden und auf das Kind schauen. Ein leeres, unbemaltes Blatt legen Sie in größerer Entfernung als neutralen Berater aus.

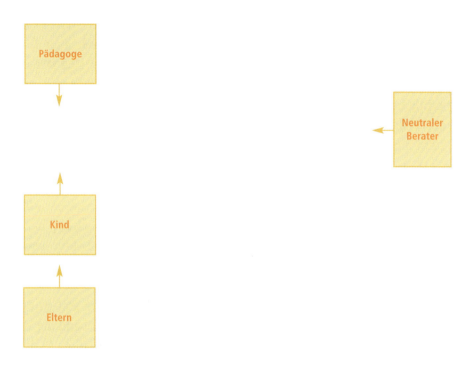

2. Stellen Sie sich zunächst auf das Blatt des neutralen Beraters. Was fällt Ihnen als neutraler Berater auf, wenn Sie auf den Pädagogen und das Kind mit seinen Eltern schauen? Wie erscheint Ihnen der Abstand? Wie ist die Blickrichtung zueinander?
Betreten Sie Ihre eigene Position und achten Sie auf Ihre körperlichen und emotionalen Reaktionen. Wie ist Ihr Stand und Ihre Haltung auf diesem Platz? Können Sie das Kind und seine Eltern sehen? Wie erscheint Ihnen der Abstand zum Kind? Möchten Sie die Position Ihres Blattes verändern?
Betreten Sie dann die Position des Kindes und achten Sie ebenfalls auf Ihre körperlichen und emotionalen Reaktionen. Nehmen Sie Unterschiede wahr zur Sichtweise des Pädagogen!

3. Fertigen Sie jetzt mit Ihrer nicht dominanten Hand je eine Skizze von Ihrem Vater und Ihrer Mutter an und legen Sie die beiden Blätter so auf dem Boden aus, dass sie sich in Ihrem Rücken befinden und auf Sie schauen. Bestimmen Sie den Abstand so, wie er für Sie stimmig ist.

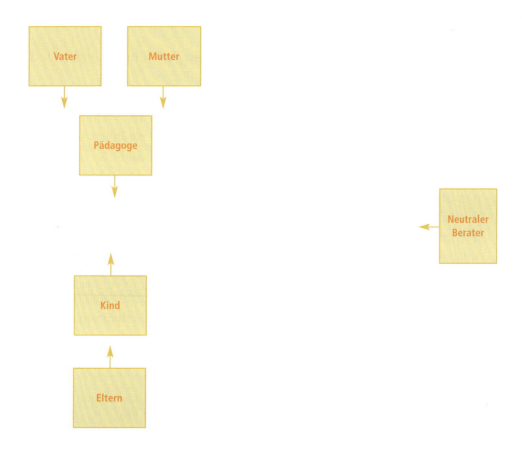

4. Betreten Sie das Blatt des neutralen Beraters – was hat sich aus seiner Sicht dadurch geändert, dass der Vater und die Mutter des Pädagogen dazugekommen sind?
Betreten Sie Ihre eigene Position und achten Sie auf Ihre körperlichen und

emotionalen Reaktionen. Was hat sich für Sie dadurch geändert, dass Ihr Vater und Ihre Mutter dazugekommen sind? Wie empfinden Sie die Entfernung zum Kind jetzt? Möchten Sie die Position eines oder mehrerer Blätter verändern?
Betreten Sie dann die Position des Kindes und achten Sie hier ebenfalls auf Ihre körperlichen und emotionalen Reaktionen. Was hat sich aus der Sicht des Kindes dadurch geändert, dass die Eltern des Pädagogen dazugekommen sind?

5. Sollten Sie sich auf irgendeinem der Blätter unbehaglich fühlen, können Sie die Position der Blätter verändern, bis Sie sich wohl fühlen.
Erproben Sie auch die Wirkung der Verneigung. Drehen Sie sich mit Ihrem Blatt zu Ihren Eltern um und verneigen Sie sich vor Ihren Eltern. Mit dieser Verneigung danken Sie Ihren Eltern für alles, was Sie von ihnen bekommen haben. Nachdem Sie sich langsam aufgerichtet haben, nehmen Sie wieder Ihre körperlichen und emotionalen Reaktionen wahr. Drehen Sie sich dann mit Ihrem Blatt um und schauen Sie noch einmal auf das Ihnen anvertraute Kind. Wie fühlen Sie sich jetzt, gibt es Unterschiede? Wie empfinden Sie nun die Eltern im Rücken?

6. Sollte es Ihnen längerfristig Schwierigkeiten bereiten, Ihre Eltern im Rücken zu spüren, zögern Sie nicht, sich Unterstützung zu holen! Ein Besuch einer Familienaufstellung unter der Leitung eines qualifizierten Therapeuten oder Beraters kann Sie auf dem Weg begleiten, die Beziehung zu Ihren Eltern zu klären und die unterbrochene Liebe wieder zum Fließen zu bringen.

Erfahrungen mit der NIG-Übung

In der Supervision und Beratung hat diese Übung Lehrern, Erzieherinnen und anderen im pädagogischen Bereich Tätigen schon häufig gute Dienste geleistet. Eine positive Erfahrung ist dabei immer wieder, dass die Eltern im Rücken dem Pädagogen Kraft und Unterstützung geben können für seine Arbeit. Auch die Beziehung zwischen Pädagoge und Kind verändert sich dadurch: Das Kind empfindet den Pädagogen mehr als »natürliche Autorität«, es erlebt ihn als »größer«, sich selber empfindet es als »wohltuend kleiner«. Der Pädagoge fühlt sich kraftvoller in seiner Rolle des Gebenden, er empfindet es als weniger anstrengend, sich dem Kind zuzuwenden, wenn seine Eltern hinter ihm stehen. Dass der »Strom des Gebens« jetzt für sie in die richtige Richtung fließt, drückte eine Teilnehmerin meines Arbeitskreises »Systemische Pädagogik« einmal so aus: »Seit meine Eltern hinter mir standen, habe ich von den Schülern gar keine Anerkennung mehr gebraucht und gewollt!«

So schön und stärkend das Bild vom »Strom des Gebens« auch sein kann, so wird es doch nicht von jedem Teilnehmer gleich erlebt. Das folgende Fallbeispiel aus der Supervision macht deutlich, wie die unklare Beziehung einer Lehrerin zu ihrem Vater ihrer schulischen Arbeit im Weg stand. Die Fallbeschreibung ist auch ein Beispiel dafür, wie die Arbeit mit einer Familienaufstellung im begleiteten Rahmen einer Supervision oder Beratung aussehen kann.

 Fallbeispiel: Der Vater steht dazwischen

Die Sonderschullehrerin Frau Klement berichtet in der Supervision, dass sie sich ihren Schülern, denen sie Förderunterricht erteilt, seit längerem nicht mehr gewachsen fühlt. Obwohl ihr ihre Arbeit eigentlich Freude macht, fühlt sie sich überfordert und hat das Gefühl, sich nicht mehr richtig durchsetzen zu können: »Die Schüler fahren mit mir Schlitten«, sagt sie.

Ich bitte Frau Klement je eine Skizze von sich und den Kindern des Förderunterrichts anzufertigen und so auf dem Boden auszulegen, wie es ihrem Gefühl entspricht. Ein leeres Blatt dient als Metaposition, Frau Klement nennt sie die »weise alte Frau«.

Frau Klement stellt sich auf meine Bitte hin zunächst auf die Position der weisen alten Frau und betrachtet von hier aus die ausgelegten Blätter. »Eigentlich ist da viel Energie auf beiden Seiten«, sagt sie, »die Farben sind kraftvoll. Bei den Schülern scheint die Kraft mit den roten Zacken aber eher nach außen zu gehen als bei der Lehrerin!« Auf dem Platz der Schüler stehend, erlebt sich Frau Klement tatsächlich voller Elan. Sie hat dort aber die Lehrerin nicht im Blick. Auf ihrem eigenen Platz sieht sie zwar die Schüler, bekommt aber ganz schwache Knie und fühlt sich nach unten gezogen.

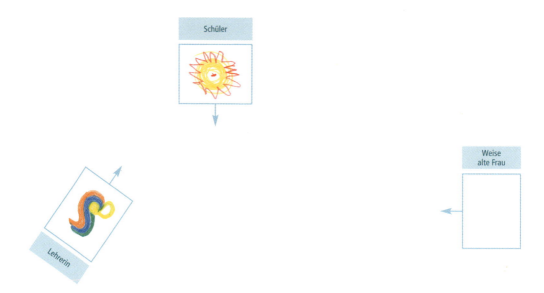

Ich frage Frau Klement nach ihren Eltern. »Oje«, sagt sie, »mein Vater ist pflegebedürftig und macht mir viele Sorgen. Ich habe eine Betreuung für ihn organisiert, aber es bleibt trotzdem sehr viel an mir hängen. Meine Mutter ist schon lange tot.« Frau Klement fertigt auf meine Bitte hin eine Zeichnung von ihrem Vater und ihrer Mutter an und legt sie so auf dem Boden aus, wie es für sie stimmig ist.
Vom Platz der weisen alten Frau aus schaut Frau Klement nun auf die neue Konstellation: »Die Lehrerin ist ja jetzt richtig eingerahmt von ihren Eltern«, sagt sie, »die Schüler spielen dabei aber überhaupt keine Rolle mehr!« Als Frau Klement als Nächstes ihren eigenen Platz betritt, sieht sie sich ihrem Vater gegenüber. Sie hat sofort das Gefühl, als würde eine enorme Kraft ihren Körper nach hinten drücken, gleichzeitig fühlt sie sich aber im Rücken, wo ihre Mutter steht, gehalten. Ich frage sie, ob sie ihre Schüler noch wahrnimmt, aber sie winkt ab: »Wie soll ich die sehen? Da steht doch mein Vater dazwischen!« Als Nächstes stellt sich Frau Klement auf den Platz der Schüler: Hier spürt sie wieder die kraftvolle Energie, aber auch wachsende Unruhe und Ungeduld.
Ich bitte Frau Klement, sich noch einmal auf den Platz der weisen alten Frau zu stellen. »So kann die Lehrerin unmöglich unterrichten, sie sieht nur ihren Vater«,

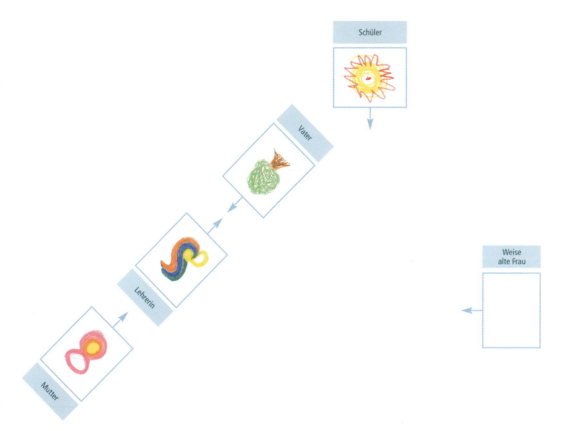

sagt sie, »die Kinder scharren schon mit den Hufen, da muss sich etwas ändern!« Auf meinen Vorschlag hin legt Frau Klement die Skizze ihres Vaters neben die Skizze ihrer Mutter, sodass sie nun beide Eltern im Rücken hat.

Als sie sich jetzt wieder auf ihre eigene Position stellt, ist das Gefühl, nach hinten gedrückt zu werden, nicht mehr da, stattdessen ist Frau Klement aber sehr darüber beunruhigt, was sich in ihrem Rücken wohl tut. Ich bitte sie, sich umzudrehen und ihre Eltern anzuschauen. Sie blickt verwirrt zwischen Vater und Mutter hin und her. »Wie soll ich mich um dich kümmern, wenn du da stehst, Vati?«, sagt sie schließlich. Da sich Frau Klement seit dem Tod ihrer Mutter um ihren Vater gekümmert hat, ist es für sie sehr ungewohnt, ihre Eltern nun wieder als Paar nebeneinander zu sehen.

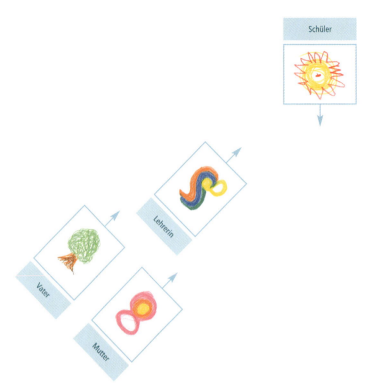

Ich bitte sie, sich vor ihren Eltern zu verneigen. Nach einer zunächst zögerlichen, dann aber sehr tiefen Verneigung nickt Frau Klement und sagt dann: »Es ist gut so, euch so zu sehen. Da fällt eine Last von mir ab.« Frau Klement ist sehr gerührt, denn sie merkt erst jetzt, wie bemüht sie war, ihrem Vater die verstorbene Frau zu ersetzen. Lange steht sie noch da, schaut auf ihre Eltern, wie sie nebeneinanderstehen, und lässt dieses Bild auf sich wirken. Nach einer Weile bitte ich sie, sich noch einmal umzudrehen. Frau Klement fühlt sich mit den Eltern im Rücken jetzt »beruhigt und warm«, und als ihr Blick auf die Schüler fällt, lächelt sie: »Ich war lange weg. Jetzt bin ich da für euch.«

Zum Schluss stellt sich Frau Klement noch auf den Platz der Schüler. Überrascht stellt sie fest, dass sie auf diesem Platz jetzt Neugierde verspürt und sich der Lehrerin ein bisschen zuwenden möchte. Dann lacht sie und sagt mit dem Blick auf die »geballte Kraft« der Lehrerin und ihrer Eltern: »Aber wir haben auch Eltern!«

Systemisches Handeln – Beispiele für die Praxis

In den vorangegangenen zwei Hauptkapiteln haben wir uns mit der Eingebundenheit des Kindes in seine Familie, mit den Auswirkungen dieser Bindung auf seine Beziehungen in der öffentlichen Erziehung und mit den in Systemen wirksamen Ordnungsprinzipien beschäftigt – wir befanden uns weitgehend im Haus der »Eingebundenheit«. Sie erinnern sich: Im Einführungskapitel hatten wir das Bild vom Fluss und den beiden Häusern »Eingebundenheit« und »Eigenständigkeit«. Ich bin davon ausgegangen, dass diese zwei Häuser zusammengehören wie die Ufer eines Flusses und dass diese beiden systemischen Sichtweisen durch die Brücke der »Wechselwirkungen« miteinander verbunden sind. Damit sich ein Kind gut entwickeln kann, braucht es die Sicherheit von Bindungen, gleichzeitig hat es aber auch den Wunsch, seine eigene Persönlichkeit zu entfalten und seine eigenen Fähigkeiten zu entwickeln.

In diesem Kapitel wechseln wir nun hinüber in das Haus der »Eigenständigkeit« auf der anderen Seite des Flusses: Hier geht es schwerpunktmäßig um den systemisch-konstruktivistischen Ansatz.

Lebensgestaltung und Selbstverantwortung im Rahmen von Familien und anderen Gemeinschaften sind Leitthemen, die in das Haus der »Eigenständigkeit« gehören. Dazu stelle ich Ihnen im Folgenden praktische Übungen aus dem Neuro-Imaginativen Gestalten (NIG) vor, die ursprünglich von Eva Madelung entwickelt und von mir für den pädagogischen Bereich weiterentwickelt wurden.[1] Sie können mit diesen Übungen Kinder ab dem Kindergartenalter bis hin zu Jugendlichen, aber auch sich selber als Eltern oder Pädagogen auf kreative Weise systemisch begleiten. In den Übungen kommen einige Grundannahmen des systemisch-konstruktivistischen Ansatzes zum Tragen, hierzu gehören die *Ressourcen-*, die *Lösungs-* und die *Zielorientierung* sowie der Grundgedanke der *Allparteilichkeit*.

»Kraftbilder« – Ressourcenorientierung

Beginnen wir mit der Ressourcenorientierung, die eine der Grundlagen systemischen Denkens und Handelns ist. Was ist damit gemeint? Befragt man das etymologische Wörterbuch, erfährt man, dass das Wort »Ressource« aus dem Französischen entlehnt ist und in Zusammenhang mit der Bedeutung »sich erheben, sich erholen« steht. Ressourcen sind demnach als Reserven und Vorräte zu verstehen, auf die wir zurückgreifen können, um uns immer wieder zu erholen und zu »erheben«. Ressourcenorientierung in der Pädagogik bedeutet, dass wir Jugendliche und Kinder darin unterstützen, ihre Reserven und Vorräte beziehungsweise ihre Kraftquellen zu entdecken und zu nutzen. Statt also unser Hauptaugenmerk auf die Schwächen und Unvollkommenheiten zu richten, konzentrieren wir uns auf die Stärken und Ressourcen der uns anvertrauten Kinder und Jugendlichen. Wir kümmern uns weniger um die Fehler und die Defizite aus der Vergangenheit, sondern beschäftigen uns mehr mit den Situationen, in denen die Kinder zu einem früheren Zeitpunkt bereits erfolgreich waren.

Kraftbilder sind Kraftquellen

Probieren Sie es einmal bei sich selber aus: Wie reagiert Ihr Körper und wie fühlen Sie sich, wenn Sie sich den Satz »Das kann ich nicht!« laut vorsprechen? Lassen Sie vielleicht Kopf, Schultern und Mundwinkel hängen und gehen Sie im Geiste sämtliche Misserfolge Ihres Lebens durch? Als Nächstes sprechen Sie sich laut den Satz vor: »Das kann ich – so etwas habe ich schon einmal geschafft!«, und nehmen wahr, wie Ihr Körper auf diesen Satz reagiert und wie Sie sich dabei fühlen. Haben Sie sich aufgerichtet, sind Ihre Mundwinkel nach oben gewandert und sind Ihnen vielleicht sogar einige Erfolge Ihres Lebens durch den Kopf gegangen?

Mithilfe dieses kleinen Versuchs haben Sie vielleicht die Wirkung von Erfolgserlebnissen aus der Vergangenheit »am eigenen Leib« erfahren: Sie können uns »aufrichten, erheben« und sind damit eine Ressource und Kraftquelle für unser jetziges Leben. Aber nicht nur frühere Erfolgserlebnisse gehören zu den Ressourcen und

Kraftquellen. Hier finden Sie noch einige weitere Beispiele aus der langen Liste der Möglichkeiten:

- Ressourcenpersonen: Familienmitglieder, Freunde, Erzieher und Lehrer, andere wichtige Menschen, denen wir begegnet sind
- Vorbilder und Idole aus verschiedenen Bereichen: Musik, Kunst, Literatur, Sport, Geschichte, Medien
- Religiöse oder spirituelle Bindung, Bilder und Symbole
- Ressourcentiere, -farben, -pflanzen, -orte
- Besondere Fähigkeiten
- Besondere Erlebnisse, gelöste Konflikte, gute Entscheidungen

Jeder Erwachsene, jeder Jugendliche und jedes Kind braucht Kraftquellen in seinem Leben, die ihm Lernen und Entwicklung ermöglichen. Tatsächlich verfügen wir auch alle über solche Kraftquellen, nur sind sie uns oft nicht bewusst oder aber wir verlieren sie in schwierigen Momenten oder Zeiten aus den Augen.

Mit der Kraftquelle »Ressourcenpersonen« schlagen wir übrigens eine Brücke in das Haus der »Eingebundenheit«. Ich mache oft die Erfahrung, dass Kinder und Jugendliche ihre Eltern oder ihre Großeltern als Ressourcenpersonen zeichnen – dies ist ein gutes Beispiel für einen gelungenen Anschluss an den »Strom des Lebens«!

Die folgende Übung aus dem Neuro-Imaginativen Gestalten ist eine schöne Möglichkeit, sich seiner eigenen Kraftquellen bewusst zu werden. In dieser Übung fertigen wir Skizzen dieser Kraftquellen an, die wir »Kraftbilder« nennen. Indem wir diese »Kraftbilder« nicht nur anschauen und über sie sprechen, sondern uns auch in sie »hinein«-stellen, werden die Ressourcen mit dem ganzen Körper, mit allen Sinnen spürbar. Wir kommen in Kontakt mit dem, was uns guttut, was wir bereits können oder was wir an Positivem erlebt haben. Diese positive Erfahrung dient als »Anker« und das, was zuvor vielleicht schwierig und problematisch erschien, bekommt eine neue Richtung.

Praktische Übung (NIG): »Kraftbilder«

Sie können mit dieser Übung Kinder vom Kindergartenalter bis hin zu Jugendlichen begleiten: allein, zu mehreren, in einer größeren Gruppe. Und was Kindern guttut, spricht auch das »innere Kind« in uns Erwachsenen an – also zögern Sie nicht, auch für sich selber, mit Ihrem Partner oder mit Kollegen auf die Suche nach den eigenen Kraftquellen zu gehen! Je nach Alters- und Zielgruppe werden Sie die Anleitung zur Übung sprachlich natürlich verändern.

Einleiten können Sie die Übung je nach Situation mit Elementen der vorgeschlagenen Fantasiereise oder auch mit einem Gespräch. Sie können sich dabei auf eine bestimmte »Art« von Kraftquellen konzentrieren, in der vorgeschlagenen Fantasiereise sind es zum Beispiel Erfolgserlebnisse und Ressourcenpersonen. Sie können aber auch auf die ganze Bandbreite möglicher Kraftquellen eingehen und dies in der Fantasiereise oder im Gespräch entsprechend vorbereiten.

Fantasiereise

Mach es dir bequem und lass deine Füße dabei fest auf dem Boden stehen. Während du langsam ein- und ausatmest und mehr und mehr nur auf dich selber hörst, kommst du zur Ruhe und schließt deine Augen. Und während sich deine Augen schließen, wanderst du mit deiner Aufmerksamkeit in deine Füße – du spürst, wie die Füße ganz fest auf dem Boden stehen … Du wanderst innerlich deine Beine hinauf und du spürst, wie du auf dem Stuhl sitzt, wie der Stuhl dich trägt und hält. Dann wanderst du weiter in den Rücken und spürst, wie die Lehne deinen Rücken stärkt, wie du dich anlehnen und ausruhen kannst …

Du atmest ganz ruhig und regelmäßig ein und aus, ein und aus …

Und nun lässt du langsam eine Erinnerung in dir aufsteigen – die Erinnerung an etwas, das dir gut gelungen ist … Du warst erfolgreich, du hast etwas so geschafft, wie du es dir vorgestellt hattest … was ist dir damals gut gelungen? War es etwas, was du können wolltest und was du erreicht hast, war es eine Prüfung oder eine Klassenarbeit, eine gute Entscheidung oder etwas ganz anderes? Wenn du dich jetzt daran erinnerst, dann spür noch einmal das gute Gefühl, das du damals hattest, wie wohlig und zufrieden du dich damals gefühlt hast, wie stolz du warst …

Wie alt warst du damals? Vielleicht kannst du mit deinen inneren Augen sehen, wie du damals aussahst, welche Kleidung du anhattest … welche Jahreszeit war es? Wie war das Wetter, war es kalt oder warm, sonnig oder regnerisch? Kannst du dich auch an Geräusche erinnern, was wurde gesprochen, was hast du gehört? Gab es auch einen Geruch? Die Erinnerung an dieses Erlebnis füllt dich nun ganz aus …

Und nun stellst du dir vor, wer aus deiner Familie dir diese gute Leistung oder diese gelungene Situation wohl am meisten zugetraut hat … Wer hat wohl am meisten daran geglaubt, dass du es schaffen wirst und hat dich unterstützt … ist es deine Mutter oder dein Vater oder vielleicht jemand anderes aus deiner Familie? Oder ist es ein Freund, eine Freundin? Ist es ein Erwachsener, ein Kind oder ein Jugendlicher? Ist es eine Person oder sind es mehrere? Wie sieht diese Person aus, welche Kleidung trägt sie? Spür die Freude, die du empfindest, wenn du diesen Menschen siehst … Möglicherweise kannst du diese Person auch hören, wie sie liebevoll mit dir spricht, wie sie dich ermutigt und unterstützt …

Mit diesem Gefühl von Vertrauen und Kraft, die von dieser Person zu dir fließen, kehrst du nun wieder in deine Füße zurück, die fest auf dem Boden stehen. Du spürst wieder den Stuhl, auf dem du sitzt und die Lehne, an der du dich anlehnst. Du streckst und rekelst dich wie eine Katze nach dem Schlafen und öffnest langsam deine Augen.

 Beschreibung der Übung

Material: DIN-A4-Blätter, farbige Stifte oder Kreiden

1. Finde in einem Gespräch, in Partnerarbeit oder mithilfe der Fantasiereise eine oder mehrere Kraftquellen für dich heraus. Beispiele für Kraftquellen sind:
   - Kinder und Erwachsene, die dich unterstützen, die an dich glauben: Vater oder Mutter, Oma oder Opa, andere Verwandte, Freunde
   - Vorbilder und Idole: Sport-, Film- oder Musikstars, Vorbilder aus der Geschichte oder der Kunst, Märchenfiguren, Kraftfiguren wie Asterix oder Batman
   - Schutzengel und unsichtbare Helfer

- Krafttiere
- Kraftfarben
- Kraftbäume oder besondere Orte
- Erfolg in einem bestimmten Fach, einer Prüfung oder Klassenarbeit
- Etwas, was du gut kannst
- Etwas, was du schaffen wolltest und auch geschafft hast
- Ein schönes Erlebnis, ein gut gelöster Streit, eine richtige Entscheidung …

2. Zeichne mit der Hand, mit der du sonst nicht schreibst oder malst, deine Kraftquelle auf ein Blatt Papier. Nimm für jede Kraftquelle ein eigenes Blatt. Nimm dir Zeit, die Kraftbilder anzuschauen, und lege sie dann so auf dem Boden aus, dass du das Gefühl hast: Ja, so liegen sie richtig!

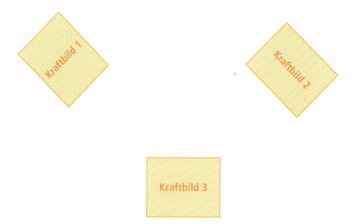

3. Stell dich nun auf dein Kraftbild und spüre nach, wie du dich hier fühlst:
   - Wie stehst du auf diesem Blatt? Fest oder wackelig?
   - Kannst du die Kraft deines Bildes spüren? Wo spürst du sie in deinem Körper? Vielleicht kannst du die Hand dort hinlegen, wo du die Kraft spürst.
   - Wie atmest du? Kannst du tief durchatmen oder hältst du vielleicht die Luft an?
   - Wie fühlst du dich auf diesem Platz? Mutig oder ängstlich? Fröhlich oder traurig? Gut gelaunt oder wütend?

- Kann dir die Person, das Tier oder der Baum einen Ratschlag geben? Was sagt sie oder er zu dir?
- Wenn du mehrere Kraftbilder hast: Gibt es Unterschiede? Fühlst du die Kraft an verschiedenen Stellen im Körper? Welches dieser Bilder gibt dir mehr Kraft, welches weniger?

4. Schau dir deine Kraftbilder immer mal wieder an – du kannst sie über deinem Bett oder deinem Schreibtisch aufhängen, in deiner Tasche oder im Federmäppchen aufbewahren. Du kannst dich immer mal wieder draufstellen und dich sogar darauf setzen, zum Beispiel während einer Klassenarbeit.

> **Tipps zum Umgang mit der Übung**
> - Die Idee, Kraftbilder zu suchen und zu finden, lässt sich zu den verschiedensten Anlässen und Themen zu Hause, im Kindergarten, bei der Hausaufgabenbetreuung, in der Schule und in der Freizeit verwirklichen. Kraftbilder erinnern Kinder und auch uns selber an die vielen Kraftquellen, die uns auch in schwierigen Zeiten begleiten – deshalb sollten sie auch einen gebührenden Platz bekommen. Die Kinder können die Bilder für alle sichtbar aufhängen oder ihnen ein eher privates Plätzchen geben. Manchmal ist es auch wichtig und hilfreich, die Bilder eine Weile mit sich zu tragen – sei es in der Hosentasche oder im Federmäppchen. Haben sich mehrere Kraftbilder angesammelt, so ist es wunderschön, eine eigene Mappe »Meine Kraftbilder« anzulegen und bei Bedarf immer mal wieder in sie hineinzuschauen.
> - Viele Kinder haben einen ganz selbstverständlichen Zugang zur Ressource »Schutzengel und unsichtbare Helfer«. Es fällt ihnen ganz leicht, sich ihren Schutzengel mit Flügeln oder ihr persönliches Helferlein, das vielerlei Gestalt haben kann, vorzustellen. Auch die geliebte verstorbene Oma begleitet die Kinder in ihrer Vorstellung, schützt und stärkt sie auf ihrem Weg.
> - Im nächsten Kapitel finden Sie die Beschreibung einer weiteren NIG-Übung mit dem Titel »Mein Wunschbild« (Seite 176 ff.). In dieser Übung

> spielen Kraftbilder eine wichtige Rolle, Sie können die bereits vorhandenen Kraftbilder dort wieder verwenden. Auch im darauffolgenden Kapitel »Das will ich können!« finden Sie eine NIG-Übung (Seite 188 ff.), in die Sie vorhandene Kraftbilder einbauen können.

Grenzen als Wegweiser

Manchmal kann es vorkommen, dass ein Kind oder ein Jugendlicher die Bilder zwar gern malt, aber beim »Hineinstellen« entweder wenig körperliche Reaktionen wahrnimmt oder diese nur sehr kurz oder gar nicht mitteilen möchte. Bei Jugendlichen kann es auch schon mal sein, dass sie diese ungewohnte Vorgehensweise zunächst »seltsam« finden. Lassen Sie sich davon nicht beirren! Betonen Sie, dass es sich nur um ein Angebot handelt, einmal etwas Neues auszuprobieren. Respektieren Sie in jedem Fall die Reaktionen der Kinder und Jugendlichen: Wer über seine Erfahrungen sprechen möchte, kann das tun, wer nichts mitteilen will, braucht es nicht. Aus Erfahrung weiß ich, welch gute und lang anhaltende Wirkung die Beschäftigung mit den eigenen Kraftquellen für Kinder und Jugendliche haben kann, auch wenn sie ihre Empfindungen nicht immer so verbalisieren, wie wir Erwachsene uns das vorstellen.

Beispiel aus der Praxis:
Arbeit mit Kindern einer 1. Klasse zum Thema »Angst«

Die NIG-Übung »Kraftbilder« lässt sich in vielen Bereichen von Pädagogik und Erziehung einsetzen. Als Beispiel für die vielfältigen Anwendungsmöglichkeiten möchte ich über die Erfahrungen der Montessori-Pädagogin Alexandra Lux mit dieser Übung berichten.
Zunächst liest Frau Lux den 24 Kindern einer 1. Klasse die Geschichte »Frosch hat Angst« vor.[2] Die Geschichte handelt von unheimlichen Geräuschen, vor denen man Angst bekommen kann, wenn man allein ist, sie handelt aber auch von der

Kraft der Freundschaft und der gegenseitigen Unterstützung. In einem kurzen Gespräch über die Geschichte knüpft Frau Lux an das eigene Erleben der Kinder an: Die Kinder erzählen von Erlebnissen, in denen sie Angst hatten. Auf die Frage, was ihnen in dieser Situation geholfen hat, welche Hilfe sie sich geholt haben, reagieren die Kinder sehr offen und einige erzählen, wer ihnen geholfen hat. Die Pädagogin spricht darüber, dass es manchmal Angstsituationen gibt, in denen die Hilfe nicht direkt greifbar ist. Sie überlegen gemeinsam, was den Kindern dann helfen könnte: zum Beispiel ein Ritter, ein starkes Tier, ein Beschützer, den man sich vorstellt. Alexandra Lux lädt die Kinder zu einer Übung ein: Was gibt uns Kraft, wenn wir Angst haben? Jedes Kind bekommt ein leeres Blatt mit der Aufforderung »Male mit der Hand, mit der du sonst nicht malst, was dir hilft, wenn du Angst hast«. Das Zeichnen geht sehr schnell, alle Kinder haben eine Idee.

»Jetzt stellst du dich auf dein Bild und spürst die Kraft. Spüre für dich allein, du musst es nicht erzählen, wo du die Kraft spürst. Wenn du willst, kannst du die Augen schließen. Ist die Kraft in den Füßen, in den Beinen oder im Bauch? Ist sie in dir oder um dich herum, vielleicht wie eine Ritterrüstung? Steht sie hinter dir und stärkt dir den Rücken oder beschützt sie dich vielleicht von oben? Du kannst gerne die Hand dort hinlegen, wo du sie fühlen kannst. Spüre, ob sich die Kraft in dir bewegt. Vielleicht hörst du sie? Kannst du sie riechen oder schmecken?«

Die Pädagogin lässt den Kindern zwischen den einzelnen Fragen Zeit zum Nachspüren. Einige Kinder erzählen, was sie auf ihren Kraftbildern empfunden haben: Jedes Kind hat auf seine Weise etwas von der Kraft des Bildes gespürt. Zum Schluss spricht die Montessori-Pädagogin mit den Kindern darüber, dass ihnen diese Kraft immer zur Verfügung steht. Sie können sich, wenn sie Angst haben, wieder daran erinnern, sie können das Bild auch in der Hosentasche oder an einem anderen Ort aufbewahren.

Ihre Erfahrungen mit der NIG-Übung »Kraftbilder« fasst Alexandra Lux folgendermaßen zusammen: »Ich war erstaunt, wie offen die Kinder mitgemacht haben, alle waren völlig ruhig und konzentriert. Die gesamte Stimmung und Energie im Raum hat mich sehr berührt. Die Kinder haben sich aus der Stunde mit einem Lachen verabschiedet und mir ein sehr positives Feedback gegeben. Eine Mutter sprach mich nach einiger Zeit an, wie sehr ihrem Sohn der Unterricht bei mir gefallen habe. Er habe zu Hause schwärmend erzählt, dass ich etwas ganz Tolles mit ihnen gemacht habe. Ich empfehle diese Übung unbedingt zur Nachahmung und werde sie auch wiederholen.«

Im Anschluss an diesen Bericht sollen auch die »Kraftbilder« selber noch ihre Geschichte erzählen, die Schüler haben dazu jeweils einen kleinen Kommentar abgegeben:

Benedikt: »Der Schutzengel guckt von oben runter und schickt alles weg, was mir Angst macht. Den spür ich in meinem Herzen!« Der Schutzengel selber sagt in der Sprechblase: »Ich pass auf.«

Sebastian: »Ich liege in meinem Bett. In meinem Kopf ist ein halbes Gehirn, das wach ist, wenn ich im Traum Angst habe. Es sagt mir, dass das nur ein Traum ist!«

Leonhard: »Der Schutzengel verscheucht die bösen Träume. Er verhaut ihnen den Popo und dann haben sie oben Zimmerarrest.«

»Mein Wunschbild« – Zielorientierung

Wenden wir uns nun einem weiteren Grundpfeiler systemischen Denkens und Handelns zu: der Zielorientierung. »Jeder Mensch hat ein mehr oder weniger bewusstes Bild von seinem Lebensweg und seiner Zukunft. Dieses innere Bild leitet ihn in seinen Handlungen und Gefühlen, ob er es weiß und will oder nicht.«[3]

Die Kraft der Wünsche und Ziele

Wir alle kennen das: Seit unserer Kindheit begleiten uns innere Bilder von Wünschen und Zielen, die wir erreichen möchten oder nach denen wir uns sehnen – das kann zum Beispiel ein bestimmter Berufswunsch sein, ein Land, in das wir unbedingt einmal in unserem Leben reisen möchten, der Wunsch eine eigene Familie zu gründen. Wünsche und Ziele stellen einen enorm kraftvollen Motor für unsere Lebensgestaltung dar, sie sind »Kraftquellen in der Zukunft«, die uns anziehen und uns aktivieren: Nur wenn ich weiß, wohin ich will, mache ich mich überhaupt auf den Weg!
Ich erinnere mich gut an einen Schüler der 9. Klasse, den seine verzweifelte Mutter zu mir in die Praxis schickte. Sie schilderte ihn mir am Telefon als einen »Null-Bock-Jugendlichen«, der dem Unterricht teilnahmslos gegenüberstehe und manchmal sogar der Schule fernbleibe. Als dieser Junge dann, kleidungsmäßig ausgestattet mit allen Attributen des Protestes, zu mir in die Praxis kam, ging ich auf sein Verhalten in der Schule nicht ein. Ich bat ihn lediglich, seine Vorstellungen von der Zeit nach der Beendigung seiner Schule aufzuzeichnen. Zu meiner großen Überraschung skizzierte er mit dem Kugelschreiber Stationen seines zukünftigen Lebens als kleine Bildergeschichte: eine Lehre machen – eine Frau finden – ein Häuschen kaufen – Kinder bekommen. Ich war sprachlos: Da saß dieser junge Mann, der nach außen hin »null Bock« signalisierte, vor mir und entwarf ein solches Zukunftsbild! Die restliche Stunde verbrachte er auf meine Anregung hin damit, kleine Skizzen von unterstützenden Maßnahmen anzufertigen, die ihm bei der Verwirklichung seiner Ziele helfen könnten. Als »nächsten Schritt« auf dem

Weg zum Ziel zeichnete er beispielsweise den »Quali«, also den qualifizierenden Hauptschulabschluss. Er stellte sich auf meine Bitte hin auf alle Zeichnungen, gab äußerst knapp gehaltene Kommentare dazu ab und verabschiedete sich dann von mir, ohne eine weitere Verabredung mit mir zu treffen. Ich weiß nicht, was sich nach dieser Stunde im Leben des jungen Mannes noch ereignete, aber ich traf ihn zufällig nach zwei Jahren als smart gekleideten Verkäufer eines großen Bekleidungshauses wieder und er begrüßte mich sehr freundlich …

Mit der im Folgenden beschriebenen Übung »Mein Wunschbild« lade ich Sie ein, Kindern und Jugendlichen zu helfen, sich ihrer Ziele bewusst zu werden – Ziele, die sowohl in der näheren als auch der ferneren Zukunft liegen können. Die Ursprünge der Übung »Mein Wunschbild« liegen in der von Eva Madelung entwickelten NIG-Übung »Der Lebensweg«. Der Umgang mit dem »Lebensweg« hat sich als sehr hilfreich für Erwachsene in der Einzelarbeit, für Gruppen und Teams erwiesen. Im Buch *Im Bilde sein* von Eva Madelung und mir sind diese und viele andere Übungen ausführlich beschrieben.[4] Ich habe den »Lebensweg« für die Arbeit mit Kindern und Jugendlichen umgestaltet und mit Freude festgestellt, dass er sich auch mit ihnen gut bewährt.

Das angemessene Ziel

Natürlich sind Wünsche und Ziele im Kinder- und Jugendalter noch vielen Veränderungen unterworfen und mit dem nächsten Entwicklungsschritt des Kindes zeigen sich häufig auch neue Zielsetzungen. Meine eigene Tochter begann im zarten Alter von drei Jahren mit dem Berufswunsch »Schneewittchen«, später wollte sie zunächst Mutter und dann Kindergärtnerin werden, in der Pubertät hieß ihr Ziel »reich werden« und mittlerweile absolviert sie ein soziales Jahr als Entscheidungshilfe für ihren künftigen Beruf. Im jungen Alter, in dem die Weichen noch häufig neu gestellt werden, helfen Ziele dem Kind, sich auf seinem Lebensweg zu orientieren, sie wirken immer neu aktivierend und motivierend. Unsere Aufgabe als Eltern, Erzieherinnen und Lehrer besteht in diesem Zusammenhang darin, die Kinder wohlwollend und beratend in ihren Zielsetzungen zu begleiten und zu unterstützen. Auch die Einsicht, dass sich ein Wunsch als zu fantastisch oder unrealistisch herausstellt, kann ein Teil der Entwicklung und ein wichtiger Schritt sein!

Wenn ich im Folgenden einige Kriterien für ein »angemessenes« Ziel nenne, so geschieht das nicht in der Absicht, bestehende Ziele von Kindern abzuwerten. Es geht vielmehr darum, den Kindern bei ihrem Prozess einer angemessenen Zielfindung zur Seite zu stehen. Eine solche unterstützende Begleitung kann beispielsweise darin bestehen, dass wir den Kindern Fragen zu ihren Zielen stellen und uns Zeit für Gespräche über diese Ziele nehmen. Auch die NIG-Übung »Mein Wunschbild« kann eine solche Begleitung sein – indem das Kind sein Ziel zeichnet und sich anschließend auf die Zeichnung stellt, erlebt es die Qualität dieses Zieles aus verschiedenen Perspektiven mit allen Sinnen.

In den folgenden Punkten finden Sie einige Anregungen, wie Sie die Schritte (englisch: PACES) von Kindern bei der Zielfindung mit Gesprächen und Fragen begleiten können:

P *Positiv:* Ist mein Ziel positiv formuliert? Zum Beispiel: »Ich habe gute Freunde«, statt: »Ich möchte mich nicht mehr so einsam fühlen«.
A *Aktiv:* Was kann ich selber tun, um das Ziel zu erreichen? Beispielsweise: »Ich lerne einen Beruf, in dem ich viel Geld verdiene«, statt: »Ich möchte reich werden«.
C *Clear:* Woran wird mir klar, dass ich am Ziel angekommen bin? Beispielsweise: »Wenn ich genau weiß, was ich werden will, bin ich am Ziel angekommen«.
E *Energetisch:* Erfüllt mich das Ziel mit Freude und Energie, passt es zu meinem Leben, meinen bisherigen Überzeugungen und Erfahrungen?
S *Systemisch:* Tut das Ziel nur mir gut oder auch den Menschen, mit denen ich zu tun habe? Schade ich damit einem anderen Menschen?

Mit der Frage nach der Angemessenheit eines Zieles bewegen wir uns, wie so oft, im »Wirkfeld« zwischen »Eingebundenheit« und »Eigenständigkeit«. Einerseits wissen wir aus den Familienaufstellungen, wie unendlich groß die Liebe der Kinder zu ihren Eltern und zum Familiensystem ist und was sie bereit sind, für diese

Liebe zu tun. Die Zielsetzungen der Kinder werden also einerseits von dem Wunsch, sich im Einklang mit der Familie zu fühlen, genährt. Andererseits gibt es in jedem Kind den Wunsch und das Streben, das eigene Leben in die Hand zu nehmen und zu gestalten. In diesem »Wirkfeld« zwischen Bindung an die Familie einerseits und dem Wunsch nach Selbstverwirklichung andererseits entwickeln wir alle, nicht nur die Kinder, unseren Lebensweg – und so manches Mal müssen wir um die Integration dieser beiden Pole ringen. Gestehen wir also den Kindern auf ihrem Weg zum Ziel Umwege, Schlupflöcher und Seitenstraßen genauso zu wie geradlinige Schnellstraßen und »Hauptverkehrsadern«!

Praktische Übung (NIG): »Mein Wunschbild«

Mit dieser Übung können Sie Kinder ab dem Kindergartenalter bis hin zu Jugendlichen begleiten: allein, zu mehreren, in einer größeren Gruppe. Aber natürlich können Sie auch für sich selber, mit Ihrem Partner oder mit Kollegen auf die Suche nach den eigenen Wünschen und Zielen gehen. Je nach Altersgruppe werden Sie die Anleitung zur Übung sprachlich natürlich verändern.

Einleiten können Sie die Übung je nach Situation mit der vorgeschlagenen Fantasiereise oder auch mit einem Gespräch über mögliche Ziele des Kindes oder Jugendlichen.

Fantasiereise

Mach es dir bequem und lass deine Füße dabei fest auf dem Boden stehen. Während du langsam ein- und ausatmest und mehr und mehr nur auf dich selber hörst, kommst du zur Ruhe und schließt deine Augen. Dein tiefer Ausatem nimmt alles mit, was im Moment überflüssig ist, alle Gedanken, alles, was vor Kurzem noch wichtig war … Du begibst dich jetzt auf eine Zeitreise … auf eine Reise in deine eigene Zukunft …

Wenn ich einmal groß bin … vielleicht hast du daran schon mal gedacht und davon geträumt, wie das wohl sein wird. Wie alt bist du jetzt in deiner Vorstellung …? Wie siehst du wohl aus, wie bist du gekleidet …? Wo lebst du, in einem Haus, einer Wohnung …? Lebst du in der Nähe, wo du jetzt wohnst, in einer anderen Stadt oder einem anderen Land …? Was macht dir besonders viel Freude und Spaß …? Was kannst du besonders gut …? Hast du schon einen Beruf und arbeitest schon oder lernst du oder studierst du noch …?

Wo bist du, im Freien, in einem Büro, in einer Werkstatt, auf der Bühne oder ganz woanders …? Wer sind deine Freunde, welche Menschen umgeben dich? Mit wem lebst du zusammen …? Möchtest du verheiratet sein und Kinder haben oder stellst du es dir ganz anders vor …?

Das sind viele Dinge, an die du vielleicht schon einmal gedacht hast, vielleicht ist es aber heute auch das erste Mal … Verweile noch ein wenig in dieser Welt der Zukunft … Gibt es etwas, wovon du besonders träumst, was dich ganz besonders freuen würde …?

Und während du all diese Fragen hörst und vielleicht Bilder dazu in deinem Kopf entstehen, dreht sich jetzt die Zeit langsam wieder zurück … bis du wieder in der Jetztzeit und in diesem Zimmer ankommst … Du spürst den Stuhl, auf dem du sitzt, hörst die Geräusche hier im Raum und von draußen. Du streckst dich und rekelst dich wie eine Katze und öffnest langsam die Augen.

 Beschreibung der Übung

Material: DIN-A4-Blätter, farbige Stifte oder Kreiden

1. Zeichne mit der Hand, mit der du sonst nicht schreibst oder malst, dein Wunschbild auf ein Papier. Was möchtest du erreichen? Was sind deine Wünsche und Ziele?

   Zeichne nun auf ein zweites Blatt dein Jetztbild, ein Bild davon, wie du dich jetzt gerade siehst und fühlst, wie du jetzt lebst. Lege die beiden Blätter so auf dem Boden aus, dass du das Gefühl hast: Ja, so liegen sie richtig!

   Nimm dann ein leeres Blatt und lege es etwas außerhalb von deinen Zeichnungen auf den Boden: Dies ist der Platz der weisen alten Frau, die sich von hier aus alles von außen anschaut (natürlich kannst du diesen Platz auch den »klugen alten Mann«, den »neutralen Beobachter« oder »Berater« nennen).

2. Stell dich auf dein Wunschbild und spüre nach, wie du dich fühlst. Wie stehst du

auf diesem Blatt, fest oder wackelig, aufrecht oder gebeugt? Kannst du dein Jetztbild sehen? Wie fühlst du dich auf diesem Platz, gut und kräftig oder weniger gut und nicht sehr zuversichtlich? Fühlst du dich schon so, wie du sein willst, oder fühlst du dich noch nicht so gut auf diesem Platz? Möchtest du das Wunschbild so lassen, wie es ist, etwas darauf verändern oder es ganz neu zeichnen?

3. Stell dich nun auf dein Jetztbild und spüre nach, wie du dich hier fühlst. Merkst du Unterschiede zum Wunschbild, was ist hier anders, was ist ähnlich? Kannst du dein Wunschbild von hier aus sehen? Kommt dir der Weg bis zu deinem Wunschbild weit oder nah vor? Kannst du dir vorstellen, von hier aus dein Wunschbild zu erreichen? Möchtest du die Lage der Blätter noch einmal verändern oder passt es so?

4. Stell dich nun auf das leere Blatt, den Platz der weisen alten Frau, die alles von außen anschaut. Was fällt dir von hier aus auf? Wie weit ist es von hier aus gesehen vom Jetztbild zum Wunschbild? Glaubt die weise alte Frau, dass an dem Wunschbild noch etwas verändert werden sollte oder ist es gut so? Glaubt die weise alte Frau, dass das Wunschbild erreichbar ist?

5. Kehre jetzt zu deinem Platz mit den Stiften zurück und zeichne mit der Hand, mit der du sonst nicht malst oder schreibst, ein Kraftbild. Wer könnte dir dabei helfen, dein Wunschbild zu erreichen? Fällt dir ein Mensch ein, der dir zutraut,

dass du zu deinem Wunschbild hinkommst? Wer hat dir früher schon einmal Mut gemacht, dir einen Erfolg zugetraut, dir Selbstvertrauen geschenkt? War es jemand aus deiner Familie oder ein Freund, ein Kind oder ein Erwachsener? Zeichne ein Bild von diesem Menschen!

Wenn du fertig bist, legst du dein Kraftbild so auf dem Boden aus, dass du das Gefühl hast: Ja, so liegt es richtig!

6. Stell dich nun auf dein Kraftbild und probiere aus, wie du dich hier fühlst. Kannst du von hier aus das Jetztbild und das Wunschbild sehen? Glaubst du, wenn du auf diesem Platz stehst, dass das Wunschbild zu schaffen ist? Kannst du von hier aus Kraft dazu geben?
Du kannst das Kraftbild auch verschieben, wenn du möchtest. Stell dich dann noch einmal drauf und probiere aus, ob es so besser ist!

7. Nimm nun dein Kraftbild in die Hand und lege es unter dein Jetztbild. Stell dich auf dieses »Paket« drauf und fühle nach: Was hat sich verändert? Wie hast du dich vorher auf dem Jetztbild gefühlt und wie ist es nun mit dem Kraftbild darun-

ter? Wie kommt dir der Weg zum Wunschbild jetzt vor, weiter, näher oder genauso? Möchtest du das Jetztbild verschieben oder liegt es noch genau richtig so?

8. Nimm nun dein Kraftbild wieder in die Hand und lege es unter dein Wunschbild. Stell dich auch auf dieses »Paket« und fühle wieder nach: Was hat sich verändert? Wie hast du dich vorher auf dem Wunschbild gefühlt und wie ist es nun

mit dem Kraftbild darunter? Wenn du zum Jetztbild schaust – wie kommt dir der Weg nun vor, weiter, näher oder genauso wie vorher? Kannst du dir vorstellen, welchen nächsten Schritt du auf diesem Weg tun könntest, um zu deinem Wunschbild zu gelangen?

9. Stell dich zum Schluss noch einmal auf den Platz der weisen alten Frau. Wie schaut die weise alte Frau jetzt auf das Ganze? Glaubt sie, dass du dein Wunschbild erreichen kannst? Welchen nächsten Schritt sieht sie dich auf dem Weg zum Wunschbild tun? Möchte sie dir einen Ratschlag oder einen Tipp mit auf den Weg geben?

Deine Bilder kannst du nun mitnehmen und dir aufheben. Vielleicht hast du Lust, dich später noch einmal draufzustellen oder neue Bilder dazuzumalen. Die Bilder können dich immer wieder an dein Wunschbild und an deine Kraft auf dem Weg dorthin erinnern.

> **Tipps zum Umgang mit der Übung**
> - Sie brauchen nicht in jedem Fall die gesamte Übung »Mein Wunschbild« durchzuführen. Für Kinder im Kindergartenalter kann es beispielsweise eine gute Erfahrung sein, ihr Jetztbild und ihr Wunschbild zu zeichnen und diese beiden Blätter in ihrer Unterschiedlichkeit beim »Draufstellen« zu erleben. Mit älteren Kindern können Sie dann noch je nach Situation und zur Verfügung stehender Zeit die »weise alte Frau« und das »Kraftbild« hinzufügen.
> - Um die Übung übersichtlich zu beschreiben, habe ich zunächst nur die Verwendung eines Kraftbildes, die »Ressourcenperson«, vorgeschlagen. Sie können aber auch mehrere Kraftbilder zeichnen und auslegen lassen. Diese Kraftbilder werden dann gemeinsam unter das Jetztbild beziehungsweise das Wunschbild gelegt. Andere Kraftquellen können sein:
>
>   – Vorbilder und Idole: Film- oder Musikstars, Vorbilder aus der Geschichte oder der Kunst, Märchenfiguren, Kraftfiguren wie Asterix oder Batman

- Schutzengel und unsichtbare Helfer
- Krafttiere
- Kraftfarben
- Kraftbäume oder besondere Orte
- Erfolg in einem bestimmten Fach, einer Prüfung oder Klassenarbeit
- Etwas, was du gut kannst
- Etwas, was du schaffen wolltest und auch geschafft hast
- Ein schönes Erlebnis, ein gut gelöster Streit, eine richtige Entscheidung …

- Haben die Kinder zu einem anderen Zeitpunkt schon Kraftbilder gemalt und bewahren sie diese vielleicht sogar in einer Mappe auf? Dann können sie diese Kraftbilder noch einmal anschauen – vielleicht passt das eine oder andere Bild auch in die Übung »Mein Wunschbild« mit hinein?
- Nach der Übung können die Kinder ihre Bilder in der Kraftbilder-Mappe sammeln. Sie können sie aber auch je nach Vorliebe »gemeinschaftlich« im Klassenzimmer oder »privat« über dem Bett oder dem Schreibtisch aufhängen. Sie können sie auch wie die anderen Kraftbilder zur Vorbereitung auf Prüfungen, Klassenarbeiten oder zur Lösung von Konflikten verwenden.

Grenzen als Wegweiser

Sollten Sie zu dem Schluss kommen, dass ein Kind längerfristig Wünsche oder Ziele verfolgt, die ihm selber oder anderen schaden, so sollten Sie nicht zögern, auf verschiedenen Ebenen aktiv zu werden. Zunächst einmal werden Sie natürlich mit den Ihnen zur Verfügung stehenden Mitteln erzieherisch auf das Kind einwirken. Wenn Sie damit das Kind aber nicht erreichen, wäre ein Wechsel in das Haus der »Eingebundenheit« der nächste Schritt, denn es ist möglich, dass ein Kind mit seinen schädigenden Zielen eine familiäre Verstrickung ausdrückt, aus der es nicht ohne Weiteres nur durch Erziehungsmaßnahmen herausfindet. Im Kapitel »Wir gehören zusammen – das Kind und seine Familie« habe ich über solche Dynamiken gesprochen. Es wäre in einem solchen Fall ratsam, dass sich Eltern auf die Suche nach Lösungen machen, um ihr Kind zu entlasten.

Beispiel aus der Praxis: Religionsunterricht 6. Klasse

Die NIG-Übung »Mein Wunschbild« lässt sich in vielen Bereichen von Pädagogik und Erziehung einsetzen. Als ein Beispiel für die vielfältigen Anwendungsmöglichkeiten berichtet die Schulleiterin und Lehrerin Jutta Gasteiger über ihre Erfahrungen mit dieser Übung im evangelischen Religionsunterricht in der 6. Klasse einer Hauptschule.
Jutta Gasteiger setzte die Übung »Mein Wunschbild« in der Unterrichtseinheit »Erwartungen und Enttäuschungen der Schüler« ein. Diese Einheit stand im Rahmen des großen Themenbereichs »Kreuz und Auferstehung wecken Hoffnung«. In der ersten Unterrichtsstunde der Einheit erstellten die Schüler einen »Wunschbaum«, an den sie ihre Erwartungen und Enttäuschungen in Form von kleinen Blättern hefteten. Jutta Gasteiger fiel dabei eine Besonderheit auf: »An unserem Wunschbaum waren deutlich mehr ›Enttäuschungsblätter‹ als positive ›Wunschblätter‹.« In der darauffolgenden Stunde setzte die Lehrerin deshalb mit der NIG-Übung den Schwerpunkt auf die Erwartungen, Wünsche und Ziele der Schüler. Sie begann diese Stunde mit einem Rap, der den Titel »Ich bin ich« trug, lud die Schüler im Anschluss daran zu einer Fantasiereise in ihre Zukunft ein und leitete sie dann durch die Übung »Mein Wunschbild«. Am Ende der Stunde hatten die Schüler die Möglichkeit, in einer kurzen Blitzlichtrunde über ihre Erfahrungen zu sprechen und in einem Stuhlspiel ihre Ressource zu zeigen.
Ihre Erfahrungen in dieser Unterrichtsstunde fasst Jutta Gasteiger folgendermaßen zusammen: »Von den neun anwesenden Schülern in dieser Gruppe sind fünf extrem pubertär und finden zur Zeit kaum Worte für ihre Gefühle. Es fällt ihnen auch nicht leicht, sich auf Fantasiereisen einzulassen. Das finden sie peinlich. Obwohl in dieser Stunde Lehramtsstudenten anwesend waren, klappte der Einstieg und das Einlassen recht gut, nachdem ich ihnen vorher versichert habe:

- dass sie diese Übung nur für sich machen,
- dass sie mir und den Mitschülern nichts erklären müssen,
- dass sie damit die Chance haben, über ihre Wünsche und Erwartungen nachzudenken und vielleicht auch etwas Neues für sich dabei herauszufinden.

Das Zeichnen mit der nicht dominanten Hand rief nur kurzen Widerspruch hervor und wurde dann anstandslos akzeptiert.
Gut funktionierte die Abstandsbildung vom Jetztbild zum Wunschbild. Hier haben die Schüler ernsthaft und mit viel Ruhe ausprobiert und vor allem auch vom Stand des ›neutralen Beobachters‹ her nochmals korrigiert. Bei den Wunsch- und Jetztbildern malten die Schüler mit Begeisterung und Innigkeit, daher habe ich sie aus Zeitgründen nur ein Kraftbild malen lassen.
Die Schüler haben sich bis auf zwei, die immer wieder furchtbar kichern mussten – einem von beiden fällt es auch sonst schwer, sich auf etwas länger einzulassen und der andere leidet unter hochgradiger ADS (= Aufmerksamkeitsstörung) –, alle intensiv auf ihre Ressource gestellt und nachgefühlt und auch Korrekturen an der Lage ihrer Blätter vorgenommen.
In der Blitzlichtrunde mit den Schülern meinten drei, dass sich bei ihnen nichts verändert habe, die Kraftquelle habe sie nicht näher ans Ziel gebracht. Allerdings fanden sie selbst die Ursache heraus: Sie hatten sich »falsche« oder zu hohe Ziele gesteckt. Diese Selbsterkenntnis ist ja ein Erfolg der Übung! Die anderen Schüler spürten eine Veränderung und erkannten, dass auch in schwierigen Situationen Kraftquellen verfügbar sind. Selbst der Schüler, der die Konzentration nicht durchhalten konnte, hat dies für sich herausgefunden.
In der Anschlussstunde war ich sehr überrascht und positiv berührt. Zu Beginn der Stunde sollten die Schüler einem Studenten, der die Woche zuvor krank war, von der letzten Stunde erzählen. Die Kinder erzählten mit Eifer und unglaublicher Offenheit von ihren NIG-Erlebnissen. Mit Begeisterung berichtete der zappelige ADS-Schüler in allen Details von der Übung, die ich mit ihnen gemacht habe. Auch die Schülerin, die im Nachhinein ihr Ziel korrigiert hatte, beschrieb dieses Ziel jetzt von sich aus als sehr positives Gefühl – ich weiß nicht, ob sonst vom Unterricht so viel hängen bleibt!«

»Mein Wunschbild« – Zielorientierung **185**

Im Anschluss an diesen lebendigen Bericht der Lehrerin sollen auch die Zeichnungen noch ihre Geschichte erzählen, in manchen Fällen haben die Schüler und Schülerinnen noch kleine Erklärungen dazu geschrieben. Die genaue Lage der Bilder, die ja für jeden Einzelnen sehr wichtig ist, ließ sich im Nachhinein nicht mehr rekonstruieren, deshalb stehen sie hier in »Reih und Glied«.

Martin

Rudi

Sue Zoe

Mario

»Das will ich können!« – Lösungsorientierung

In den letzten beiden Kapiteln haben wir die Ressourcen- und die Zielorientierung als wichtige Pfeiler des systemischen Denkens und Handelns kennengelernt. In diesem Kapitel geht es nun um einen weiteren systemischen Grundpfeiler: die Lösungsorientierung. Was ist damit gemeint? Lösungsorientierung bedeutet, den »Aufmerksamkeitsscheinwerfer« auf Lösungen statt auf Probleme zu lenken. Wir alle kennen unsere Neigung, wie ein Kaninchen mit gebanntem Blick auf die Probleme der Kinder zu schauen und uns und die Kinder dadurch zu entmutigen. Bei der lösungsorientierten Betrachtungsweise sehen wir als Mutter, Vater oder Pädagoge nicht die Probleme des Kindes im Mittelpunkt, sondern halten gemeinsam mit dem Kind nach Lösungen Ausschau.

Lösungen statt Probleme

Als ich vor vielen Jahren mit meiner Praxis begann, pflegte ich die Kinder freundlich zu fragen, warum sie denn zu mir kämen. Ich erhielt darauf meist zwei Arten von Antworten: Entweder schaute das Kind auf seine Mutter und meinte: »Sie wollte gerne, dass ich herkomme ...«, oder das Kind erzählte mit traurigem Gesicht von seinen Problemen und ich selber begann mich beim Zuhören traurig und schwer zu fühlen. In späteren Jahren lehrte mich die systemische Betrachtungsweise, mehr auf die Lösung als auf das Problem zu schauen. Seitdem lautet die erste Frage, die ich den Kindern stelle: »Was möchtest du verbessern?« Die Wirkungen dieser Frage sind verblüffend: Zwar schaut auch jetzt noch so manches Kind zuerst fragend zu seiner Mutter, aber dann lachen wir und ich sage: »Wie soll deine Mama wissen, was *du* verbessern willst – der Spezialist dafür bist doch *du*!« Die meisten Kinder haben jedoch rasch eine überraschend klare Vorstellung davon, was sie verbessern möchten – und schon sind wir statt im »Feld der erlittenen Probleme« mittendrin im »Feld der aktiven Lösungen«.

»Aktive Lösungen« bedeutet für mich in diesem Zusammenhang die Stärkung des Bewusstseins, dass das Kind selber etwas zur Lösung seiner Probleme beitragen kann. Also statt der Einstellung »Papa, Mama, die Lehrerin, die Therapeutin machen das schon ...« richten wir den Fokus auf die Frage: Was möchte das Kind verbessern? Was möchte es können? Welche Fähigkeiten braucht das Kind, die es bisher noch nicht gelernt hat, um ein anstehendes Problem zu lösen? »... der Gedanke, eine Fähigkeit zu entwickeln, ist für Kinder viel attraktiver und motivierender als die Vorstellung, Schwierigkeiten überwinden zu müssen«, sagt Ben Furman, der Begründer des lösungsorientierten pädagogischen Programms »Ich schaff's«.[5]

Eine lösungsorientierte Haltung lässt sich im pädagogischen Alltag mit der berühmten »Wunderfrage« des systemischen Therapeuten Steve de Shazer in die Praxis umsetzen: »Stell dir vor, es geschieht ein Wunder und eine Fee hat dir im Schlaf, ohne dass du es merkst, dein Problem weggezaubert, woran würdest du merken, dass das Problem verschwunden ist?«[6] Mit dieser Frage lenken wir die Aufmerksamkeit des Kindes weg vom Problem hin zu etwas ganz Neuem, Überraschendem und öffnen damit bisher verschlossene Türen.

Praktische Übung (NIG): »Das will ich können!«

Mit dieser Übung lade ich Sie ein, Kinder und Jugendliche zu unterstützen, Probleme in Lösungen zu verwandeln. Neben der Lösungsorientierung werden Sie in dieser Übung auch die Ziel- und die Ressourcenorientierung wiederfinden: Das Ziel ist hier eine Fähigkeit, die das Kind können oder lernen will. Eine Ressource oder ein Kraftbild ist hier eine Fähigkeit, die das Kind schon früher erworben oder erlernt hat.

Mit dieser Übung können Sie Kinder und Jugendliche begleiten: allein, zu mehreren, in einer größeren Gruppe. Aber natürlich ist es auch möglich, dass sich Erwachsene fragen: Was möchte ich können, um ein anstehendes Problem zu lösen? Je nach Altersgruppe werden Sie die Anleitung zur Übung sprachlich verändern.

Beginnen Sie die Übung mit einem Gespräch über die gegenwärtige Situation des Kindes oder Jugendlichen: Gibt es etwas in deinem Leben, das du verbessern möchtest – etwas, das du nicht magst, das dir Schwierigkeiten bereitet? Wenn wir in unserem Leben etwas verbessern wollen, können wir uns überlegen: Was möchte ich können, was ich jetzt noch nicht kann? Welche Fähigkeit möchte ich erlernen?

 Beschreibung der Übung

Material: DIN-A4-Blätter, farbige Stifte oder Kreiden

1. Zeichne mit der Hand, mit der du sonst nicht schreibst oder malst, auf ein Blatt dein Jetztbild. Das ist ein Bild davon, wie du dich jetzt gerade siehst und fühlst, vielleicht auch ein Bild von einem Problem, das dich gerade beschäftigt. Auf ein anderes Blatt zeichnest du das, was du können oder schaffen willst, was du lernen möchtest. Lege die beiden Blätter so auf dem Boden aus, dass du das Gefühl hast: Ja, so liegen sie richtig!

   Nimm dann ein leeres Blatt und lege es etwas außerhalb von deinen Zeichnungen auf den Boden: Dies ist der Platz der weisen alten Frau, die sich von hier aus alles von außen anschaut (natürlich kannst du diesen Platz auch den »klugen alten Mann«, den »neutralen Beobachter« oder »Berater« nennen).

2. Stell dich auf das Bild »Das will ich können« und spüre nach, wie du dich fühlst. Wie stehst du auf diesem Blatt, fest oder wackelig, aufrecht oder gebeugt? Wie fühlst du dich auf diesem Platz, gut und kräftig oder weniger gut und nicht sehr zuversichtlich? Möchtest du das Bild so lassen, wie es ist, etwas darauf verändern oder es ganz neu zeichnen?
   Stell dir das, was du können oder lernen möchtest, jetzt vor. Wie bewegst du dich dabei, was siehst du, hörst du, schmeckst du, riechst du dabei? Wenn du zum Jetztbild schaust: Wie kommt dir der Weg zwischen den beiden vor – weit oder nah?
3. Stell dich nun auf dein Jetztbild und spüre nach, wie du dich hier fühlst. Merkst du Unterschiede zum anderen Bild, was ist hier anders, was ist ähnlich? Kannst du das Bild »Das will ich können« von hier aus sehen? Kommt dir der Weg dorthin weit oder nah vor? Kannst du dir vorstellen, dass du den Weg dorthin schaffst? Möchtest du die Lage der Blätter noch einmal verändern oder passen sie so?
4. Stell dich nun auf das leere Blatt, den Platz der weisen alten Frau, die alles von außen anschaut. Was fällt dir von hier aus auf? Wie weit ist der Weg von hier aus gesehen? Glaubt die weise alte Frau, dass an dem Bild »Das will ich können« noch etwas verändert werden sollte oder ist es gut so? Glaubt die weise alte Frau, dass dieses Bild erreichbar ist?

5. Kehre jetzt zu deinem Platz mit den Stiften zurück und erinnere dich daran, was du in deinem Leben schon geschafft hast. Wann hast du es schon einmal geschafft, das zu lernen, was du lernen wolltest? Hast du schon einmal etwas erreicht, was du erreichen wolltest? Was kannst du jetzt, was du früher nicht konntest? Zeichne mit der Hand, mit der du sonst nicht malst oder schreibst, ein Bild davon. Lege dieses Bild so auf dem Boden aus, dass du das Gefühl hast: Ja, so liegt es richtig!

6. Stell dich nun auf das Blatt »Das kann ich schon« und probiere aus, wie du dich hier fühlst. Wie stehst du auf diesem Platz, fest oder wackelig? Wie ist deine Haltung auf diesem Platz, aufrecht oder gebeugt? Fühlst du dich auf diesem Platz eher stark oder eher schwach? Schau auch von hier aus auf dein Jetztbild und auf das Bild »Das will ich können«. Wie kommen dir die Blätter von hier aus vor? Kommt dir der Weg von einem zum anderen weit oder nah vor?

7. Stell dich nun noch einmal auf dein Jetztbild. Hat sich etwas dadurch verändert, dass das Bild »Das kann ich schon« dazugekommen ist? Möchtest du dein Jetztbild und das Bild »Das will ich können« so liegen lassen oder möchtest du etwas verändern?
8. Geh nun langsam auf das Bild »Das kann ich schon« zu. Wie ist der Weg dorthin für dich – kurz oder lang, leicht oder schwer? Stell dich auf dieses Bild drauf und probiere aus, wie du dich jetzt darauf fühlst. Was ist gleich und was ist anders als am Anfang? Wenn du auf das Jetztbild schaust, wie kommt dir das von hier aus vor?
Stell dir das, was du können oder lernen möchtest, noch einmal vor. Wie bewegst du dich dabei, was siehst, hörst, schmeckst, riechst du dabei?
9. Stell dich zum Schluss noch einmal auf den Platz der weisen alten Frau. Wie schaut die weise alte Frau jetzt auf das Ganze? Glaubt sie, dass du es schaffen kannst? Weiß sie, welchen nächsten Schritt du auf dem Weg zum Bild »Das will ich können« tun kannst? Möchte sie dir einen Ratschlag oder einen Tipp mit auf den Weg geben?
Deine Bilder kannst du nun mitnehmen und dir aufheben. Vielleicht hast du Lust, dich später noch einmal draufzustellen oder neue Bilder dazuzumalen. Die Bilder können dich immer wieder daran erinnern, was du können möchtest und was du in deinem Leben schon geschafft hast!

Tipps zum Umgang mit der Übung

- Sie müssen nicht in jedem Fall die gesamte Übung »Das will ich können!« durchführen. Je nach Situation, Alter der Kinder und zur Verfügung stehender Zeit kann auch schon die Verwendung des Jetztbildes und der Bilder »Das will ich können« und »Weise alte Frau« ausreichen (Punkt 1 bis 4), um den Blick weg vom Problem und hin zur Lösung zu richten.
- Um die Übung übersichtlich zu beschreiben, habe ich zunächst nur die Verwendung eines Bildes »Das kann ich schon« vorgeschlagen. Sie können

> aber auch mehrere Bilder mit verschiedenen bereits erworbenen Fähigkeiten zeichnen und auslegen lassen.
> - Die Übung »Das will ich können!« hat einige Gemeinsamkeiten mit der Übung »Mein Wunschbild«: In beiden Übungen geht es um Ziele und um Kraftquellen. Wenn Sie mit den Abläufen beider Übungen vertraut geworden sind und sich in ihrer Anwendung sicher fühlen, können Sie beginnen, mit den Elementen beider Übungen kreativ zu spielen. Beispielsweise können Sie in der Übung »Das will ich können!« als Kraftquellen nicht nur bereits erworbene Fähigkeiten verwenden, sondern auch andere Kraftquellen mit »einbauen«. Natürlich können Sie auch die Kraftbilder, die die Kinder schon früher gemalt haben, in dieser Übung verwenden.
> - Nach der Übung können die Kinder die Bilder in ihrer Kraftbilder-Mappe sammeln, aufhängen oder eine Weile mit sich führen. Sie können sie auch wie die anderen Kraftbilder zur Vorbereitung auf Prüfungen, Klassenarbeiten oder zur Lösung von Konflikten verwenden.

Grenzen als Wegweiser

Vielleicht haben Sie mit einem Kind oder einem Jugendlichen zu tun, der sich auch längerfristig nicht motivieren lässt, sein Leben oder seine Probleme aktiv anzugehen. Ihr Schützling weigert sich trotz aller Angebote, Ideen zu entwickeln, was er erreichen oder können möchte. In diesem Fall sollten Sie nicht zögern, auch auf anderen Ebenen aktiv zu werden. Aus den Familienaufstellungen wissen wir, dass Kinder mit selbstschädigendem Verhalten sehr häufig familiäre Verstrickungen ausdrücken, aus denen sie nicht selber oder nur durch Erziehungsmaßnahmen herausfinden. Im Kapitel »Wir gehören zusammen – das Kind und seine Familie« haben wir über Ordnungen und Verstrickungen in Familien gesprochen. Zeigt sich ein Kind nicht interessiert daran, Neues lernen und erreichen zu wollen, ist die Verantwortung der Eltern gefragt. Sie können sich als Eltern auf die Suche nach familiären Verstrickungen machen, die das Kind daran hindern, sein Leben aktiv und mit Freude zu gestalten.

Beispiel aus der Praxis: Tobias will lesen lernen

In diesem Beispiel aus meiner Praxis lernen wir Tobias kennen, der als Kraftbilder nicht nur bereits erworbene Fähigkeiten, sondern auch andere Ressourcen, nämlich seine Mutter, seinen Vater, seinen Bruder und sogar seinen Hund zeichnet.
Tobias ist ein lebhafter und lustiger Junge, der eigentlich gern in die Schule geht. Nur Lesen mag er nicht so, er ist jetzt am Anfang der 2. Klasse und die Synthese, also das Zusammenlesen der Wörter, gelingt ihm nur mühsam. Weil ihm das flüssige Lesen schwerfällt, versucht er es zu vermeiden. Das wird aber zunehmend schwieriger, denn sogar in seinem Lieblingsfach Mathe tauchen in den Sachaufgaben jetzt immer mehr Texte auf, und das entmutigt ihn. Seine Mutter bringt ihn deswegen zu mir in die Praxis. Ich frage ihn, was er denn gerne schaffen würde, was er gerne lernen und erreichen möchte. Er meint, er würde so gern besser und leichter lesen können.
Ich bitte Tobias, dieses »Besser lesen lernen« mit seiner linken Hand aufzuzeichnen. Zunächst kommt ihm das seltsam vor, aber er gewöhnt sich rasch an diese

Das will ich können

Jetztbild

neue Art des Malens. Nachdem die Skizze fertig ist, bitte ich ihn aufzuzeichnen, wie es ihm im Moment mit dem Lesen geht, und dann beiden Blättern einen Platz auf dem Boden zu geben. Die Skizze von Tobias' gegenwärtiger Situation, sein Jetztbild, zeigt einen Jungen, der mit hängenden Mundwinkeln dasteht, sein ausgestreckter Arm geht ins Leere. Auf dem Bild »Das will ich können« ist ein recht zufrieden aussehender Junge mit einem Stuhl zu sehen, der auf ein Buch in seinen Händen blickt (Abbildung Seite 193).

Ich bitte Tobias, sich auf sein Jetztbild zu stellen, um herauszufinden, wie es ihm auf diesem Platz geht: Er fühlt sich kraftlos auf diesem Blatt, möchte aber gern zu dem anderen Blatt gehen, das ihm allerdings recht weit weg vorkommt. Er stellt sich auf das Blatt »Das will ich können« und sein Gesicht hellt sich sogleich auf: »Ja, das ist gut hier!«, meint er. Ich bitte ihn, ein leeres weißes Blatt zu nehmen und es in größerem Abstand von den beiden Zeichnungen auf den Boden zu legen. »Das ist der weise alte Mann«, erkläre ich ihm, »schau mal, wie der das so sieht, was der Tobias da hingelegt hat!«

Das will ich können

Weiser alter Mann

Jetztbild

»Das will ich können!« – Lösungsorientierung   **195**

Auf der Position des weisen alten Mannes stehend, meint Tobias mit Blick auf die beiden Blätter verwundert: »Eigentlich ist der Weg gar nicht so weit!« Ich frage Tobias, ob er es denn in seinem Leben schon einmal geschafft habe, etwas zu erreichen, was er sich vorgenommen habe. Ja, das habe er schon, meint er. Er wollte eine sehr gute Matheprobe schreiben und habe dann auch wirklich von 20 möglichen Punkten 20 erreicht. Er strahlt dabei, setzt aber auch hinzu: »So schwer war das aber gar nicht!« Ich frage ihn daraufhin, ob er auch schon mal etwas Schweres geschafft habe, und er erzählt stolz vom Tauchenlernen, das sei ganz arg schwer gewesen, aber er habe es geschafft, unter Wasser zu bleiben, mit der Hilfe seines Vaters und mit viel Üben. Ich bitte Tobias, diese beiden Erfolge, die für ihn offensichtlich Kraftquellen darstellen, zu zeichnen und zu den anderen Blättern auf den Boden zu legen.

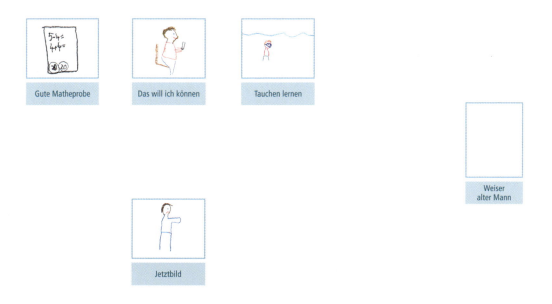

Als sich Tobias auf die Blätter »Gute Matheprobe« und »Tauchen lernen« stellt, meint er nur: »Stark!«, und seine ganze Haltung drückt diesen Ausruf auch aus. Anschließend geht er auf meine Bitte hin auf die Position des weisen alten Mannes. Er schaut von dort aus auf das Blatt »Das will ich können« und sagt nickend: »Ja, das schafft er, der Tobias!«

Ich frage Tobias, ob es denn jemand gebe, der ihm beim Lesenlernen helfen könne, so wie damals der Papa beim Tauchen. Der Papa würde ihm sicher wieder dabei helfen, meint Tobias, auch die Mama und natürlich sein Bruder, der würde ja schließlich schon gut lesen können.

Auf die Frage nach seinem Lieblingstier, das ihm auch Unterstützung geben könnte, fällt ihm sofort sein Hund ein. Ich bitte ihn, von jedem eine kleine Zeichnung herzustellen und auf dem Boden auszulegen.

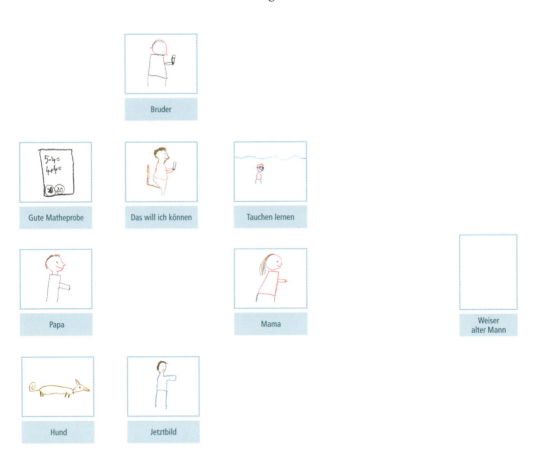

Tobias legt die Bilder seiner Familienmitglieder und des Hundes auf dem Boden aus und ich bitte ihn, sich auf das Bild »Das will ich können« zu stellen. Hocherfreut blickt er sich auf diesem Blatt stehend um und sagt: »Super, da sind so viele um mich rum!« Ich bitte ihn, sich auch einmal auf Papas und Mamas Platz zu stellen und »durch ihre Augen« darauf zu schauen, was der Sohn lernen will. Sowohl vom Platz des Vaters als auch vom Platz der Mutter aus meint Tobias ganz überzeugt: »Klasse, das schafft er!« Vom Blatt des Bruders aus, das ja »als Vorbild« oder »in die Zukunft weisend« ganz oben positioniert ist, sagt er: »Ich habe das doch auch hingekriegt, das schaffst du auch!«

Als ich Tobias bitte, sich noch einmal auf sein Jetztbild zu stellen, fühlt er sich mit Blick auf das Blatt »Das will ich können« gestärkt und zuversichtlich, der Weg dorthin kommt ihm deutlich kürzer vor als am Anfang. Zum Schluss stellt sich Tobias noch einmal auf das Blatt des weisen alten Mannes und schaut sich das Ganze von außen an. Ich frage ihn, ob der weise alte Mann vielleicht einen Ratschlag habe. »Oh ja, der Tobias soll viel lesen, abends, im Bett. Er hat doch zwei Betten in seinem Zimmer, eins ist jetzt das Lesebett, seine Mutter kann ihm dort eine Lampe hinstellen!«

Dem habe ich wirklich nichts hinzuzufügen und Tobias sammelt seine Blätter stolz ein, um sie mit nach Hause zu nehmen. Ich schlage ihm vor, sich sein Blatt »Das will ich können« daheim aufzuhängen, vielleicht an dem neu eingerichteten Lesebett?

In der Folgezeit geht Tobias sehr viel eifriger und mit mehr Spaß ans Lesen heran. Natürlich bekommt er noch einige Unterstützung durch Leseförderung und kinesiologische Übungen,[7] aber den Grundstein für Motivation und Selbstvertrauen zu diesem Thema hat er mit seinen Zeichnungen gelegt.

»Durch die Augen des anderen schauen« – ein Beitrag zur Konfliktbewältigung

Neben der Ressourcen-, Ziel- und Lösungsorientierung ist die Fähigkeit, »durch die Augen des anderen zu schauen«, eine wesentliche Botschaft in der systemischen Pädagogik. Im systemisch-konstruktivistischen Ansatz spricht man in diesem Zusammenhang auch von »Allparteilichkeit«.
In diesem Kapitel stelle ich Ihnen eine NIG-Übung vor, in der das »Schauen durch die Augen des anderen« dazu dient, in einem Konfliktfall den Platz des anderen einzunehmen, um durch diesen Positionswechsel seine Sichtweise besser verstehen zu können. Haben wir einmal wirklich »durch die Augen des anderen« auf einen Konflikt oder eine problematische Situation geschaut, so relativiert sich dadurch unsere eigene Sichtweise, unser Blick wird weiter und verständnisvoller.

Perspektivenwechsel oder: Die Änderung der Sicht

Die Fähigkeit, sich in den anderen hineinzuversetzen, ist für das Zusammenleben von Menschen äußerst hilfreich. »Gelänge es uns häufiger, bewusst ›durch die Augen des anderen zu schauen‹, und könnten wir dies als eine Gewohnheit in unseren Alltag hineinnehmen, so liefe manches anders.«[8]
Der Blick durch die Augen der »weisen alten Frau« oder des »klugen alten Mannes«, also der Blick aus der Metaposition, unterstützt diesen Prozess. Auf dieser Position stehend, sieht man den Konflikt oder die problematische Beziehung aus einem größeren Abstand, der eine gewisse Neutralität erlaubt. Der Blick aus der Metaposition kann zu einer erstaunlichen Veränderung der bisherigen Sichtweise führen und durch das Hin- und Herwechseln zwischen allen Positionen lassen sich als unüberwindlich angesehene negative Gefühle relativieren oder lösen.
Diese Übung lässt sich im pädagogischen Alltag in Streit- oder Konfliktfällen anwenden, ist aber auch ganz allgemein als Beitrag zum Handeln im sozialen Kontext, zur Friedenserziehung und als Lernfeld für gelebte Demokratie zu sehen. Es

geht in dieser Übung zunächst nicht primär darum, bereits die Lösung eines Konflikts zu finden, sondern darum, einen Prozess in Gang zu setzen, den wir »Änderung der Sicht« nennen. Habe ich erst einmal begonnen, nicht nur wie gewohnt aus meiner eigenen Sicht, sondern auch aus der Sicht der anderen beteiligten Person auf einen Konflikt zu schauen, so ändert sich mein Muster, mit dem ich den Konflikt wahrnehme, und mein Handlungsspielraum kann sich erweitern: Vielleicht bringe ich meinem Gegenüber mehr Verständnis entgegen und gehe mehr auf ihn zu, vielleicht sehe ich meine eigenen Anteile an dem Konflikt klarer und übernehme dafür die Verantwortung, vielleicht kann ich die Anteile meines Gegenübers deutlicher sehen und daraus meine Konsequenzen ziehen.

Praktische Übung (NIG): »Durch die Augen des anderen schauen«

Mit dieser Übung können Sie Kinder und Jugendliche begleiten: einzelne Kinder, zwei an einem Konflikt Beteiligte oder eine Gruppe. Aber natürlich können Sie in einem Konfliktfall diese Übung auch für sich selber, mit Ihrem Partner oder mit Kollegen anwenden. Je nach Altersgruppe werden Sie die Anleitung zur Übung sprachlich verändern.

 Beschreibung der Übung

Material: Vier DIN-A4-Blätter, farbige Stifte oder Kreiden

1. Um welchen Konflikt, welchen Streit oder welches Problem mit einer anderen Person geht es? Geht es um einen offenen Streit oder um jemanden, dem du aus dem Weg gehst oder der dir aus dem Weg geht? Ist es jemand, von dem du dich nicht anerkannt fühlst oder den du nicht anerkennst?
Zeichne mit der Hand, mit der du sonst nicht schreibst oder malst, ein Bild von dir und ein Bild von der anderen Person, jeweils auf einem eigenen Blatt. Zeichne dann ein drittes Bild von dem Konflikt oder Streit. Lege die drei Blätter so auf dem Boden aus, dass du das Gefühl hast: Ja, so liegen sie richtig!

Systemisches Handeln – Beispiele für die Praxis

2. Nimm dann ein leeres Blatt und lege es etwas außerhalb von deinen Zeichnungen auf den Boden: Dies ist der Platz des klugen alten Mannes, der sich alles von außen anschaut (natürlich kannst du diesen Platz auch die »weise alte Frau«, den »neutralen Beobachter« oder »Berater« nennen).

3. Stell dich auf den Platz des klugen alten Mannes und schau von hier aus auf die Zeichnungen.
   Wie sieht das Ganze von diesem Platz aus? Was fällt dir auf? Liegen die Blätter weit oder nah zusammen? Welche Blätter liegen näher zusammen, welche liegen weiter voneinander entfernt? Wo schaut die eine Person, das »Ich«, hin? Wo schaut die andere Person hin?
   Was wünscht sich die eine Person, das »Ich«, bei dem Streit? Was wünscht sich die andere Person? Wie meint es die eine Person, das »Ich«, auf ihre Weise gut? Wie meint es die andere Person auf ihre Weise gut?
   Was ist bei den beiden Personen unterschiedlich, was ist bei ihnen gleich oder ähnlich?
4. Stell dich jetzt auf deinen eigenen Platz, das »Ich«.
   Wie reagiert dein Körper auf diesem Platz? Ist es dir warm oder kalt? Wie geht dein Atem, schnell, langsam oder hältst du den Atem an? Wie stehst du da, stabil oder wackelig? Fühlst du dich eher stark oder eher schwach?
   Wo schaust du hin, auf den Konflikt/Streit, auf die andere Person oder ganz woandershin?
   Was wünschst du dir auf diesem Platz? Wie meinst du es gut?
5. Stell dich jetzt auf den Platz der anderen Person.
   Wie reagiert dein Körper auf diesem Platz? Ist es dir warm oder kalt? Wie geht dein Atem, schnell, langsam oder hältst du den Atem an? Wie stehst du da, stabil oder wackelig? Fühlst du dich eher stark oder eher schwach?
   Wo schaust du hin, auf den Konflikt/Streit, auf die andere Person oder ganz woandershin?
   Was wünschst du dir auf diesem Platz? Wie meinst du es gut?
6. Stell dich jetzt auf den Platz des Konflikts/Streits.
   Wie geht es dir, wenn du auf dem Platz des Konflikts stehst? Wie reagiert dein Körper?
   Wo schaust du hin? Zu der einen Person, dem »Ich«, oder zu der anderen Person? Vielleicht auch ganz woandershin?
   Wie weit bist du von den beiden Personen entfernt? Bei wem bist du näher, von wem weiter weg?

Möchtest du von diesem Platz aus den beiden Personen etwas sagen, was ihnen helfen könnte?

7. Geh nun zum Schluss noch einmal auf den Platz des klugen alten Mannes.
   Wie sieht das Ganze jetzt für dich aus? Was hat sich verändert?
   Liegen die Blätter noch richtig oder möchtest du ihnen einen neuen Platz geben? Du kannst das tun und dich dann noch einmal auf das jeweilige Blatt stellen. Was hat sich durch das Umlegen verändert?
   Fällt dir noch etwas ein zu diesem Konflikt/Streit, hast du eine Idee?
   Kannst du der einen Person, dem »Ich«, einen Vorschlag machen oder einen Rat geben?

> **Tipps zum Umgang mit der Übung**
>
> - Dies ist eine sehr ausführliche Darstellung dieser Übung. Je nach Alter der Kinder und der Situation lässt sich die Übung mehr oder weniger stark kürzen. Oft reicht es schon, einen Konflikt einmal aus den Augen »des anderen« und des »klugen alten Mannes« zu betrachten, um unsere eigene, manchmal festgefahrene Sichtweise zu erweitern oder zu verändern.
> - Verstehen Sie bitte die Reihenfolge des Vorgehens und die Fragen, die in der Beschreibung der Übung gestellt werden, als Anregung! Sie können je nach Situation die Bilder auch in einer anderen Reihenfolge betreten oder einige der vorgeschlagenen Fragen weglassen. Wenn Sie die Übung ein paarmal gemacht haben, werden Sie sich zunehmend sicherer fühlen und kreativ und der jeweiligen Situation angepasst mit ihr umgehen.

Grenzen als Wegweiser

Diese Übung regt dazu an, einen Konflikt einmal nicht nur aus der eigenen, sondern aus verschiedenen Perspektiven zu betrachten. Diese ungewohnte Betrachtungsweise kann zu ganz erstaunlichen Einsichten führen, zu denen der Betroffene bis dahin keinen Zugang hatte. Aus der neuen Sichtweise heraus lassen sich sehr häufig unerwartete Konfliktlösungen entwickeln. Sollten Sie jedoch feststellen, dass ein Kind, ein Jugendlicher oder ein Erwachsener seine Hilflosigkeit einem Konflikt gegenüber nicht überwinden kann, denken Sie auch hier wieder an einen Wechsel des »systemischen Hauses«: Möglicherweise wird in diesem Konflikt gegen systemische Ordnungen verstoßen, wie wir sie in den Kapiteln »Wir gehören zusammen – das Kind und seine Familie« und »Der Schritt nach draußen – das Kind und die öffentliche Erziehung« kennengelernt haben. In einem solchen Fall ist der Einzelne in seinem Bemühen oft überfordert. Eine Familien- oder Organisationsaufstellung kann unbewusste und unerkannte Dynamiken ans Licht bringen und so auf einer umfassenderen Ebene zur Lösung eines Konflikts beitragen. Manche Geschwisterstreitigkeiten, Konflikte im Kollegium oder Eheprobleme erscheinen im Haus der »Eigenständigkeit« unlösbar. Solche Konflikte lassen sich aber im Haus der »Eingebundenheit«, also beispielsweise durch eine Aufstellung, in größeren Zusammenhängen betrachten und möglicherweise lösen.

Beispiel aus der Praxis: Elternabend zum Thema »Wut«

Die NIG-Übung »Durch die Augen des anderen schauen« lässt sich in vielen Bereichen von Pädagogik und Erziehung einsetzen. Als ein Beispiel für die vielfältigen Anwendungsmöglichkeiten berichtet Magret Schwender, die als Sozialpädagogin in einer Kindertagesstätte arbeitet, über ihre Erfahrungen mit dieser Übung an einem Elternabend:

»Das Kindergartenjahr begann und im Laufe der Wochen kamen immer wieder Eltern mit dem gleichen Anliegen auf uns zu: Sie suchten Rat im Umgang mit ihrem Kind zum Thema ›Wut‹. Es gab in den Familien häufig Auseinandersetzungen mit den Kindern, in denen die Eltern hilflos ihrem ›Energiebündel‹ gegenüberstanden: Früher hätte es schnell eine Ohrfeige gegeben, aber heute? Heute wollen wir Eltern das nicht mehr. Aber was können wir stattdessen tun? Ich beschloss, darüber am nächsten Elternabend zu sprechen, und lud die Eltern ein zum Thema ›Ein Wutausbruch meines Kindes – wie gehe ich damit um?‹.«

In den Ratgebern, die Magret Schwender bei der Vorbereitung auf diesen Abend las, war immer wieder davon die Rede, auf einen Wutausbruch des Kindes möglichst ruhig zu reagieren. Da die Pädagogin aus ihrer eigenen Erfahrung als Mutter wusste, dass ein solcher Rat in der konkreten Situation oft wenig nutzt, entschloss sie sich, an diesem Abend die Eltern zu der NIG-Übung »Durch die Augen des anderen schauen« einzuladen. Es ging ihr um das Angebot, dass sich Eltern ihren eigenen Weg zum Umgang mit einem Wutanfall ihres Kindes erarbeiten können.

Sie begann mit einer kleinen Entspannungsphase und begleitete dann die anwesenden Eltern in der Gruppe durch die NIG-Übung, wobei jedes Elternteil seine eigenen Zeichnungen für sich auslegte und betrat. Danach kamen alle Eltern in der Runde zusammen und sammelten am Flipchart ihre Eindrücke zu folgenden Fragen: Wie ging es ihnen auf der Position des Kindes stehend, welche körperlichen Gefühle hatten sie auf diesem Platz? Was konnten sie auf dem Platz des Kindes stehend über die Wünsche des Kindes an die Erwachsenen herausfinden? Viele Eltern hatten ähnliche Erfahrungen gemacht, sie konnten auf dem Platz des Kindes die Erschöpfung nach dem Wutausbruch fühlen und spürten den Wunsch des Kindes nach Verständnis und Trost.

Im Anschluss daran tauschten sich die Eltern zu der Frage aus, wie es dem Erwachsenen auf seinem eigenen Platz ging, welche körperlichen Gefühle er hatte und was er brauchte, um souverän zu bleiben. Die allgemeine Erfahrung war zunächst ein Gefühl der Hilflosigkeit oder auch der eigenen Wut angesichts des kindlichen Wutausbruchs. Diese Gefühle verwandelten sich im Laufe der Übung durch den Perspektivenwechsel eher in das Gefühl von Gelassenheit.

Als ich Magret Schwender um die Veröffentlichung dieser Erfahrungen bat, schrieb sie mir Folgendes: »Etwa eineinhalb Jahre nach diesem Elternabend fragte ich ein paar Eltern, ob sie sich an diesen Abend erinnerten. Ich war beeindruckt, wie lebendig dieser Elternabend erinnert wurde. Jede der Mütter wusste noch genau, welchen Konflikt sie ›bearbeitet‹ hatte, wie ihre gemalten Bilder aussahen, was sie jeweils dazu empfunden hatte und was die weise alte Frau ihr als Handlungsvorschlag mit auf den Weg gegeben hatte! Diese NIG-Übung hat den Eltern einen natürlichen individuellen Zugang zu ihren Kindern geöffnet, der mehr Verständnis ermöglichte – und tatsächlich Handlungsweisen an die Hand gegeben, die für die Eltern in ihren Gegebenheiten umsetzbar waren. Jede der befragten

Teilnehmerinnen hat ein eigenes Fazit aus dem Erlebten ziehen können. Ich selbst habe diesen Elternabend als besonders gelungen und lebendig in Erinnerung.«

Hier nun ein paar konkrete Beispiele, was Mütter gemalt haben und welches Fazit sie in der Folgezeit daraus zogen. Die genaue Lage der Bilder, die ja für den Einzelnen sehr wichtig ist, konnte ich nicht rekonstruieren, schauen wir uns deshalb die Bilder in »Reih und Glied« stehend an!

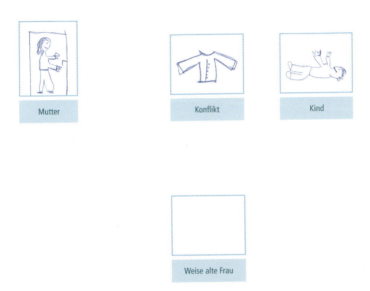

In diesem Konflikt geht es um eine Jacke: Das Kind soll seine Jacke anziehen, es trödelt, liegt am Boden herum, zieht sich nicht an, die Mutter steht vor der Tür und ist ärgerlich auf ihr Kind. Sie findet diese »blöde« Jacke einen viel zu geringen Grund, sich so aufzuregen, steht aber unter Zeitdruck, sie blickt auf die Uhr: »Ich muss in die Arbeit gehen!« Das Kind ist desinteressiert und gelangweilt, es möchte spielen. Der Rat der weisen alten Frau lautet: »Das ist die Sache nicht wert, es gibt Schlimmeres!«

Das Fazit für die Mutter aus dieser Übung: Die weise alte Frau im Hinterkopf half ihr in der Folgezeit, die Situation nicht eskalieren zu lassen, nur noch zweimal etwas zu sagen und dann zu handeln. Es fiel ihr auch leichter, ihr Kind zu trösten.

Mutter — Konflikt — Geschwister

Weise alte Frau

Eine andere Mutter erklärt ihr Konfliktbild so: Die Geschwister streiten miteinander, sie schreien sich an, die Mutter kommt dazu und schreit auch mit. Auf das Schimpfen der Mutter reagiert eines der beiden Geschwister lachend, das andere schaut hingegen traurig. Als sich die Mutter auf ihr eigenes Bild stellt, sieht sie einen großen Berg vor sich und fühlt sich unendlich hilflos. Auf dem Bild der Geschwister stehend, stellt die Mutter fest: Beim traurigen Kind ist Wut fühlbar, das lachende Kind sagt eigentlich: »Hilf mir, Mama.« Der Rat der weisen alten Frau zu dieser Situation lautet: »Reicht euch die Hände!«

Das Fazit der Mutter: Ihr wurde klar, was der Konflikt ihrer Kinder in ihr auslöste. Sie fühlte sich an ihre eigene Kindheit erinnert, als sie im Streit mit ihrer kleinen Schwester immer die Unterlegene war. Dieses Gefühl, der »Fußabstreifer« zu sein, überkam sie jetzt wieder, als ihre Kinder miteinander stritten. Durch diese Erkenntnis fühlte sie sich in der Folgezeit handlungsfähiger. »Reicht euch die Hände!«, der Rat der weisen alten Frau, hieß für sie dann ganz konkret: Mit beiden Kindern reden und beiden Kindern zuhören.

Der Konflikt einer weiteren Mutter zeigt eine Situation bei Tisch: Das Kind möchte nicht essen, es steht häufig auf und läuft herum. Die Mutter holt das Kind zurück,

 Mutter
 Konflikt
 Kind

 Weise alte Frau

es kommt lustlos wieder, spielt mit dem Besteck und sagt: »Ich mag das nicht.« Die Situation schaukelt sich so lange auf, bis sich das Kind auf den Boden wirft. Als sich die Mutter auf ihr eigenes Bild stellt, fühlt sie sich ohnmächtig und wütend. Sie überlegt sich: »Wie kann ich das Kind anders erreichen?« Auf dem Bild des Kindes stehend, sind ihre Gefühle eindeutig: »Ich mag nicht, ich habe keine Lust! Mama will immer das Gleiche, das dumme Essen, still sitzen ist so langweilig, Mama wird schon wieder ärgerlich, schon wieder!!!« Der Rat der weisen alten Frau lautet: »Ruhig bleiben, in ein paar Jahren ist das alles nicht mehr so wichtig, da wird der Prozess abgeschlossen sein, diese Schwierigkeiten sind dann weg!«
Das Fazit der Mutter nach dieser kleinen Übung: »Ich stochere jetzt nicht mehr ständig an diesem Problem herum, ich lasse es eher mal laufen. Ich lasse mich nicht mehr aufstacheln, der Teller muss jetzt nicht immer leer gegessen werden. Ich habe loslassen gelernt, insgesamt ist die Situation besser geworden und ich bin nicht mehr so zornig!«

Beispiel aus der Praxis: »Die Zauberwurzel« – Unterrichtseinheit mit einer 3. Klasse

Zum Abschluss möchte ich gerne noch von den Erfahrungen berichten, die die Montessori-Pädagogin Alexandra Lux mit der NIG-Übung »Durch die Augen des anderen schauen« machte. Sie integrierte diese Übung in eine Unterrichtseinheit, an der 24 Schülerinnen und Schüler einer 3. Klasse teilnahmen.

Zur Einführung liest die Pädagogin die Geschichte »Topinambur, die Zauberwurzel«[9] vor. Diese Geschichte handelt von der Angst des kleinen Hasen Wuschel, der sich große Mühe gibt, alles richtig zu machen, aber trotzdem immer wieder in Situationen gerät, in denen es Streit gibt. Er fühlt sich ungerecht behandelt und möchte am liebsten sein kleines Nest aus Angst vor neuen Streitereien nicht mehr verlassen. Durch die Zauberwurzel Topinambur gelingt es ihm aber, sich in Streitfällen in die Gefühle seines Gegenübers hineinzuversetzen. Nun weiß er, warum die Mutter schimpft, die Freundin beleidigt und die Schwester wütend auf ihn ist. »Wuschel hatte etwas gefühlt, gesehen und gedacht, was er vorher noch nie gefühlt, gesehen und gedacht hatte. Jetzt verstand er viel mehr und hatte darum viel weniger Angst!«

Im Anschluss an diese Geschichte knüpft die Pädagogin in einem Gespräch am eigenen Erleben der Kinder an: »Würdest du dir manchmal auch so eine Zauberwurzel wünschen? Für welchen Streit könntest du so eine Zauberwurzel brauchen?« Diesen und ähnlichen Fragen geht Alexandra Lux mit den Kindern im Gespräch nach. Ein Mädchen meint dazu: »Ich möchte meine Mama verstehen, wenn wir uns streiten, möchte wissen, warum sie sauer auf mich ist.«

»Ich habe zwar keine solche Zauberwurzel«, sagt die Pädagogin, »aber ich kenne auch einen Trick, den anderen besser zu verstehen. Was wir jetzt machen, ist freiwillig, jeder kann es probieren!« Die Kinder sind natürlich neugierig auf diesen »Trick« und Alexandra Lux bittet sie, den Streit, in dem sie sich eine Zauberwurzel gewünscht hätten, kurz auf ein Blatt zu malen. Auch die Person, mit der das Kind Streit hatte, und das Kind selber werden auf ein Blatt gemalt. Die Kinder legen ihre drei Blätter auf dem Boden aus, jeder findet ein Plätzchen für sich. Die Pädagogin bittet die Kinder, sich zuerst auf das eigene Blatt und dann auf das Blatt der anderen Person zu stellen und es mit allen fünf Sinnen zu erfahren: »Was fühlst du, Wut, Ärger, Hilflosigkeit …? Wo fühlst du es? Wie hört es sich an, laut oder leise? Wie schmeckt es, ist es scharf, süß, sauer oder salzig? Kannst du etwas riechen, wie genau riecht es? Kannst du den Streit sehen, welche Farben hat er, ist er bunt oder schwarz-weiß, hell oder dunkel?«

Ich

Streit: Meine zwei Freunde spielen zusammen, aber ohne mich

Die anderen: Zwei Freunde

Jonathan

Ich

Streit: Mein Freund war beleidigt und ich wusste nicht, warum

Der andere: Mein Freund

Franziska

Ich

Streit: Meine Schwester will immer die Aufkleber von der Zahnpasta haben

Die andere: Meine Schwester

Fabienne

Die Kinder sind bei dieser ganzheitlichen Erfahrung ihrer Blätter sehr konzentriert. Ihre Lehrerin Alexandra Lux schreibt über den weiteren Verlauf der Stunde: »Danach stelle ich die Frage in den Raum, ob der Streit sich jetzt anders anfühlt als vorher. Bei nur drei Kindern hat sich nichts verändert. Ich erkläre ihnen, dass das manchmal so ist, es sei aber nicht schlimm, man könne es immer wieder probieren. Die anderen Äußerungen der Kinder sind von Verblüffung geprägt, dass derselbe Streit sich plötzlich anders anfühlt. Ich verlange keine genauen Erklärungen der Kinder dazu, in ihnen wirkt die Übung nach, und das ist das Ausschlaggebende. Mein Resümee dieser Stunde: Ich war erstaunt, wie offen die Kinder mitgemacht haben, wie einfach die Übung auch in der großen Gruppe verlief. Sogar Kinder, die normalerweise eher als ›rau‹ gelten, haben sich sehr auf die Emotionalität eingelassen. Die gesamte Stimmung und Energie im Raum hat mich sehr berührt. Die Kinder haben sich aus der Stunde mit einem Lachen verabschiedet und mir das Feedback gegeben, wie gut es ihnen gefallen hat.«

Ein paar Worte zum Schluss …

Liebe Eltern und im pädagogischen Bereich Tätige, wir sind nun am Ende dieses Handbuchs zur systemischen Pädagogik angekommen. Es war mir ein Anliegen, Ihnen einige Ordnungen, die in Familien und Gemeinschaften der öffentlichen Erziehung wirken, vorzustellen und sie durch praktische Übungen für Sie erfahrbar und erlebbar werden zu lassen. Diese systemischen Übungen sind für Sie als Eltern und Pädagogen konzipiert – ich würde mich deshalb sehr freuen, wenn Sie die eine oder andere Übung für sich selbst erproben oder auch auf andere Art erfahren würden, wie systemische Arbeit Sie in Ihrer Aufgabe als Eltern und Pädagogen und als Folge davon auch die Kinder entlasten kann. Mit den Übungen, die für die Arbeit mit den Kindern direkt gedacht sind, wünsche ich Ihnen, den Kindern und Jugendlichen gutes Gelingen und vielleicht sogar manch »erhellendes« Erlebnis! Wie ich in der Einleitung schon schrieb, wäre es für mich eine große Freude, wenn Sie in dem einen oder anderen Fall die Erfahrung machen könnten, dass systemisches Denken, Fühlen und Handeln unerwartete Lösungen ermöglichen, die berufliche Kompetenz erweitern und vor allem die Beziehungen zu uns selber, unseren Familien, unserem Arbeitsplatz und damit auch zu den uns anvertrauten Kindern liebevoller und friedlicher gestalten können.

Anhang

Danksagung

Von Herzen Dank sagen möchte ich
- meinen Lehrerinnen und Lehrern, besonders Dr. Ilse Kutschera und Helmuth Eichenmüller, die mir die Tür zu den »weiten systemischen Welten« öffneten,
- Dr. Eva Madelung, der ich das Neuro-Imaginative Gestalten (NIG) verdanke und die mich bestärkte, eigene Wege mit dieser wundervollen Methode zu gehen,
- Marianne Franke-Gricksch, die mich an ihrem reichen Erfahrungsschatz in den Bereichen Pädagogik und Schule großzügig teilhaben ließ und immer ein offenes Ohr für meine Fragen hatte,
- Dagmar Olzog, der Leiterin der Abteilung Psychologie und Pädagogik im Kösel-Verlag, deren Begeisterung für mich eine Quelle des Ansporns war,
- meinem Lektor Gerhard Plachta, der mit viel Engagement und Liebe zum Detail das Manuskript auf seinem Weg zum Buch begleitete,
- Gerda Lehrer, die das Manuskript für mich durchsah und mir wertvolle Anregungen gab,
- Lisa Böhm, die mich auf vielen Ebenen verständnisvoll begleitete,
- Jutta Gasteiger, Alexandra Lux, Magret Schwender mit ihren Schülern und deren Eltern, die wunderbare Beispiele für die Arbeit mit dem Neuro-Imaginativen Gestalten für dieses Buch beisteuerten,
- den Teilnehmerinnen des Arbeitskreises »Systemische Pädagogik«, die mir mit ihrem Interesse und ihrer Offenheit viele Erfahrungen ermöglichten,
- den Müttern, Vätern und Kindern, die meine Arbeit wachsen ließen, indem sie sich mir mit ihren Anliegen anvertrauten, und die der Veröffentlichung unserer gemeinsamen Bemühungen zustimmten,
- meinem Mann und meinen drei Kindern, die mich das »System Familie« mit ihrer Liebe immer wieder neu erleben lassen und die nicht aufhörten, mich in der Arbeit an diesem Buch zu unterstützen,
- zu guter Letzt meinen Eltern, deren Liebe mich durchs Leben trägt.

Anmerkungen

Was heißt hier »systemisch«?

1. Weber, Gunthard, Schmidt, Gunther, Simon, Fritz B.: *Aufstellungsarbeit revisited ... nach Hellinger?*, Heidelberg 2005
2. Franke-Gricksch, Marianne: *Du gehörst zu uns! Systemische Einblicke und Lösungen für Lehrer, Schüler und Eltern*, Heidelberg, 3. Aufl. 2004, S. 77
3. Watzlawick, Paul: *Anleitung zum Unglücklichsein*, München, 7. Aufl. 2005
4. Madelung, Eva: *Kurztherapien. Neue Wege zur Lebensgestaltung*, München 1996
5. Rotthaus, Wilhelm: *Wozu erziehen? Entwurf einer systemischen Erziehung*, Heidelberg, 5. Aufl. 2004
6. Weber, Gunthard (Hrsg.): *Zweierlei Glück. Die systemische Psychotherapie Bert Hellingers*, Heidelberg, 15. Aufl. 2007
7. Prekop, Jirina, Hellinger, Bert: *Wenn ihr wüsstet, wie ich euch liebe. Wie schwierigen Kindern durch Familien-Stellen und Festhalten geholfen werden kann*, München 2005; Dykstra, Ingrid: *Wenn Kinder Schicksal tragen. Kindliches Verhalten aus systemischer Sicht verstehen*, München, 3. Aufl. 2005; Schäfer, Thomas: *Wenn Liebe allein den Kindern nicht hilft. Heilende Wege in Bert Hellingers Psychotherapie*, München 2006; Franke-Gricksch, Marianne: *Du gehörst zu uns!*, a.a.O.
8. Hellinger, Bert: *Ordnungen der Liebe. Ein Kursbuch*, Heidelberg, 7. Aufl. 2001
9. Philipp, Wilfried de (Hrsg.): *Systemaufstellungen im Einzelsetting*, Heidelberg 2006
10. Madelung, Eva, Innecken, Barbara: *Im Bilde sein. Vom kreativen Umgang mit Aufstellungen in Einzeltherapie, Beratung, Gruppen und Selbsthilfe*, Heidelberg, 2. Aufl. 2006

Wir gehören zusammen – das Kind und seine Familie

1. Hellinger, Bert: *Die Quelle braucht nicht nach dem Weg zu fragen. Ein Nachlesebuch*, Heidelberg, 4. Aufl. 2004
2. Schneider, Jakob Robert: *Das Familienstellen. Grundlagen und Vorgehensweisen*, Heidelberg 2006

3 Prekop, Jirina: *Von der Liebe, die Halt gibt. Erziehungsweisheiten*, München, 6. Aufl. 2005, S. 40
4 Hubrig, Christa, Herrmann, Peter: *Lösungen in der Schule. Systemisches Denken im Unterricht, Beratung und Schulentwicklung*, Heidelberg 2005, S. 39
5 Die Namen und Lebensumstände aller Personen, die ich beispielhaft erwähne oder in Fallbeispielen beschreibe, habe ich zu ihrem Schutz geändert.
6 Franke-Gricksch, Marianne: *In Elternschaft ein Leben lang verbunden,* Vortrag 2004
7 Ebd.
8 Moeller, Michael Lukas: *Die Wahrheit beginnt zu zweit. Das Paar im Gespräch*, Reinbek, 23. Aufl. 2005
9 Franke-Gricksch, Marianne: *In Elternschaft ein Leben lang verbunden*, a.a.O.
10 Ebd.
11 Dykstra, Ingrid: *Wenn Kinder Schicksal tragen*, a.a.O.
12 Franke-Gricksch, Marianne: *Habe ich jetzt zwei Papas?*, Vortrag 2005
13 Ebd.
14 Prekop, Jirina: *Von der Liebe, die Halt gibt*, a.a.O., S. 72
15 Bauer, Joachim: *Warum ich fühle, was du fühlst. Intuitive Kommunikation und das Geheimnis der Spiegelneurone*, Hamburg 2005
16 Jancso, Jutta: »Tisch(un)ordnung«, in: Philipp, Wilfried de (Hrsg.): *Systemaufstellungen im Einzelsetting*, a.a.O.
17 Innecken, Barbara: *Kinesiologie – Kinder finden ihr Gleichgewicht. Wissenswertes, Spiele, Lieder und Geschichten*, München, 4. Aufl. 2007
18 Schneider, Jakob Robert, Schneider, Sieglinde: »Familien- und Systemaufstellungen in der Einzelarbeit mit Hilfe von Figuren«, in: Philipp, Wilfried de (Hrsg.): *Systemaufstellungen im Einzelsetting*, a.a.O. Die Idee, Familien mit Hilfe von Holzpüppchen aus dem Bastelbedarf aufzustellen, verdanke ich meiner Kollegin Lisa Böhm.
19 Prekop, Jirina: *Von der Liebe, die Halt gibt*, a.a.O.
20 Schneider, Jakob Robert: *Das Familienstellen*, a.a.O.
21 Innecken, Barbara: *Kinesiologie – Kinder finden ihr Gleichgewicht*, a.a.O.
22 Madelung, Eva, Innecken, Barbara: *Im Bilde sein*, a.a.O., S. 90

23 Satir, Virginia: *Kommunikation, Selbstwert, Kongruenz. Konzepte und Perspektiven familientherapeutischer Praxis,* Paderborn 1990
24 Hellinger, Bert: *Die Quelle braucht nicht nach dem Weg zu fragen,* a.a.O.
25 Hellinger, Bert, Hövel, Gabriele ten: *Anerkennen, was ist. Gespräche über Verstrickung und Lösung,* München, 14. Aufl. 2006

Der Schritt nach draußen – das Kind und die öffentliche Erziehung

1 Hellinger, Bert: *Ordnungen des Helfens. Ein Schulungsbuch,* Band 1, Heidelberg 2003, S. 60
2 Franke-Gricksch, Marianne: *Du gehörst zu uns!,* a.a.O.
3 Franke-Gricksch, Marianne: »Brückenschlag zwischen Schule und Elternhaus«, in: *Tagungsjournal »Wachse und gedeihe, liebes Kind. Systemisches Arbeiten in Schule und Erziehung«,* Idstein, Februar 2004
4 Hubrig, Christa, Herrmann, Peter: *Lösungen in der Schule,* a.a.O., S. 39
5 Hellinger, Bert: *Ordnungen des Helfens,* a.a.O., S. 14
6 Knorr, Michael (Hrsg.): *Aufstellungsarbeit in sozialen und pädagogischen Berufsfeldern. Die andere Art des Helfens,* Heidelberg 2004
7 Franke-Gricksch, Marianne: *Du gehörst zu uns!,* a.a.O.
8 Mumbach, Bernd: »Der Kemal fährt mit!«, in: Knorr, Michael (Hrsg.): *Aufstellungsarbeit in sozialen und pädagogischen Berufsfeldern,* a.a.O.
9 Hubrig, Christa, Herrmann, Peter: *Lösungen in der Schule,* a.a.O., S. 147
10 Franke-Gricksch, Marianne: *Du gehörst zu uns!,* a.a.O., S. 145
11 Franke-Gricksch, Marianne: Schriftliche Mitteilung 2005
12 Weber, Gunthard (Hrsg): *Praxis der Organisationsaufstellungen. Grundlagen, Prinzipien und Praxis der Organisationsaufstellungen,* Heidelberg, 2. Aufl. 2001
13 Tschira, Antje: *Wie Kinder lernen – und warum sie es manchmal nicht tun. Über die Spielregeln zwischen Mensch und Umwelt im Lernprozess,* Heidelberg, 2. Aufl. 2005, S. 265
14 Franke-Gricksch, Marianne: *Du gehörst zu uns!,* a.a.O., S. 143

Systemisches Handeln – Beispiele für die Praxis

1 Madelung, Eva, Innecken, Barbara: *Im Bilde sein*, a.a.O., S. 83 ff.
2 Velthuijs, Max: »Frosch hat Angst«, in: *Spielen und Lernen. Jahrbuch für Kinder 1997*, Ravensburg 1996
3 Madelung, Eva, Innecken, Barbara: *Im Bilde sein*, a.a.O., S. 82 ff.
4 Ebd.
5 Furman, Ben: *Ich schaff's! Spielerisch und praktisch Lösungen mit Kindern finden*, Heidelberg 2005, S. 15
6 Steiner, Therese, Kim Berg, Insoo: *Handbuch Lösungsorientiertes Arbeiten mit Kindern*, Heidelberg, 2. Aufl. 2006, S. 46
7 Innecken, Barbara: *Kinesiologie – Kinder finden ihr Gleichgewicht*, a.a.O.
8 Madelung, Eva, Innecken, Barbara: *Im Bilde sein*, a.a.O., S. 53
9 Keyserlingk, Linde von: *Geschichten gegen die Angst*, Freiburg 2002

Adressen

Deutsche Gesellschaft für Systemaufstellungen (DGfS-IAG)
in der Internationalen Arbeitsgemeinschaft für Systemische Lösungen
Germaniastr. 12
D-80802 München
Tel. +49 (0) 89/38 10 27 10
Fax +49 (0) 89/38 10 27 12
E-Mail: network@hellinger.com
www.iag-systemische-loesungen.de

Hier finden Sie nach Postleitzahlen geordnete Adressenlisten qualifizierter Therapeuten und Berater, die mit dem systemisch-phänomenologischen Ansatz arbeiten: Familien- und Organisationsaufstellungen, Therapie und Beratung für Eltern, Kinder und Jugendliche, Familien und Pädagogen, Supervision für im pädagogischen Bereich Tätige. Bitte erkundigen Sie sich nach dem Arbeitsschwerpunkt des gewählten Therapeuten oder Beraters!

Systemische Gesellschaft
Deutscher Verband für systemische Forschung, Therapie, Supervision und Beratung e.V.
Waldenserstr. 2-4, Aufgang D
D-10551 Berlin
Tel. +49 (0) 30/53 69 85 04
Fax +49 (0) 30/53 69 85 05
E-Mail: info@systemische-gesellschaft.de
www.systemische-gesellschaft.de

Hier finden Sie nach Postleitzahlen geordnete Adressenlisten qualifizierter Therapeuten und Berater, die mit dem systemisch-konstruktivistischen Ansatz arbeiten: Therapie und Beratung für Eltern, Kinder und Jugendliche, Familien und Pädagogen, Supervision für im pädagogischen Bereich Tätige. Bitte erkundigen Sie sich nach dem Arbeitsschwerpunkt des gewählten Therapeuten oder Beraters!

Arbeitskreis Systemische Pädagogik
Praxis für Sprach- und Psychotherapie Barbara Innecken
Kirchenstr. 7
D-82337 Tutzing
Tel. +49 (0) 81 58/99 34 44
Fax +49 (0) 81 58/99 34 46
E-Mail: b.innecken@web.de
www.barbara-innecken.de

Dieser offene Arbeitskreis trifft sich einmal im Monat, um mit verschiedenen systemischen Methoden Lösungen für den pädagogischen Berufsalltag zu suchen. Im pädagogischen Bereich Tätige können hier neue Perspektiven für sich selber, für den Umgang mit den ihnen anvertrauten Kindern und den Kontakt zum Kollegium oder Team finden.

ZIST
Zist 3
D-82377 Penzberg
Tel. +49 (0) 88 56/93 69-0
Fax +49 (0) 88 56/93 69-70
E-Mail: info@zist.de
www.zist.de

Dieses Zentrum für persönliche und berufliche Fortbildung bietet Familienaufstellungsgruppen sowie Seminare für Eltern, Erzieher und Lehrer an.

Dietrich Weth
Fürstengrunder Str. 94
D-64732 Bad König
E-Mail: gdweth@t-online.de

Über diese Bezugsadresse kann das Umschlagmotiv »Kiss« (© Karen Stocker, Seattle) in verschiedenen Größen bezogen werden: Postkarte 1,– €, Poster DIN-A4 5,– €, Poster DIN-A3 10,– €, zuzüglich Versandkosten.
Die Erlöse aus dem Verkauf der Bilder kommen der International Art of Living Foundation (IAoLF) zugute, die damit in unerschlossenen Gebieten Indiens den Aufbau von Schulen und sozialen Einnrichtungen finanziert.

Literatur

Balgo, Rolf, Lindemann, Holger (Hrsg.): *Theorie und Praxis systemischer Pädagogik,* Heidelberg 2006
Bauer, Joachim: *Warum ich fühle, was du fühlst. Intuitive Kommunikation und das Geheimnis der Spiegelneurone,* Hamburg 2005

Dykstra, Ingrid: *Wenn Kinder Schicksal tragen. Kindliches Verhalten aus systemischer Sicht verstehen,* München, 3. Auflage 2005

Franke-Gricksch, Marianne: »Brückenschlag zwischen Schule und Elternhaus«, in: *Tagungsjournal »Wachse und gedeihe, liebes Kind. Systemisches Arbeiten in Schule und Erziehung«,* Idstein, Februar 2004

Franke-Gricksch, Marianne: *Du gehörst zu uns! Systemische Einblicke und Lösungen für Lehrer, Schüler und Eltern,* Heidelberg, 3. Aufl. 2004

Franke-Gricksch, Marianne: *Habe ich jetzt zwei Papas?,* Vortrag 2005

Franke-Gricksch, Marianne: *In Elternschaft ein Leben lang verbunden,* Vortrag 2004

Furman, Ben: *Ich schaff's! Spielerisch und praktisch Lösungen mit Kindern finden,* Heidelberg 2005

Gòmez-Pedra, Sylvia (Hrsg.): *Kindliche Not und kindliche Liebe. Familien-Stellen und systemische Lösungen in Schule und Familie,* Heidelberg, 2. Aufl. 2002

Hellinger, Bert: *Die Quelle braucht nicht nach dem Weg zu fragen. Ein Nachlesebuch,* Heidelberg, 4. Aufl. 2004

Hellinger, Bert: *Ordnungen des Helfens. Ein Schulungsbuch,* Band 1, Heidelberg 2003

Hellinger, Bert: *Ordnungen der Liebe. Ein Kursbuch,* Heidelberg, 7. Aufl. 2001

Hellinger, Bert, Hövel, Gabriele ten: *Anerkennen, was ist. Gespräche über Verstrickung und Lösung,* München, 14. Aufl. 2006

Hubrig, Christa, Herrmann, Peter: *Lösungen in der Schule. Systemisches Denken in Unterricht, Beratung und Schulentwicklung,* Heidelberg 2005

Innecken, Barbara: *Kinesiologie – Kinder finden ihr Gleichgewicht. Wissenswertes, Spiele, Lieder und Geschichten,* München, 4. Aufl. 2007

Keyserlingk, Linde von: *Geschichten gegen die Angst,* Freiburg 2002

Knorr, Michael (Hrsg.): *Aufstellungsarbeit in sozialen und pädagogischen Berufsfeldern. Die andere Art des Helfens,* Heidelberg 2004

Madelung, Eva: *Kurztherapien. Neue Wege zur Lebensgestaltung,* München 1996

Madelung, Eva, Innecken, Barbara: *Im Bilde sein. Vom kreativen Umgang mit Aufstellungen in Einzeltherapie, Beratung, Gruppen und Selbsthilfe,* Heidelberg, 2. Aufl. 2006

Moeller, Michael Lukas: *Die Wahrheit beginnt zu zweit. Das Paar im Gespräch*, Reinbek, 23. Aufl. 2005

Philipp, Wilfried de (Hrsg.): *Systemaufstellungen im Einzelsetting*, Heidelberg 2006

Prekop, Jirina: *Von der Liebe, die Halt gibt. Erziehungsweisheiten*, München, 6. Aufl. 2005

Prekop, Jirina, Hellinger, Bert: *Wenn ihr wüsstet, wie ich euch liebe. Wie schwierigen Kindern durch Familien-Stellen und Festhalten geholfen werden kann*, München 2005

Rotthaus, Wilhelm: *Wozu erziehen? Entwurf einer systemischen Erziehung*, Heidelberg, 5. Aufl. 2004

Satir, Virginia: *Kommunikation, Selbstwert, Kongruenz. Konzepte und Perspektiven familientherapeutischer Praxis*, Paderborn 1990

Schäfer; Thomas: *Wenn Liebe allein den Kindern nicht hilft. Heilende Wege in Bert Hellingers Psychotherapie*, München 2006

Schneider, Jakob Robert: *Das Familienstellen. Grundlagen und Vorgehensweisen*, Heidelberg 2006

Steiner, Therese, Kim Berg, Insoo: *Handbuch Lösungsorientiertes Arbeiten mit Kindern*, Heidelberg, 2. Aufl. 2006

Tschira, Antje: *Wie Kinder lernen – und warum sie es manchmal nicht tun. Über die Spielregeln zwischen Mensch und Umwelt im Lernprozess*, Heidelberg, 2. Aufl. 2005

Velthuijs, Max: »Frosch hat Angst«, in: *Spielen und Lernen. Jahrbuch für Kinder 1997*, Ravensburg 1996

Watzlawick, Paul: *Anleitung zum Unglücklichsein*, München, 7. Aufl. 2005

Weber, Gunthard (Hrsg.): *Praxis der Organisationsaufstellungen. Grundlagen, Prinzipien und Praxis der Organisationsaufstellungen*, Heidelberg, 2. Aufl. 2001

Weber, Gunthard (Hrsg.): *Zweierlei Glück. Die systemische Psychotherapie Bert Hellingers*, Heidelberg, 15. Aufl. 2007

Weber, Gunthard, Schmidt, Gunther, Simon, Fritz B.: *Aufstellungsarbeit revisited ... nach Hellinger?*, Heidelberg 2005

Systemische Bücher bei Kösel

Ingrid Dykstra
Die Seele weist den Weg
152 Seiten.
Gebunden mit Schutzumschlag
ISBN 978-3-466-30661-9

Ingrid Dykstra
Wenn Kinder Schicksal tragen
176 Seiten.
Gebunden mit Schutzumschlag
ISBN 978-3-466-30575-9

Jirina Prekop / Bert Hellinger
Die Seele weist den Weg
280 Seiten.
Gebunden mit Schutzumschlag
ISBN 978-3-466-30470-7

Renate Daimler / Insa Sparrer /
Matthias Varga von Kibéd
Das unsichtbare Netz
220 Seiten.
Gebunden mit Schutzumschlag
ISBN 978-3-466-30624-4

Kompetent & lebendig.
PSYCHOLOGIE & LEBENSHILFE

Kösel-Verlag, München, e-mail: info@koesel.de
Besuchen Sie uns im Internet: www.koesel.de

Unterstützung für Eltern und Pädagogen

Jesper Juul
Was Familien trägt
170 Seiten.
Gebunden mit Schutzumschlag
ISBN 978-3-466-30708-1

Jirina Prekop / Gerald Hüther
Auf Schatzsuche bei unseren Kindern
160 Seiten.
Gebunden mit Schutzumschlag
ISBN 978-3-466-30730-2

Ludwig Koneberg / Silke Gramer-Rottler
Die sieben Sicherheiten, die Kinder brauchen
160 Seiten. Klappenbroschur
ISBN 978-3-466-30727-2

Eva Tillmetz / Peter Themessl
»Papa hat's aber erlaubt …«
208 Seiten. Kartoniert
ISBN 978-3-466-30732-6

Kompetent & lebendig.
LEBEN MIT KINDERN

Kösel-Verlag, München, e-mail: info@koesel.de
Besuchen Sie uns im Internet: www.koesel.de